昭和4（1929）年8月2日、海軍軍縮に関する軍事参議官会議に出席した（右から）加藤寛治、安保清種（後列）、岡田啓介、山下源太郎、東郷平八郎（共同通信社提供）

岡田啓介（左）と２・26事件で犠牲になった義弟の松尾伝蔵（共同通信社提供）

２・26事件の際、岡田が匿われた佐々木久二邸。居室にあてがわれた日本間（朝日新聞社提供）

中公文庫

岡田啓介回顧録

岡 田 啓 介
岡田貞寛編

中央公論新社

目　次

まえがき

このたび毎日新聞社から、『岡田啓介回顧録』が再刊されることになった。これは終戦間もない昭和二十五年に出版されたものに一部分修正を加え、父の日記の中のロンドン条約に関する部分の全文と、それに関する東北大学池田清教授の解説が加えられている。二十五年に出た回顧録は、その前に毎日新聞に連載された「岡田啓介秘話」に若干の手を入れ、資料などをつけ加えて本にしたものである。

はじめ毎日新聞社から秘話の話を持ちこまれたとき、義兄の迫水久常《さこみずひさつね》と私は、受けるべきかどうかについてかなり議論した。働き盛りの四十五年間、父が身をおいた帝国海軍の伝統の一つは、サイレント・ネーヴィであった。また、近い過去の歴史を語る場合、どうしても登場人物に対する評価が出てくる。その中には現存の方もある。他人、殊に海軍に籍を置いた人に対する批判を活字にすることは、明治生まれの父が承知するはずはなかった。

しかし、昭和の激動期に海軍の長老として、宰相として、そして重臣として歩んで来た父が過去を語ることは、歴史の幾齣かの中で主役や脇役をつとめた父として、たとえそのことが非難されても、後世に残す義務があると考えた。父はそのとき数え八十三歳、狭心症のあとで病床に臥していた。この機会を逸したら、もう残すことはできないかも知れない。

　はたして父は承知しなかった。迫水と私が辛抱強く説得してやっと納得させ、毎日新聞に返事をした。毎日からは記者の新名丈夫《しんみょうたけお》さんと古波蔵保好《こばくらやすよし》さんのお二人が、この気の長い仕事にとり組まれた。何分かなり記憶力が薄らいでいるので、正確なことを細かく聞き出すには、相当の準備が必要だった。

「これこれの問題についてうかがいたいんですが……」と切り出せば、判で押したように「さあ、覚えておらんなあ」という答えが返って来た。しかし新名さんたちが、古い新聞や文献などのほか、事件別に関係者の参集を乞い、当時の状況を丹念に調べ上げて、あれこれと雑談しているうちに、「うんうん、それは……」と驚くばかり詳細な記憶が鮮明によみがえり、次から次へと回顧談が続くのだった。記憶を呼びおこす緒口が必要であり、このために厖大な予習が必要だった。

「秘話」は毎日新聞の夕刊に連載されたが、原稿が校正刷で届けられてくると、父は必ず目を通して、日付の誤りなど注意深く訂正した。

　昭和が五十年代に入った機会に、毎日新聞社が昭和史の編集を企画したのは、激動の半世紀を顧み、歴史の総括をすることが、言論機関の使命と考えたからだというが、その一つとして「岡田啓介回顧録」がとり上げられたことは、同じく海軍に職を奉じた私にとって嬉しいことである。

軍縮条約に関する父の日記の全文を今度新たに併載したのは、ロンドンで米英と折衝していた全権からの請訓を受けて、軍令部と海軍省、軍令部と政府が対立の様相を来たし、野党政友会の倒閣の思惑もからんで、浜口内閣の命運を左右するかという段階まで行ったのだが、その渦の中にいて苦心してとり纏《まと》めた父が、経過を克明に記した唯一の日記ということで、歴史的に価値ありと考えられたからであろう。

父には、律気で几帳面な一面と、私生活ではかなり無精な面とが同居していた。詳細な日記をつけていたのは前者の方に属する。父は厚手の大学ノートに、細かい字でびっしりと書いていた。昭和二年から始まった日記は戦争末期までに二十数冊に達していた。皆が空襲で焼けるときに、うちだけ家財が残っては申し訳ないと、一切の疎開を禁じた父が日記だけは護衛の警察官の宅に疎開した。何か見たいことがあってそれを取りよせたのだと思うが、二十年四月の東京空襲で悉《ことごと》く烏有《うゆう》に帰した。さぞ残念だったろうと思う。ところが解説の冒頭にあるように、ロンドン軍縮条約関係の一冊だけが、奇蹟的に残ったのである。

再刊に際して、日記については池田清教授の解説が新たに加えられた。初版の昭和二十五年ごろは、ほとんどの読者がロンドン条約というものを知っていたし、登場人物も大部分はご承知だったと思う。しかし五十年近い時の流れによって、今は年配の方か特殊の研究家以外は、あまりご存知ないのではなかろうか。海軍の後輩であり、専門に研究しておられる池田教授の解説が付けられたのは時宜に適したことだと思う。

陸軍が皇道派と統制派の二派にわかれ、相反目して派閥人事が盛んであったのと同じように、海軍にも条約派（当時親英米派とも呼ばれた）と艦隊派（強硬派）にわかれて、派閥抗争に明け暮れていたように思っている人もいるようだ。回顧録も触れているが、ロンドン条約のころ、横須賀の料亭「小松」にかけてあった父の揮毫《きごう》の額を、池の中にほうりこんで快哉を叫んだ青年士官もいたし、心情的には強硬派と同意見でありながら、大局的見地から妥協案で行くよりほかなしと主張した有為の提督等が、ほとんど予備役に編入されたという事実もある。

しかし、「思想善導」という表現を使った少壮士官に対する指導は、かなり徹底していたように思われるし、だから——といっては語弊があるかも知れないが——性格も、兵力使用という点でも、五・一五事件とは全く異質ではあったが、二・二六事件には海軍は参加していない。むしろ事件後いち早く派遣された特別陸戦隊や、大阪湾から急遽東京港に回航した連合艦隊から、叛乱軍を断固討てという声が高かったのである。

最近ある人から、「父君は条約派（父自身はそう思っていなかったと思う）だったので、息子のあなたが海軍生活の間に嫌な思いをしたことがあるのではないか」という質問を受けた。私は全く予期しない質問に吃驚し、あらためて十三年間の海軍生活をふり返ってみた。ということは、そういう意味で白い目で見られたことが全然なかったということである。このことは、条約派と艦隊派がロンドン条約のあと一時的には存在したかも知れないが、陸軍の派閥対立とは根本的に性格を異にし、しかもそれは尾を引かなかったものと言えよう。

二・二六事件のあと、父は門を閉じてひたすら謹慎した。しかし飄々《ひょうひょう》乎《こ》としてしゃちこばらない父のことだから、沈痛な表情で居ずまいを正していたというわけではない。いつものように晩酌をやり、冗談を言っていたように思う。

事件のあと二、三年、父に対する世間の非難はかなり高かった。ああいう大騒ぎを起こし、宸襟《しんきん》をお悩ませした以上、自決して罪を謝すべきだという日本的な議論から、総理はあのとき官邸におらず、女の所に行っていたから助かったのだという悪質な中傷までさまざまだった。事件のとき、憲兵とともに官邸から救出の企画をたて、脱出から本郷の寺を経て下落合の知人宅に落ちつくまで、父と行をともにした当時の秘書官福田耕《たがやす》氏が口惜しくてたまらず、真相を詳らかにした長文を草して父に見せたところ、父は黙ってそれを火鉢で燃してしまったという。

翌十二年四月、思召しにより、特に総理大臣前官の礼遇を賜った。事件後参内して拝謁した時に、「生きていて本当に良かった」と仰せられた陛下のお言葉を支えに、あらゆる批判、悪罵にたえて来た父の感激はひとしおであったと思う。このとき父は、余生を君国のために捧げつくすことを心に誓ったのではなかろうか。

重臣という、たぶん新聞の命名だろうと思うが、このオーソライズされていない名称の一群の人たちは、総理大臣、あるいは国務大臣前官の礼遇という栄誉だけで、権力的に全く裏づけがなかった。重臣が得る情報は、人間的につながりのある新聞記者や「早耳」の特定な人たちから入るものだけで、政府に意見を述べる時、引用できる権威あるものではなかった。ところが、戦争中の大部分の期間、重臣の中で父だけが最も正確な情報を握っていた。回顧録で父が述べているので触れないが、このことは父が東条内閣打倒から始まる終戦工作を実施するうえに大いに役立ったものと思う。

昭和十八年の春、私は病を得て横須賀の病院に入院し、その夏退院して新宿の自宅で予後の静養をしていた。父はときどきどうだと聞く。毎日午後微熱が出てとれないのだが、心配するといけないと思って、大体良くなったと答えていた。ある日父は、「この戦争は日本は敗ける。そしてアメリカやイギリスや中国などの国々が、日本の各地を分割占領することになるだろう。陸軍や一部の連中が、陛下を擁して山の中に立てこもるかも知れんが、実質的には天皇制の日本は終わると思う。若い連中は次の日本のために頑張ってもらわねばならん。しかし貴様は俺の息子だ。その時に生きているわけにはゆかん。ご奉公できるのもそう長くない。なんともなければ早く勤めに出んか」と言った。私は海軍病院に行って、体温をごまかして全治にしてもらい、翌日から勤めに出た。
その頃から父はしきりに動き始め、若槻さん、近衛さん、平沼さんなどに手紙を書いていた。むずかしい顔をして、巻紙を手に持って筆で書いていた姿が目に浮かぶ。手紙は安心できる人に託していたように思う。筋向いのラジオ屋の二階から、私服の憲兵が常時監視していた。

十九年の八月、私はフィリピンの新設部隊に転勤になった。百パーセント生きて帰れないことがわかっていた。出発の朝、「おい、死に急ぎはするなよ。しかし貴様は俺の息子だから、捕虜にだけはなるなよ」と言った。父が「貴様は俺の息子だから」と言ったのは後にも先にもこの二回だけだった。

大本営参謀で東京にいた兄が、最後の作戦打合せにマニラに出張して戦死し、百パーセント帰れないと父も考えていた私が五体満足で帰って来て、こうして筆をとっている。運命とは不思議なものだと思う。

終戦工作は父のエネルギーをほとんど燃焼したのではないかと思うのだが、これに追討ちをかけたのが極東軍事裁判であった。検察側からも弁護側からも、たびたび証人として出廷を要請された。すべてが終わった今、目ざした道はそれぞれ違っていたとはいえ、祖国のために是なりと信じてとった方策が、裁判の名のもとに勝者によって裁かれるのである。

何人も傷つけたくないというのが、証人台に立つ人に共通した偽らざる心境だっただろう。だが宰相、重臣の座にあった者として、かりそめにも辻褄の合わなくなるような証言もできない。証人台に立つ前、父は迫水と入念な打合せをしていた。

検察側のときはジープが、弁護側のときはたいがい木炭車が迎えに来た。むっつりと出て行くのだが、帰って来た時は疲労困憊《こんぱい》、式台を四つんばいで上がる有様だった。あらゆる影響を配慮しながら、言葉尻をとられないように喋るのは八十の老人には重労働だったと思う。その上うっとうしいヘッドホンをかけ、通訳の訛りのある日本語を聞き洩らすまいと全神経を耳に集中する。前にはランプがあって、喋っていけない時は赤、喋ってよいときは白がつくのだが、それが目まぐるしく点滅して神経をいらだたせる、たまったものじゃないと、一風呂浴びて晩酌の盃を手にするころ、ようやく人心地ついた父はそんなことを語った。

証人調べが一段落ついた昭和二十二年の一月、父は狭心症の発作で倒れた。よほど強靭な身体だったのだろう、介添えがあれば外出できるまでに恢復した。そのころの父の最大の喜びは四大節に私を供にして参賀することだった。

「秘話」の口述のころ、毎日新聞から浜作や般若苑によばれた時は、「御馳走になってもよいのか」と言いながら、リラックスして酒を楽しんでいた。酒席に出たのはこれが最後だったと思う。

二十六年に入ってからは、足腰がめっきり弱くなって、もう床を離れることはできず、二十七年の十月、眠るがごとく八十四年の生涯を閉じた。

最後にこの回顧録の性格について、「秘話」の聴取にあたった毎日新聞社の両氏のことばを書き添えて〝むすび〟とする。

「二・二六事件のさなか、首相官邸の押入れでいびきをかいて寝ていたと、面白そうに語られた。いかなる大事件に関しても悲壮感というものがなく、すべて談笑裡にユーモアをまじえて片付けられた。特に若い時代のことは、失敗談ばかりならべられた。元内閣総理大臣とか海軍大将というような衿をつけた態度は、片鱗だにしめされなかった。

社が料亭にお招きしたとき、座敷までは羽織、袴。だが座につくや、それを脱ぎすて、あぐらをかいて盃を持たれた。伊東に保養に行かれたとき、たまたまわれわれ二人が原稿の仕上げのため同地の社の寮にいたのを耳にされ、すきやきにお招きをうけたが、そのときの条件が〝必ず宿のどてらを着てくること〟というのであった。

この回顧録は、岡田大将がそのような態度で自らを謙虚に語られたもので、世間一般の伝記とは全く類を異にするものである」

昭和五十二年秋

岡田　貞寛

岡田啓介回顧録

明治の少年

「しめたさん」の由来

明治維新の大勢を決した伏見・鳥羽の役に、わたしの父は農兵指揮役として勤王方についていた。農兵というのは、志願者ばかりを集めて、国の若侍をその指揮役にしていたものだ。いくさの間、父はお含み御用といって、探索方のようなものになって京都におもむき、監察して回り、情報の役目を果たしている最中に郷里の福井で、わたしは生まれていた。明治元年一月二十日だ。

やがて、父は御用ずみになって福井に帰ってきたが、迎えのものが途中で父と出会い「男の子が生まれた」と知らせたら、手をたたいて「しめたッ」と大声に叫んだそうだ。のちのちまで親類ではわたしを「しめたさん」「しめたさん」と呼んでいたものだ。幾人も幾人も女の子ばかり生まれ、男の子が欲しくて、祖父まで、お宮参りをして願を立てていたとか。

　家は代々越前藩のさむらいで、もとはたいした役目をいただいていなかったが、祖父喜八郎のときになって、郡奉行を勤めるようになった。禄高は百石のほかに、お役料百五十石をいただいていた。祖父の子弟は女ばかりで、男がなかった。安政元年、同藩士青山弥五右衛門の次男幸八郎を養子にもらい、名を喜藤太と改めさせて、次女波留《はる》と結婚させた。これがわたしの両親だ。

　わたしが生まれたときは、わりに恵まれた境遇であり、父はその後も農兵を率いて出張したりして留守がちだった。そのため、わたしは気まま、わんぱくに育ち、三歳になるとかんしゃくがひどく、祖父は心配して、こんなにかんしゃくが強くてはよい侍になれぬといって、薬屋から白犬の肝を干したのを買ってきて、わたしに飲ませていた。

　明治五年八月になって学制が定められた。そのとき福井には平瀬儀作という人があり、早くから長崎をはじめ方々に行っていて、維新の動きについては相当理解されておった。早く新制度による学校を起こさねばならぬというので、明治七年春、桜の馬場にはいるところに馬乗りの人の控所みたいな平家建の建物があったのを学校にし、そこへ机を二十ばかり集めて設備をされた。わたしどもはそこへいれられて、おもに習字をした。

　このころになると、家のゆたかな人はいわゆる遊学と称して東京に出て勉強する。そうでないものは手に職をおぼえさせなければならぬというので大阪、神戸、東京、横浜、函館などへ徒弟に出ていったもので、学校には十歳以上の者はあまりおらない。私など七、八歳のものも年長のものも一つの組に集めていた。わたしは、祖父から『三字経』『大学』の素読を習っていたので、漢字はいくらか読めた。ちょっと上級の大きな子が読めない字を読んで先生を驚かしたことがある。地震学の大家大森房吉がたしかわたしの一つ下の級にいて、一方のがき大将だった。

　家にはわたしと下男松蔵と女中ひとりがいたが、あるとき父母が不在で、留守居をしていても退屈でしようがないものだから、ちょうど、つつじのころで、その季節に出る小さな竹の子がある、松蔵がそれを取りにゆこうという、よかろうというので出かけた。勝見川の土手を竹から竹につかまってだんだん登っていくと、わたしの手をチクッとかんだものがある。左の手の甲がふくれだしたから、ああかえるが食いついた、いやへびだ、というのですぐ、手ぬぐいで縛った。家に帰ったら、さかな屋がきていて、放っておいてはいけない、近所の隠居に見てもらえという。その隠居じいさんが、めがねをかけて、はなはだ怪しげな鳥の羽を持ちだし、その先でかまれたところをほじくって、「歯が二つ残っていたが、みなつまみ出したからもう大丈夫だ」といい、つるし柿をかみつぶして、そこにはりつけてくれた。近所のわんぱく小僧が大騒ぎ。かたき討ちをするといってへびを穴から掘り出し、へびの口を開けて、のどから煙硝を詰め込んで爆発させるのだという。わたしもいっしょに行って騒いでいたら、だんだん手がはれてきて痛くてしかたがない。家に帰って座敷のまんなかに寝ころんでいると、縁側を女中が歩いても痛みがひびくくらいだ。そこで家じゅう大騒ぎになって父母を呼びに行くやら、つるし柿のかんだものくらいではよくならないと、お医者さんがきて塗り薬、飲み薬などをくれた。

そしたら、首から上はなんともないが、首から下はすっかりはれてしまった。もう横になって寝ておれない、布団を積んでそれに寄りかかり、蛇頂石《じゃちょうせき》というのをはれたところへ持ってゆくと、ひょっとくっついてしまう。それが吸いつくと非常に痛い。三週間くらい寝ているとだんだん引いてきて、かまれた手の甲も、からだもすっかり元どおりになったが、睾丸だけはれが引かない。もう快くなったろうとお医者さんがやってきて、睾丸に針を立ててやろうという。針を刺されては困ると思ったが刺されないですんだ。一月くらい寝ていてやっとなおったが、へびがかむときはからだをふくらませるそうだが、赤いような黒いところのあるへびで、初めはかえるが食いついたかと思った。

高等小学校時代に三、四人の悪友ができた。いつも言い合わしたように、弁当を携えて学校にゆくような顔をして家を出て、仲間の家に集まる。はじめは打ち上げ花火の製造に熱中し、河原でこれを打ち上げて大いに喜んでいた。それから足羽川で「ごりびき」をやって、悪友の家から鍋や飯を持ち出し、河原で食ったりするようなことをやった。それで学校の成績は非常に悪くなった。特に数学は落第点に近かった。中学校に進んだとき、これらの悪友ははいってこなかった。そこで、算術や英語などが人後に落ちたのを大いに反省して、すべての遊戯をやめて、日置という先生の門にはいった。先生の宅へ伺って勉強をする日、講義が終わって先生が部屋を去られてのちも、座敷にがんばって納得のゆくまで自習をした。先生から「まだいるのか」といわれて「まだ、いいといわれぬからおるのです」と答えると、「もういいんだよ」といわれて、はじめて帰ったことがある。日置先生の門にはいってから英語、漢文、算術などを相当勉強したつもりだ。

中学を終えてから、県出身者の教育機関であった輔仁舎の貸費生になろうと思って願書を出した。おじの青山貞が輔仁舎の役員をしていたが、そんなことをしなくてもおれが学費を出してやるから東京へこいといわれたので、いっしょに上京したいというものを仲間にいれ、わたしの子供のときの下男で、その後わたしの家の馬小屋を建て直したところに住んで家の世話をしている男を宰領にして、十八年一月、おりからの雪の中、福井を出た。

東京までの道順は、そのころたいへんだった。汽車は敦賀まで出なければなかったので、歩いて三日目に敦賀に着き、汽車で大垣へゆき、大垣から小舟で揖斐川を桑名へ下り、それから人力車で四日市に出て、四日市から船に乗って横浜に向かった。船体の外側に大きな水かきのついている船〈外輪船〉だった。横浜から汽車で東京に着いた。

当時、おじは司法省三等出仕兼法務局長、馬車を持っていたから相当な地位だったんだろう。大名屋敷にはいっていた。わたしが着いた夜、おじの家に客があった。その席へこいと引っ張り出され、「貴様、何になるつもりで東京に出てきたか」というので、わたしは「太政大臣〈当時の総理大臣〉になるつもりです」と答えたら、みなが大いに笑って、西洋の諺に、ポリティシャン〈政治家〉になろうとしてポリース〈巡査〉になる、ということがあるが、まあその類だと冷やかされたものだ。

わたしは神田三崎町の輔仁舎に下宿して、なんとなしに、みながはいっている駿河台の共立学校に入学した。当時の英語の先生は高橋是清さんだったと思う。

どうも、おじとはいいながら、他人に学資をもらうのは心苦しい、自分でしまつをしようと考えて、官立の学校を捜していた。ところが三崎町の輔仁舎から見ると偕行社が前面に見える、ここで毎晩、あかりをがんがんともして宴会をしている。陸軍というものはよほどよいものと思って、これはひとつ陸軍にはいってやろう、と心を決めた。そこで共立学校を飛び出し、本郷にあった陸軍有斐学校……これは陸軍にはいる予備学校のようなものだが、そこへはいった。なんでも漢学を学ばねばならぬというので、小石川の松平邸内で行われた笹川という先生の講義をききにいった。一方有斐学校ではドイツ語を習った。七月はじめ士官学校の生徒募集があったので、わたしは願書をつくって従兄の青山元に保証人になってもらうため、そこへたのみにいくと、青山の親類に当たる海軍大尉の三上三郎という人がいた。その人が、わたしの願書を見て、「なんだ貴様、陸軍にはいるとはなにごとか、君のおじさんの青山悌二郎は、黒龍丸に乗っていて長崎でコロリ〈コレラのこと〉で死んだが、いま生きておれば海軍の相当の人だ、おじさんのようになれ」という。それで、「どうすればいいんですか」といったら親切に手続きを教えてくれた。そこで兵学校に願書を出したんだが、実は大いにまごついた。陸軍にはいろうと思ったからドイツ語や漢学を習っておいたが、こんどは海軍になってしまったのでやりなおしだ。小川町の私塾で英語を教えるところがあったから、そこへ通った。

夏の月のいい晩、輔仁舎の寄宿舎で、笠原という友だちと勉強していたら、庭のすももの木にいっぱいついている実が二人を誘惑する。頂戴しようではないかというので、かごを持って忍び入り、わたしが木に登って、実をもいで落とすと笠原は下で受ける役、盛んにやっている最中に谷口という先生が庭に出てきた。満月だったし、どうにも動きがとれないので、木の一方にべったりくっついていた。笠原は木の根元にちぢこまっている。先生は家へはいったので、やっと下へおりて、すももを二人で食べた。あくる日になって谷口家へ呼ばれ、「きょうはすももを取ったから」と盆に盛って差し出された……。谷口先生はわたしらの行いをすっかり知っておられたらしい。

こうして海軍兵学校へ入学したのは明治十八年十二月一日のことだった。

にぎやかな兵学校時代

当時の海軍兵学校は東京の築地にあった。当時の校長は海軍中将伊東祐麿《すけまろ》で、後に元老院議官、貴族院議員になった人だ。学校へゆくと生徒館の玄関に夏冬の被服、帽子、靴など一式が各生徒の名をつけてそろえてあった。それを身につけたうえ、学用品をもらい、当直将校の部屋で拇印を押して整列や敬礼のやり方などを教えられ、必要な訓示が終わったので外出していいという。わたしの祖父の弟が木挽町の小さな借家に住んでいたから、それを訪問、帰る刻限になったので学校へ急いだが、どうしたことか足が痛い。いま有栖川宮の銅像のあるあの前に橋があって、そこから、塀にそって学校の門にさしかかるんだが、その辺で、とても歩けなくなった。靴のぐあいが悪いんだ。足を引きながら、いったいほかの連中はどうやって靴をはいているか、見てやろうと思って橋のところにたたずんでいた。そこへちょうどわたしといっしょに入校した大島竹松というのがやってきた。「なにをしているんだ?」ときく。「どうも足が痛いんだ」というと、「どれ、見せろ」とわたしの足もとを見つめていたが、「なんだ貴様、靴の右と左をあべこべにはいているではないか」とあきれたような声を出した。わたしだって、それまでに靴くらいはいたことはあるが、左右を間違えたことはない。寸法をあわせてこしらえてあって、制服でもなんでも仮り縫いまでしてつくってある。木挽町に行って脱いだあと、左右をまちがえてそろえてあったのかと思う。急いでいたものだから、そのまま足を突っ込んで出てきたらしい。大島は学校でわたしのあべこべぶりを吹聴する。大笑いになったが、自分もしかたがないから笑ったよ。

このころ、兵学校生徒の外出許可は木曜の午後と日曜で、外出の前には十銭ずつの小遣いをちょうだいした。十銭あれば、風月堂のお菓子でお茶を飲むくらいのことは出来た。兵学校近くの銀座あたりには、生徒を当てこんだ便利な店がたくさんあった。

ところが、条令が改められて生徒は外出禁止となった。「生徒は外出することを得ず、但し品行方正、学術勉励なるものは校長これを免許することあり」ということになり、これを生徒の喫煙室にはりだした。そこでごうごうたる騒ぎとなった。それまでは木曜・日曜の外出は当然の権利のように考えていたのに、有地品之允《ありちしなのじょう》校長(少将・明治二十年九月以降)が差し止めてしまったんだ。

木曜は校内のきつね狩りをやらせ、築地の魚河岸から元の水交社一帯の九万坪以上が兵学校で、大部分は松平越中守の下屋敷、それに尾張の蔵屋敷や旗本屋敷が相当含まれており、潮入りのところは松平安芸守の蔵屋敷の跡になっている。名の通りの築地で、庭園や池が連なり、越中守の庭は東海道五十三次の模型までつくってあった。りっぱなものだが、まるで手入れをしないから竹が茂り、草ぼうぼうで、築山などジャングルのような有様になっていた。全校生徒に棒切れを持たせ、これを銃と心得ろという命令で、それを肩にかついで隊列を組んで築山を囲み、中に人を入れてきつねを探す。きつねはいるらしいが出てこない。たった一匹黒ねこが出て来た。

このときだったか、お雇い外国教師の砲術の下士官ハンモンドという男が、せっかくの外出日をつぶされて気の毒だと思ったのだろう、ココアをコップについでみなに飲ませた。そのころココアなど飲んだことはないものだから、今日は教官からココアというごちそうが出る、それは非常にうまいものだというので期待していた。さて飲んでみると、臭いにおいがするものだから、なんだこれは、ということになった。ココアは非常に貴重なものだったが、生徒には評判がよくなかった。

神田の錦町、あの辺に郷里の友人が、たくさんいたが、当時、棟割り長屋がならんでいて、それぞれ家には小さな門があるが、構えはみな同じだった。あるとき友人をたずねていって、その隣の家へ上がりこんでしまった。家の中もまるっきり似ているものだから、勢いこんで座敷にはいっていくと、年増の婦人が留守居をしていて、えらい見幕でどなられた。なんです、あなたは？　といきなりとがめられて、いやまちがえました、隣の家へゆくつもりで、同じ間取りなのでつい、と平ぐものようにあやまったが、相手の婦人は若い男がからかいにきたとでも思ったか、それとももっと悪者と思いこんだのか、なかなか許してもらえない。いやはや兵学校生徒も台なしだった。

明治二十一年一月のこと、小石川水道町の旧藩主松平邸で、伯爵であったのが侯爵になったときのお祝いがあった。どうした関係か、わたしもお招きをうけた。たくさんのお客で、大広間に折詰でお酒が出た。大いに飲んだり食べたりしていたが、やがて終わりかけるころ春嶽公《しゅんがく》が出てこられた。そのうちに兵学校の生徒を手で招かれたので、四人が進み出ると、春嶽公はわたしに、貴様はおやじの子供だから酒は飲むだろうとおっしゃる。酒を飲むのはいいが大いに勉強せぬといかぬぞ、将来日本は海軍の拡張をせなければならぬのだから大いにやれ、といわれて、あいたコップをわたしの前に置き、なみなみと酒をつがれた。さっそくそれをグッとやって下に置くとまたつがれた。それから、これはどうも殿様のおつぎになったのを放っておいては悪いと思って、またグッとやると、またつがれる。そのうちにお立ちになって、奥へはいられた。わたしは春嶽公のつがれた酒を残しておいても無礼になると思って、ひと息にやって、学校へ帰る時間が迫ったから侯爵邸を出た。あそこから築地まで歩いて帰るのだから相当遠い。兵学校の入口あたりまでくると、安心したとみえて急におぼえがなくなり、寝ころんでしまった。ちょうど生徒が帰る時間だったから、みんなにかつぎこまれ、椅子の上に寝かされ、ゆすぶったり頭を冷やしたり、いろいろやられたようだが、さらにわからない。そのうちに夕食の時間が迫ってきた。夕食は生徒がみな食卓について立っていると、そこへ当直将校が出てきて号令をかけ、椅子につかせ、当直将校といっしょに食事をし、終わるとまた号令がかかって立ち上がることになっている。食事の時間になったから、みんなでわたしを食堂へかつぎこんだらしい。そこで大いびきをかいて寝ているかと思うと、ときどき大声を出して騒ぐ。とうとう見つかってしまった。翌日玄関の前に総員整列をさせ、そこへわたしは呼びだされた。

わたしは伍長補で制服の袖に金筋を一本つけていたが、懲罰をいい渡されると伍長補を免ぜられる。当直将校がわたしに「禁足二週間に処す」と申し渡すと、横に立っていた守衛が進み出て袖の金筋をびりびりとはがしてしまった。どうも格好の悪いものだった。宣告ののち、当直将校は全生徒に対して、近ごろどうも酒を飲んで酔って帰るものが多い、特に昨日酔って帰った岡田啓介のごときは、猿のしりのようなまっかな顔をしておった、不体裁きわまりない、と憤慨していた。

成長期の海軍

乗組員がストライキ

兵学校を卒業すると、わたしは「金剛」乗組となった。財部彪《たからべたけし》もいっしょだった。そのときの艦長は、のちに連合艦隊司令長官になった鮫島員規《さめじまかずのり》大佐だ。この人には有名な話があった。戊辰の役だったか、よくおぼえていないが、捕虜をつれ、自分が先に立って歩いてゆく途中、うしろから捕虜に切りつけられた。鮫島さん、びっくりすると思いのほかすこしも騒がないで、ひょいとうしろをふりかえり、「わいは切ったなあ」といったというんだ。鮫島さんの女婿が竹下勇大将だ。

鎮守府はすでに横須賀にあったが、そこはまだ汽車も通じていなかったので、不便でもあり、軍艦はいつも品川に停泊したものだ。

品川に停泊してあくる朝、軍事点検をやった。モーニング・コールというものがある。

その際は乗組員みな点検の位置に整列することになっている。ところが、下士官が七、八名現れただけで、ほとんど出てこない。どうしたことかと調べてみると、前夜ふけてから入港したので上陸を許さなかったのだが、それを非常に不平に思って、下士官、兵が艦内の一郭にたてこもり、出入口のハッチを閉鎖してストライキをやりだしていた。出てこいとなんべん呼びかけても応じない。軍艦で軍隊がストライキをやり出したわけだからたいへんな事件だ。兵隊もうかつ千万で、籠城した下甲板には便所がない。水も湯も飲めない。そこで便所に行くやつが出てくるに違いないというんで、われわれは出入口を見張っていた。はたして小用がこらえられなくなって、一人ハッチを開けて出てきた。その瞬間ハッチを開け放って、兵員全部を各テーブルにつかせ、士官室士官、分隊士以下総掛りで尋問を行った。だいたい経路がわかった。そこで副長が総員を後甲板に集めて訓示した。非常に不都合だ、ほんとうなら首謀者は軍法会議に持っていかれるところだが、こんどはほんのちょっとしたことでやったのだから、そういうことはしない。こういって各分隊でいちいち調べて情状によって、それぞれ上陸止めの刑罰をし、艦内で始末してしまった。

当時の「金剛」「比叡」は英国でつくった最新式軍艦だったが、二二〇〇トン、半甲鉄艦で、龍骨は鉄、舷にも一インチの鉄板が張ってあるが、他の部分は木だった。主砲は十七サンチ砲二門、速力十三ノット。いざという場合は石炭をたいて走るのだが、いつもは帆走する。戦闘艦ではなくて砲艦だった。

その以前の日本には、「扶桑」が一隻だけしかなかった。三七〇〇トンで、主砲は二十四サンチ四門、唯一の甲鉄艦だった。この「扶桑」についで英国から「金剛」「比叡」がきて、やっと軍艦らしい軍艦が三隻そろうという状態だった。

日清戦役の前、清国の北洋艦隊が日本に対し示威を行う意図で、三三三五トンの「定遠」「鎮遠」などが訪問してきたとき、日本国民はその偉容に恐れをなしたものだった。

さて「金剛」「比叡」は明治二十二年八月、横須賀を出港して練習航海に乗り出した。三十四、五日走ってハワイのオアフ島に入港した。在留邦人が大勢出迎えにきて、持ってきてくれたのはバナナだった。はじめて見るくだもので、それまでだれにも聞いたことがなかった。みんなが食べてみて、これはへんなにおいがするというので、半分は捨ててしまう始末なので、居留民は、その香りがいいのですよ、まあ二、三日してごらんなさい、きっと好きになりますから、という。なるほど二、三日するとみんなうまい、うまい、というようになり、上陸すると士官たちはバナナで夢中になる。水兵は洗濯物がたまっていたものだから、領事館のうしろの清流にならんで洗濯をする。ハワイの新聞には「バナナ士官に、洗濯水兵」という記事が出た。

ハワイは当時独立国で、カメハメハ王朝だった。当時のカラヤハ王は明治十四年三月に日本を訪問しておられ、日本では山階宮殿下を接待員にして歓迎した。そのときに正式の移民条約が調印されたが、カラヤハ王には子供がなかったので、日本の貴族から婿が欲しくてきたんだといううわさもあったくらいだ。在留邦人は数万にのぼっていただろう。ホノルルあたりでは中国人町の隣に居住し、広島屋、山口屋というような名の日本旅館が相当あり、日本人の娘は島田まげにアッパッパを着て、下駄ばきで町を歩き、だれでも日本の領事館を「県庁」と呼んでいた。

赤道を越えて、サモアのツツイラ島パンゴパンゴ港にはいった。現地人は裸で腰に布をちょっと巻いているだけだ。入港の翌日上陸し、ぶらぶら歩いて部落にはいると、地面に四本の柱を立て草ぶきの屋根をしつらえた集会所めいた建物があった。年増の女が出てきて、みんなにそこへこいと手まねでいう。「金剛」「比叡」の上陸員がみなその家のぐるりに集まった。腰巻一つの若い女が四人、柱のところで踊りはじめる。はじめは手を突き出したり、尻を振ったり、いわゆるカナカの踊りと似たような踊りだったが、そのうちに裾をつまんで踊る。はてはすっかりまくってしまい、足をあげて踊る。みんなはあっけにとられるばかりで感動の色を見せないものだから、女たちは懸命になってそのまっぱだかを持って回る。わたしはちょうどまんなかの最前列で、しかもちょっと押し出されていたので、わたしの前に来てはまくる。弱ったね。まともに見ておれんので横を向いたら、女はわたしの頭を前に向かせてはやっている。そこでみんなドッと笑って退散してしまった。

品川に帰ったのは翌年二月だった。東京湾にさしかかり、湾口から「比叡」「金剛」と列を組み、石炭をたいて走りだすと、富岡のあたりにへんな軍艦がいる。よく見るとトルコの軍艦だ。それが明治時代の日本人に忘れえない印象を残したエルトローブ艦だった。特派全権使節のオスマン・パシャを乗せてわが国を訪問したが、伝染病患者が出たので富岡の消毒所で消毒をしていたわけだ。その後使節の任務も終わり、二十三年九月帰国の途についたとき暴風にあって、九月二十六日紀州大島、樫野崎灯台の沖で座礁沈没し、使節オスマン・パシャをはじめ艦長以下五百八十一名が艦と運命をともにした。生存者は将兵六十九名だけだった。しかしこの艦の遭難のとき、嵐のなかを地元民は決死の救助作業をし、樫野崎灯台にはい上がった生存者を大島の人々が非常によく世話した。このときの日本国民の義侠的な行為にトルコではとても感激して、それ以来長く日本に対して敬意と感謝の念を忘れなかった。これは日本人というものが、戦争によらないで、その犠牲的な精神で世界に認められたはじめての大きな事件だった。

さて、横浜に近づいてみると、日本の軍艦がへんな旗を掲げている。われわれは日の丸を掲げているのに、ここではアメリカの国旗のようなものを掲げている。だんだん調べてみると、練習航海中に海軍旗章条例というものが発布されて、軍艦旗ができていた。

礼砲の撃ち直し

わたしは明治二十七年、「厳島」を退艦してから横須賀海兵団の分隊長心得をやっていた。若い士官というものは、だれでも威勢のいい艦隊勤務を望み、海兵団などへ行くのをありがたがらない。そこへもってきてわたしの配置は、軍楽隊の分隊長なんだ。音楽なんて、およそわたしの柄にあわん。わたしは音痴といってもいいくらいなんだ。どうもおもしろくなかった。軍楽隊の訓練というやつは、プカプカ、ドンドンやることなんだから、わたしがその分隊長であってもかかりあいのないことだ。わたしが直接教育することといったら敬礼とか、海軍のあたりまえのしつけくらいのもので、だから毎日私室のベッドにひっくりかえって寝てばかりいた。

するとある日、楽長がわたしのところへやってきた。「あなたは、隊員の訓練のときちっとも出てこないが、それではみんなの励みになりません。分隊長はぜひ毎日出てきて下さい」と忠告した。なかなかえらい楽長だったよ。楽長というのは分隊士で、上官に向かって、そういうことはちょっと言いにくいものだ。わたしが「なまいきいうな」とおこって、なぐるかもしれないのを承知で、進言しにきたんだろう。わたしが「出ろというなら出るが、おれには技術上の指導など出来んし、だいいちさっぱり音楽なんておもしろくないから出ないんだ」といったら、「技術上のことはわたしがやりますが、あなたが聞いておもしろくないのは、音楽がわからないからです。わたしがわかるようにしてあげましょう」と、それから毎日のように、わたしの部屋にやってきて、これがピッコロ、これがドラム、と楽器の説明にはじまり、きょうはこういう曲をやります、これはだれが作曲したもので、この音にはこういう意味がある、とおもしろく話をする。もちろん訓練にも引っ張りだされて、演奏を聞かされる。そうやって聞いているうちに、まんざらおもしろくないこともないようになった。その楽長は、ドイツへも留学して修業した人で、名前をどうしても思い出せないんだが、熱心さには感心した。のちわたしが首相になったとき、食事の席上、演奏を聞きながら音楽の話をしたので、みんなびっくりして、音楽のことも知っているんですか、といっていたが、こういうことがあったせいだ。

軍楽隊の分隊長は三ヵ月ほどで、それから当時の巡洋艦「浪速」(三七〇九トン)の分隊長心得に転じた。明治二十七年七月の日清戦争開戦の前月だ。

分隊長というのは少佐か大尉がなるのだが、当時は中尉という階級がなくて、少尉からすぐ大尉になる。しかしその代わり少尉を四年ばかりやらせられたもので、分隊長心得というのは少尉のままだからである。

「浪速」では、わたしは前部の十五サンチ副砲の指揮官だった。そのころの艦長は東郷(平八郎)さんだ。東郷さんは若いころイギリスに留学しただけあって、なかなかハイカラだったが、おだやかな人で、小言をいったことがなく、乗員はみな非常に尊敬していた。とても勉強家で国際法をよく研究しておられた。まだわたしの乗艦する前、ハワイで居留民がアメリカの官憲に追われて「浪速」に泳いできたのをかくまって、官憲の引き渡し要求を拒絶したり、日清戦争の開戦早々英国旗を掲げた清兵輸送船「高陞号《こうしょうごう》」を撃沈したり、ずいぶん思いきったことをやられたが、国際法をよく研究しておられて自信があったからだ。

朝鮮の騒ぎがだんだん大きくなって、大島公使の身辺も危険になったので、陸戦隊が上陸して警備することになった。清国もどんどん大軍を朝鮮へ送る。清国は日本が撤兵しなければ、日本と戦争をはじめると朝鮮政府に通告するにいたり、そこで日本も腹を決めて、混成旅団を送ることになった。「浪速」は陸軍を護衛して仁川へいった。当時「浪速」は常備艦隊の第一遊撃隊で、長官は伊東祐亨《すけゆき》中将だった。

常備艦隊は佐世保に勢ぞろいして、大歓送の中を出港、あくる日朝鮮の西側で清国の軍艦「済遠」と「広乙」に出会った。いったい軍艦というものは、礼儀正しいもので、すれちがえば必ず敬礼するし、将旗を掲げている艦に対しては、大将なら何発、中将なら何発と階級に応じて礼砲をうつならわしになっている。この軍艦同士の敬礼は非常にやかましく、「決った数より一発足りなかった」「いや、ちゃんと規定どおりうった」などというもんちゃくさえ起こることがある。

余談になるが、昭和のはじめごろ、イギリスの東洋艦隊の旗艦だったと思うが、日本を訪問したとき、こちらの巡洋艦が迎えに出て礼砲をうった。十七発をうつにはかなり時間がかかる。そのあいだにすれちがって、遠くはなれてしまうと、数だけうったかどうか、おたがいにわからない。それでわざわざならんで走りながらうったり、機関をとめておいてうったりするんだが、そのときはならんで走っているうちに、霧の中にはいってしまった。ところが、あとで向こうの大使から、一発少なかったと抗議がきた。こちらは全部うったといい張ったが、結局水掛け論でまたうちなおしをすることになった。しかし、そう決ったときは相手の艦はもう香港かどこかへ帰ったあとなので、その翌年ふたたび日本へ回航してきたとき、迎えに出て去年の分十七発をうちなおし、今年の分十七発、あわせて三十四発うったものだ。

話はもとにもどって、こちらの「吉野」には長官の中将旗が揚がっている。まだ両国とも表面上は平常状態なので、当然向こうから礼砲をうたなければならないのに、うんともすんともないばかりか、戦闘準備をしている様子だ。近づいてきていきなり実弾をうってきた。こちらもそのくらいのことはあるだろうと、警戒していたから、すぐ応戦した。こちらは「吉野」「浪速」「秋津洲」の三艦、向こうは「広乙」「済遠」とあとで参加した「操江」の三艦、これが豊島沖の海戦で、「広乙」は遁走の途中座礁して爆発し、「操江」は捕獲されたが、日本側は「吉野」がすこしやられた。「浪速」は後甲板に弾丸をうけたが、ほとんど被害というほどのものはなかった。

東郷艦長の英断

その戦争の最中、「操江」といっしょに、英国旗を掲げた汽船がやってきた。よく見るとどうも清国兵が乗っているらしい。そこで、東郷艦長は停止、投錨《とうびょう》を命じ、臨検士官を送って船内を調べさせると、多数の清国兵と兵器弾薬があるので捕獲することに決め、「浪速」のあとについてこいと命令した。ところが乗っている清国将校が、船長をおどかして命令をきかせない。そこで東郷艦長は、船長その他の第三国人だけ「浪速」に収容して、汽船を撃沈しようとしたが、船長以下が「浪速」にうつることも清国将校は許さず、太沽《ターク》に引き返せと強要する。とうとう「浪速」は水雷と大砲を放って沈め、船長と船員を艦内に収容した。

このことが内地に伝わるとみんなびっくりした。とにかくイギリスの船を沈めてしまったのだから驚くのも無理はない。伊藤首相などは卓をたたいて西郷海軍大臣を難詰したそうだ。西郷さんは、「東郷がでたらめなことをやるはずがない」とすましていたそうだが、朝野をあげて、海軍はとんでもないことをしてくれた、という空気だった。

ところが、当時世界一流の国際法の権威だったイギリスの何とかいう学者が「東郷艦長の取った処置は正しい」と言ったので、さしもの非難もピタリとやんでしまった。敗戦後の今日、わが国は主張してよさそうなことも全然主張せず、いじけているが、少し国際法を研究して敗戦国にも権利があることを調べてみたらよいと思う。
その後、九月十七日、敵の運送船を護衛した北洋水師とぶつかって、黄海の海戦になった。このたたかいで、「浪速」は、すぐそばの海面に落ちた砲弾がはね返って、水線のところに穴があいたが、さしたることはなかった。このときも大勝利で、これで向こうの海軍はほとんど全滅に近かった。それで相手を失って、陸軍の護衛をやるくらいで、ほとんどいくさらしいいくさはなかった。

海軍大学は甲、乙、丙三種類の学生を全部やった。わたしのクラスでは、財部〈彪〉が宮様なみにどんどん進級してゆくだけで、わたしはなかなかうだつがあがらなかった。それで若いものが学生を志願すると、上の人が「学生なんか受験するのはよせ、岡田を見ろ、片っ端から学生をやったが、いっこううだつがあがらんじゃないか」といったということだ。

日露戦争のはじまる前の年、わたしは少佐で常備艦隊の「千歳」の副長心得だった。ところが肋膜炎になって待命になり、「千歳」をおりて武雄や嬉野の温泉で療養をしていた。五、六年前に肋膜をやったこともあり、医者は肋膜だというが、私はてっきり肺病だと思ってすっかり悲観してしまった。医者が隠して言わないのだと思い、日露の風雲はますます急になるし、気が気でなかった。ところがあるとき、内科で評判の軍医官が診察してくれた。そこで「肺病じゃないか」と聞くと、「なんだ、こんなものは肺病でもなんでもない。すこし静かにしておれば、すぐなおってしまう」という。とたんにうれしくなり、現金なもので、すぐよくなってしまった。

三十七年の二月六日、日露の国交が断絶し、その二十八日に全治を言い渡された。しかし病後なので、しばらく捕獲審検所の評定官などやっていた。これは戦時に敵国汽船や、戦時禁制品を積んだ第三国の汽船などを拿捕《だほ》すると、ここへつれてきて、国際法の規定に照して捕獲すべきものか、放免すべきものかを調べる役目だ。

その年の夏、「八重山」の副長心得になったが、この「八重山」というのは一六〇〇トンばかりの小さな艦で、日清戦争のとき、通報艦として活躍したものだ。いまから考えるとうそのような話だが、当時は無線電信がなかったので、長官が遠くに行っている配下の艦船に命令を下すときは、旗旒《きりゅう》信号《しんごう》で「八重山」をそばに呼びよせ、手旗で「なになにのもとにいたり、直ちに某地へ出動、警戒せよと伝えよ」というふうに命令を与える。「八重山」はその艦のところへ捜していって、これを伝えるというあんばいだ。速力もそう早くないから、すこし遠くにいる艦に命令を伝えにいくには一日かかることもあり、のどかなものだった。もっとも敵側も同じだから、それでけっこう戦争が出来るんだ。

そのうち艦隊に編入されて、旅順港外のいくさや、黄海の戦いに参加したが、「八重山」は艦が小さく、弾丸もあまり遠くへは飛ばぬから、戦争の見物をしていたようなものだ。

あわてて軍艦購入

三十八年一月、また転勤して「千歳」の副長になり、つづいて「春日」の副長に転じた。「春日」という艦はもともと日本の艦ではない。日露戦にそなえて日本海軍がイタリアで建造中のアルゼンチンの一等巡洋艦（七七〇〇トン級）「リヴァダヴィア」と「モレノ」の二隻を購入、三十七年一月一日前者を「春日」、後者を「日進」と命名したもので、「日進」は竹内平太郎大佐（後の少将）、「春日」は鈴木貫太郎中佐（後の大将）を回航委員長として、開戦の直後横須賀に到着した。「初瀬」、「富士」の二戦艦爆沈後、主力艦に代用されたのはこの二艦だった。

この回航のときは急だったので、下士官兵はおらず、ゼノアでやとったイタリア人、イギリス人の船員たちで船を動かしたのだから、軍艦旗は掲げているが、戦争はできない。途中でロシアの軍艦に遭って攻撃される心配があったので、政府はイギリス軍艦で護衛してくれないかと申し込んだそうだ。するとイギリスでは、そんなことをして英露の国交にひびがはいっては困るからお断りする、といってきた。

ところがあとで、何月何日にマルタを出て、シンガポールか香港へゆく軍艦がある、と教えてきた。表向き護衛となってはロシアとの関係上うるさいが、道づれなら実質的に護衛してやろうという考えだったらしい。この艦のごやっかいにはならなかったようだが、途中いたるところの港に在泊の英艦が、陰に陽に非常な好意を示したから、露艦と同じ港に停泊したこともあったが、どうすることもできなかったという。

そのころ、艦隊は、バルチック艦隊が来るまで用がないので、鎮海湾あたりで毎日毎日、射撃や水雷発射の訓練をやっていた。そこへ五月二十七日「信濃丸」から敵発見の電報がきて、全艦隊は出撃し、日本海海戦となったわけだが、副長は戦闘のときは被害箇所に対する緊急処置をするのが仕事なので、戦争の状況は詳しく見ている暇がなかった。弾丸は二、三発食った。

戦争のあとは、専門が水雷だから、水雷学校の教官や校長、「春日」、「鹿島」の艦長をつとめた。

第一次大戦に参加

日本海軍は、大正三年八月にはじまった第一次世界大戦で、連合国に加わり、一部は南洋からオーストラリア、米国、アフリカ、地中海にいたり、前後二ヵ年にわたって海上警備に当たった。

日本の海軍が遠くヨーロッパからアフリカにわたって長期間活動したことは、世界に日本人の厳正、勇敢な行動に対する認識、信頼の念を与えたものだ。

わたし自身はこのときは第一水雷戦隊司令官として膠州湾攻略戦に従軍した。膠州湾攻略戦は、はじめて飛行機が出動した戦争で、日本海軍は外国製七機と国内製五機をもっているだけだった。敵側からもたしか一度飛行機が襲撃して来た。こちらは運送船改造の水上機母艦「若宮」から一日一台くらいずつ飛ばせた。爆弾というものがまだ考案されていなかったので、大砲の弾丸に鉄の羽をつけて、かっこうだけはどうやら爆弾らしくし、機上からそれをつかんで落としたものである。

海上では被害があった。ドイツの水雷艇が、こっそり近づいてきて「高千穂」に水雷を発射した。それが火薬庫に当たって、轟沈《ごうちん》してしまった。

わたしが連合艦隊司令長官になったのは、大正十三年十二月一日だが、東郷元帥は別として、そのころまでは連合艦隊司令長官といっても、一般が英雄のように見る傾向はなかった。世間からもてはやされるようになったのは、加藤寛治《ひろはる》が長官になったり、末次がやったりしたころからだろう。ごく平穏におさまっていた世の中で、どうという思い出もない。思い出のないのが、たいへんいいことで、日本も平和だったよ。

高松宮殿下がガンルームに少尉でおいでだった。殿下はひどく蛙がおきらいで、庭に一匹でもいると、御覧にならんうちから、お感じになるということだった。夜道などをお歩きになっていても、あたりに蛙がいることが、ピーンとおわかりになる。ところが、とんでもないやつがおって、その殿下に、わざわざ見るから大きなひきがえるを箱に入れて献上した。おきらいなことを承知のうえでやったことかどうか知らんが、二度までそんなことがあった。台湾へ巡航したときだった。総督府で御招待申し上げるというんで行ったところ、ごちそうには、こともあろうに、蛙を料理している。

食用蛙が名物なんだから、特に召し上がっていただこうという気持だったようだが、先方は、殿下のおきらいなことを知っていないんだ。これは困ったと思い、すぐ蛙だけはやめてくれ、と申し入れたが、もう開宴の時間になっていて、ほかのごちそうを用意する時間がない。しかたがないから、そのまま食卓に出した。殿下がおはしをおつけになったか、どうかよくおぼえていないが、たぶん召し上がらなかっただろう。姿を見なくても、蛙のいることをたちどころにお感じになる殿下が、食卓にのっているものをおわかりにならぬはずがない。料理されて形は蛙の姿をしていなくても……。

お母君でいらっしゃる皇太后陛下は、暖かいお心で殿下のことをお案じになっておられたようだ。清水に入港中、殿下のところへおいでになりたい御様子だが、お口にお出しになるのを遠慮なさっている、という話がわたしの耳にはいった。それで、わたしは皇太后陛下へ「どうぞこちらへおいでになって下さい」とお呼びした。皇太后陛下は、お喜びになって軍艦までおいでになり、いろいろわたしに殿下の御様子をおたずねになった。わたしは殿下がよくおやりになっていることを申し上げて、御安心を願ったが、殿下と御対面のことを御遠慮なさっておいでなので、わたしのほうからおすすめして、お会わせしたことがあった。

陸軍の野望たかまる

中止した山海関出兵

昭和二年というと、ひどい不況のころだ。川崎造船所の社長松方幸次郎は、わたしは個人的には懇意にしていたが、相当の変わりものだった。

第一次大戦当時、ねこもしゃくしも船、船といって騒ぎまわるたいへんな船景気のあと、大戦が終わると同時に、造船界は深刻な不景気になった。川崎造船所も、もちろん経営が左前になって、労働争議が悪化するし、まるで動きがとれなくなってしまっていた。だいたい大きな造船所というものは好景気のとき以外は赤字を出してしまうものなんだが、造船所がつぶれては、いざというときに海軍は軍艦がつくれない。それでいつも船台が遊んでいないよう、経営がなんとかやりくっていけるよう、適当に軍艦の建造を注文したり、前渡し金をやるなど、めんどうを見てつぶさないようにする。

第一次大戦のとき、海軍で二等巡洋艦を二隻つくることになり、三菱造船所と川崎造船所へ一隻ずつ注文したところ、川崎ではイギリスにいた松方が「ことわれ」といって会社に電報を打ってきた。そのころは船景気の最中で、船価が非常に高くなっていた。軍艦より商船のほうがつくって利益がある。船台が軍艦でふさがれては商船がつくれない、という会社の考えだったんだろう。海軍では困ったらしい。

そこで二隻とも三菱でつくらせることにしたんだが、そうなると松方のことをとやかくいう連中が現れ、日ごろの海軍とのつきあいを無視しているといって騒いだので、造船所でも閉口して、注文を引きうけることになった。

松方は、思いきったいたずらをする男で、神戸にある川崎造船所の構内に海軍の監督官の事務所がある。そこからドックへゆくのに広い道路を横切らなければならないが、雨の日はひどくぬかるむ。それで海軍の監督官が、道を横切る地下道をつくってくれ、といって申し入れをした。会社でもめんどうくさい、と思ったことだろう。それでも相手が大得意の海軍のことだからしかたがない。注文通り地下道をつくった。つくってから松方は、よせばいいのに「海馬路」という名をこの道につけ、額にして入口にかけた。

海馬というものは、海の上からくぐり、また海の上に出る。地上からくぐってまた地上に出るんだから「海馬路」だ、という説明なんだが、どうも松方の思いつきはそうではなかったらしい。実のところ「海軍の馬鹿野郎の通る路」だというつもりだったようで、松方は、その額をかけておいて内心悦にいっていたんだ。

そんなことは、いくらうとい者でもしまいには感づくもので、馬鹿にしておる、といって憤慨するのが海軍にいた。あれやこれやですっかり海軍にはいやがられていたわけだ。わたしはそのころ……つまり昭和二年の四月から、はじめて政界に入って、田中義一内閣の海軍大臣をしていたんだが、不況の打撃をうけて、いまにもつぶれそうになっている川崎造船所の始末には心を痛めた。川崎は潜水艦の造船技術がすぐれていた。

海軍では、ワシントン軍縮条約で五・五・三の比率となり、それなら質をよくしておこうというので、平賀（造船中将、後東大総長）などが苦心して設計した一万トン巡洋艦二隻と潜水艦五、六隻を川崎につくらせていた。ここで会社がつぶれてしまっては、軍艦も建造出来ず、国防計画に狂いが出るので、海軍も困ってしまったわけだ。それで高橋是清さんにも相談し、救済することにしたんだが、三土忠造《みつちちゅうぞう》が、高橋さんに代わって大蔵大臣になってから閣内でも異論があって、政府は救済を打ち切るという声明を出してしまった。

それでは海軍はどうにもならんので、建造中の軍艦は、海軍が引きついで、直営で作業をすすめ、職工は海軍の臨時雇いにして仕事をつづけさせた。川崎がつぶれる、つぶれないの問題は、その後もしばらくもめたが、海軍もいろいろ債権者に折衝してやったりして、あくる年になってやっとかたがついた。

そんなわけで、川崎はつぶれずにすむことになったが、憎まれものになっている松方をどうにかしなければ、海軍もおさまらんので、わたしも弱った。しかたがないので大臣として松方を呼んで、辞職勧告をした。その後も個人的にはつきあっていたが、風格のある男だったよ。

それと相前後して、当時のいわゆる某重大事件、張作霖《ちょうさくりん》の爆死事件が起こった。この事件は、その後の満州事変から日華事変へ、さらに太平洋戦争へと、だんだんはげしくなっていった陸軍の無謀な行為の最初の火の手だったともいえる。

この事件の前、大正十五年（昭和元年）から昭和三年にかけての蔣介石《しょうかいせき》の北伐に際して、日本は居留民保護のため、三回にわたって山東へ出兵したが、さらに進んで中国に対し、もっと強圧的な実力干渉を企てた話がある。ことは実現しなかったが、当時から陸軍が中国に対してどんな考え方を持っていたかを知ることができる。

昭和三年の春、張作霖軍が敗れて、ついに山海関を越え、満州に走ろうとしたとき、陸軍は出兵して張軍の退路を断とうとした。ねらうところは、そうしておいて、からっぽの満州をうまく手に入れようとしたわけだ。

山海関に陸軍一個師団を上陸させようという計画だったが、陸軍側からの話で、突然あす閣議に出す、承認されるだろう、とこういう話なんだ。陸、海、外務三者の打ち合わせがあり、海軍からは軍令部の米内光政《よないみつまさ》（当時少将）が出席した。米内はまっこうから「海軍は反対」とつっぱり、帰って軍令部長鈴木貫太郎大将にそのことを報告した。北京、天津近くに兵を入れることは古くからの列国との約束に反するばかりか、国際的に考えても非道なことであり、たちまち大問題になる。海軍部内から閣議で葬るように努めてもらいたいとわたしにいってきた。

翌日の閣議では、はたして山海関出兵案が持ちだされ、一同異議なく決定されようとした。そこでわたしは発言した。わたしは、こんなことをすれば列国を刺激して、たいへんなことになるというようなことはわざと言わない。ただ列国との間に決めた約束を、たいした理由もなく無視して顧みないというならば、英米との戦争も一応覚悟しておかなければならぬ。

そういうことになると、この際延び延びになっている海軍の弾丸、火薬、水雷などの補充を至急実現しておかねばならぬから、その経費五千万円を支出してほしい、と申し出たんだ。すると田中首相は、いまそんな金はとても出せないという。しかも、田中首相は兼摂外相だったが、列国との間に京津地方への出兵の際の古い約束があったことなどまったく知らなかったらしい。のんきな話だよ。「ああ、そんな約束があるのか、そんならこれはだめだ」といって、あっさり取り止めということになった。

張作霖の爆殺事件

このときは、それですんだ。しかし昭和三年六月四日、張作霖が蔣介石に敗れて、いよいよ満州へ引き揚げるとき、とうとう爆死事件が突発したんだ。張は北京から奉天へ特別列車で引き揚げる途中、奉天城外の満鉄交差点にさしかかると、線路にしかけてあった爆弾のため非業の最期を遂げた。呉俊陞も運命をともにした。

喪を厳重に秘してあったので、世間では事件後しばらくは張の死んだことを知らなかったほどだ。犯行は張の幕下である楊宇霆《ようういてい》、常蔭槐《じょういんかい》の陰謀から出たもので、そうでなければ秘密にしていた張の行動を知るはずがない、というものもいたが、ほとんどすべての人が日本がしたことに違いないと信じていた。

日華両国の官憲はすぐ共同調査に着手した。ところが、まもなく中国官憲は調査を拒絶した。そんなことから一部の人はやはり楊宇霆などの所為《せい》だったのかと考えたが、陸相白川義則などもそう思いこんでいた。

事件の黒幕は、今はだれでも知っているとおり関東軍の参謀河本大作《こうもとだいさく》大佐だった。張作霖が日本の多年の恩義を忘れて反抗的態度をとっているのを怒り、張を除いて満州の政治を一新しようと考えていたところ、たまたま張が北京を引き揚げて帰奉するとの報があったので、この機会に張を葬り、混乱に乗じて奉天を占領し、意中の人物を擁立して満州の統治を左右しようとはかったわけだ。のちに起こる柳条溝事件とまったく同じ着想がこのとき現れていた。

河本大佐の所為だということを政府が知ったのは、政友会の領袖、鉄道大臣の小川平吉の筋からだった。小川は大陸関係のいわゆる志士などをかかえていたものだが、そのひとりで、宣統帝《せんとうてい》（のちの満州国皇帝溥儀《ふぎ》）のもとに派遣されていた有力者が急いで帰京し、事件の内容を詳しく報告するとともに、この事件には河本大佐の手先きとなった中国人もいるんだが、その処置について小川に援助を求めてきた。これはあとでわかったことなんだが、この事件は河本大佐だけの所業ではなかった。計画を発意したのは関東軍司令官村岡長太郎中将で、河本ははじめ反対したが、のち単独で全責任を負って決行したということだった。

政府の大陸政策も水の泡

張の爆殺は政府にたいへんな衝撃を与えた。中国の戦乱に対する政府のそれまでの方図は水の泡になってしまった。

張作霖軍が敗れ、蔣介石軍が北上して黄河を越えようとするとき、日本政府は戦禍が京津地方におよぶことに重大な関心を持つ旨警告を発した。そのときのことだが、田中首相兼外相は政府部内になんの下相談もなく、突然閣議の席上に、張作霖下野勧告の案を出し、小川鉄相以下各閣僚の反対にあって撤回したいきさつがあった。

それはともかくも、政府の警告で京津地方は戦禍をまぬかれ、張は無事北京を退いて奉天に帰る決心をし、日本は南軍の追撃を許さぬ決意を示すとともに、張が奉天に帰ったら、彼を相手に満州での懸案を解決する方針を立てていたんだ。それがこともあろうに日本軍人の手で爆殺され、政府の方図はだめになり、事件の責任から田中内閣は総辞職する羽目になったんだから残念なことだった。

白川陸相は日本軍人がやったことだという事実をなかなか信じようとしなかったが、自分でひそかに奉天へ人をやって関係者に尋問させ、その報告ではじめてまちがいないことを確信したので、田中首相に報告した。これは事件後五ヵ月を経た十月の陸軍大演習のときだ。

田中首相は、そこで事件の犯行者を軍法会議に付し、軍紀を粛正しようと決心したんだ。それには西園寺（公望）さんの考えが多分に作用している。そのころ西園寺さんはたいへん心配して、田中首相を呼び、

「この事件の真相をいくら日本人にだけ隠したところで、舞台は満州であり、満州人はもちろん、欧米人にまでこれを秘密にすることは不可能だ。いまのうちに責任者を厳罰に処してしまえば、張のむすこの学良も親のかたきを日本が討ってくれたと納得するだろうし、世界も日本の公正を認めることとなる。うやむやにすれば必ず将来に禍根を残すことは明

らかだ。どんな反対があっても必ず決行するように」

といわれたそうだ。田中はその意を体し、これほどの事件を陛下に奏上しないのはいけないと思い、参内して陛下に、事件の犯行者は日本軍人らしいこと、犯人は軍法会議に付する方針である旨を申し上げた。

「軍紀は特に厳粛にするように」

とのお言葉があり、田中首相は「誓って仰せのとおりにいたします」とお答えした。

西園寺さんの心のなかには、わが出先き軍部は、従来から不都合の行為がしばしばあり、国家の威信を傷つけ、国家に対しすくなからぬ不利を招いている。軍人の田中が首相になっているこのときこそ、こんな悪弊を粛正する好機だ、との考えもあって田中を励まされたようだ。

ところが、陸軍の元帥以下の巨頭連までが猛烈に反対する。軍法会議の開催はとても出来ない情勢になってきた。閣内でもほとんど反対していた。

反対論の理由は、軍法会議をひらけば、真相も公表されることになる。そうなれば、日本軍人がよその国の主権者を暗殺した事実を、政府がはっきり認めたことになり、中国人の日本に対する敵意が高まる。そればかりか日本の駐在部隊の撤退を叫ぶようになるだろうし、アメリカはじめ世界の世論も日本を非難することになるだろう、国内でも政府の暴露的な態度に憤慨して、どんなことをしでかすものが出るかわからぬ、結局事件の全責任を田中首相自身が負わなければならぬことになってしまう、というんだ。与党である政友会も、極力軍法会議の開催を思いとどまらせようとしていた。

それで田中ははじめの志と違って途方にくれ、白川のいう行政処分案に同意しなければならなくなった。その案というのは、事件の現場が日本の守備隊の守備区域であったのに、その晩は一人の守備兵もいなかったことを取りあげ、守備区域放棄の責任を問うて村岡司令官、河本大佐などを行政処分することで解決し、あとはうやむやにしようというものだった。

田中はさきに陛下に、取調べのうえ厳重に処罰します、と申し上げたてまえ、その後のことを御報告しなければならないので、参内し拝謁を願った。陛下は、田中が読み上げる上奏文をお聞きになっているうちに、みるみるお顔の色がお変わりになり、読み終わるや否や、

「この前の言葉と矛盾するではないか」

とおっしゃった。田中は、恐れいって「そのことについては、いろいろ御説明申し上げます」と申し上げると、御立腹の陛下は、

「説明は聞く必要がない」

と奥へおはいりになったそうだ。田中はうちしおれて帰ってきて、閣議の席でこのことを

話すと、「これは困ったことだ。一国の宰相として陛下を補佐し奉るものが、そのように軽々しく扱われてよいものであろうか、補佐し奉るものの説明をお聞きにならぬとは、首相としての立場もなくなる」というものもおり、はては陛下をおいさめ申し上げようと言いだすしまつだった。はじめから真相をただすというきっぱりした態度でやればよかったんだ。そういうことをしないでおいて、今さら騒いでもしかたがない。しかし田中は、政友会の連中に励まされて、あくまで御説明申し上げようと参内、ふたたび拝謁を願いでると、そのときの侍従長は鈴木貫太郎だったが、気の毒そうに、

「お取りつぎはしますが、おそらくむだでしょう」

といった。こうなってはもはや陛下の御信任を失った、と思わざるを得ない。田中は辞職を決意してすごすごと引き下がった。政友会内部では、総辞職に対して不服をとなえるものもいたが、田中の決心は動かなかった。

それ以来、田中は楽しまない日を送っているようだったが、まもなく世を去ってしまった。世間の一部では自殺したんじゃないか、とうわさするものもいたが、そうではない。わたしは葬儀にも出たが、持病の心臓病が悪くなったためだった。こんなわけで、陸軍は、張作霖爆殺事件をもみ消してしまったが、真相を知らないものはそういなかっただろう。

波乱の軍縮会議

日・米両国案の相違

第一次世界大戦のあと、列国の間に軍備縮小の問題がとりあげられた。大戦では勝った国も、負けた国も、どっちも痛手をうけて、もう戦争はこりごりだという気分がみなぎっていた。軍備競争をやるのもたいへんなことだし、それでは戦後の復興に実がはいりかねる。そのうえまた戦争の危機を招いてはならん、という気持も大いに動いていた。

軍縮という問題についてわたしの考えはこうだった。だいたい軍備というものはきりのないもので、どんなに軍備をやったところでこれでいい、これでもう大丈夫だという、そんな軍備なんてありゃせん。いくらやってもまだ足らん、まだ足らんというものだ。ところで、軍縮といっても各国とも腹では実はうそなんだよ。ほんとうに軍縮しようと思って一生懸命やっておるのじゃない。

わたしは当時からいい意味での完全な軍縮は出来ん、きっと軍備の競争はなにかの形で残ると思っておった。だから成るべく、ばかな、出来もせぬ争いをやめてしまって、争いを出来るだけ小さくしたほうがいい、と考えていたわけだ。米英を相手に戦争すべからずという、そんな「べからず」じゃない。戦うだけの支度が出来ればいいが、そんなことはいくらがんばっても国力の劣る日本には出来ない。出来ないならば成るべく楽にしていたほうがいいというわけだ。どっちも頭が押えられておれば、こっちは、自然と対抗できる別の方法も考えられるというものだ。

ロンドン会議で騒いでいたころ、わたしはそういう考えをもっていた。ロンドン会議というのは、大正十年のワシントン会議では取り決めにならなかった補助艦艇の制限比率を相談しようというものだった。さきのワシントン条約では、日本の主力艦はイギリスやアメリカに対して五・五・三の比率となったんだが、日本は不平はあったにしても、当時の全権だった加藤友三郎さんの非常な努力で、国内もさしたることもなくまとまった。その後、日英米の三国で、この会議で比率の決まらなかった以外の艦種について協定をすることになり、昭和二年、ジュネーブで会議を開いたが失敗だった。

そこで、さらに相談のやりなおしをしたうえ、ロンドン会議の開催がきまり、昭和四年十月七日、イギリス外相の名で日米仏伊の四ヵ国に招請状が発せられたわけだ。日本側では、全権を会議にやる前に、いろいろ対策を打ち合わせて、こういうふうな大綱をつくった。

国際平和と国民の負担をすくなくするため、軍備制限にとどまらないで、すすんで軍備縮小へもってゆく。無脅威、不侵略の軍備を鉄則にする。原則として、日本側はイギリス、アメリカとの制限比率を、水上補助艦は七割、大型巡洋艦も七割、そして潜水艦は七万八千トンを保有する、といった内容だった。

こうしてあらかじめ決めておいた大綱をもって全権団はロンドンへ向かった。首席全権は若槻礼次郎さんで、海軍大臣財部彪、松平恒雄、永井松三という顔ぶれだ。会議のはじまったのはあくる年の一月二十一日で、このときの日米の提案は、こうだった（別表参照）が、アメリカ側から日本は補助艦も、英米の七割以下の率にしようと提案したので、日本はこれをうけいれて、とにかく会議をまとめるか、決裂させるかという瀬戸際に立ってしまった。わたしは当時軍事参議官だった。牧野内大臣に会って、軍縮について話しあった際、内大臣は、「日本のために会議が決裂しては困る」といわれていたが、これはかしこきあたりの御意向であるとも思われた。西園寺さんの御意見をうかがったら、西園寺さんは、条約のまとめ役になって力を尽すことをわたしに期待しておられた。

会議は難関に行き当たったので、アメリカは妥協案をだした。日本側全権はそれでまとめようといって請訓してきたんだ。その内容（別表参照）は大綱で決めた三大原則よりも

	艦種	大巡	軽巡	駆	潜	計	備考
米国試案 昭和五年二月五日提案	米国 単位トン	一八〇、〇〇〇（一五〇、〇〇〇）	一四七、〇〇〇（一八九、〇〇〇）	二〇〇、〇〇〇	六〇、〇〇〇	五八七、〇〇〇（五九九、〇〇〇）	括弧内は日本提出第二案
	日本 単位トン	一〇八、四〇〇	九〇、〇〇〇	一二〇、〇〇〇	四〇、〇〇〇	三五八、六五五	
	比率(%) 日本/米国	六〇・二（七二・三）	六一・五（四七・七）	六〇・〇	六六・七	六一・一（五九・九）	
日本対案 昭和五年二月十二日提案	米国 単位トン	一五〇、〇〇〇（一八〇、〇〇〇）	一八九、〇〇〇（一四七、〇〇〇）	一五〇、〇〇〇	八一、〇〇〇	五七〇、〇〇〇（五五八、〇〇〇）	括弧内は日本提出第二案
	日本 単位トン	一〇八、四〇〇（一二六、〇〇〇）	一〇七、七五五（八一、七〇〇）	一〇五、〇〇〇	七七、九〇〇	三九九、〇五五（三九〇、六〇〇）	
	比率(%) 日本/米国	七二・三（七〇・〇）	五七・〇（五五・六）	七〇・〇	九六・二	七〇・〇（七〇・三）	
日米妥協案 昭和五年三月十三日米国提案	米国 単位トン	一八〇、〇〇〇	一四三、五〇〇	一五〇、〇〇〇	五二、七〇〇	五二六、二〇〇	米国は八インチ一万トン大巡を一九三三―五年に一年一隻ずつ建造の権利を有す
	日本 単位トン	一〇八、四〇〇	一〇〇、四五〇	一〇五、五〇〇	五二、七〇〇	三六七、〇五〇	
	比率(%) 日本/米国	六〇・二	七〇・〇	七〇・三	一〇〇・〇	六九・七五	

ロンドン会議　日米両国の提案

さらにわが国は制限され、大巡は対米六割、軽巡、駆逐艦は七割、潜水艦十割といったものだった。

これに対して軍令部長加藤寛治や次長末次信正がまっこうから反対した。軍令部では、会議に当たって、三大原則は日本が一歩も譲ることの出来ない線だ、というふうに世間に発表してあったものだから、もし請訓のとおりに条約が調印されたら、国防は一ぺんに危くなるというように思いこむ人も多く、国内にも反対気勢は強くなる。全権の財部もまるで評判が悪くなってしまった。もっとも財部は強硬派ばかりでなく軍縮派にもあまり好かれていなかったのは、つまらぬことだが、細君を会議へつれていったのがけしからんという感情からきている。

東郷元帥に評判が悪かったのも、もっぱらこのためだ。東郷さんはロンドン会議を戦争だと思っておられた。だから「戦争に、かかあをつれてゆくとはなにごとか」と御立腹だった。

財部の細君というのは山本権兵衛さんの娘（長女いね子）だ。旅順閉塞隊の広瀬武夫中佐が山本さんから、おれの娘をやろうといわれたとき、広瀬は、わたしはおやじの威光で出世したくはありません、といって断った有名な話がある。そのお嬢さんが財部の嫁さんになった。広瀬も財部も兵学校はわたしと同期の明治二十二年卒業だ。

請訓をめぐる政府の動き

わたしは、昭和二十年の戦災で、書きとめておいた記録などを焼いてしまったが、この会議のいきさつを書いた日記は不思議にも手もとに残っている。戒名控帳を入れた袋を、空襲騒ぎの最中にやっと持ちだしたが、記録を失って残念がっているとき、その袋をあけて、日記が出てきたので、思わぬ拾いものをしたような喜びだった。だから会議の成り行きについては、あちこちにこの日記から抜いて話をすすめることにしよう。

三月十六日（昭和五年――以下同じ）

午後四時軍令部長加藤寛治大将来る。「全権より来りし請訓につき潜水艦は約六万屯《トン》として、不足は飛行機にて補わんとせしも、艦政本部においても製艦能力維持上困難あり、また配備上よりするも困難あり、ただし最後は、あるいは請訓の如き所になるやも知れざれども、八吋《インチ》巡洋艦及び潜水艦は譲り難し、なお一押しせざるべからず」と。予もこれに同意す。

三月十七日

午前九時、山梨次官（注・勝之進中将）来る。請訓の内容及び艦政本部並びに軍令部内の模様を話し、最後を如何《いか》にすべきやの相談あり。依って「止むを得ざる場合、最後にはこのままを丸呑みにするより致し方なし、保有量この程度ならば国防はやり様あり、決裂せしむべからず、ただしなお一押しも二押しもすべし、またこの際海軍大臣の意見は那辺《なへん》にあるや電報にて問合せを要す」と注意す。

三月二十日

正午海軍省に出頭、次官と打合せ、食事後大臣官邸にて外相を待つ。
午後一時半、幣原外相来る。請訓書を示し、若槻、財部、松平、永井松三駐白《ベルギー》大使四全権署名のものなるを力説し、また「若槻よりこの上の尽力は出来難き旨申し来《きた》れり、政府としてこれを更に押すことは困難なり」と言う。予は、「最後にはあるいは止むを得ざるべし、ただし八吋《インチ》巡洋艦は対米七割を絶対必要なりとし、また潜水艦は五万二千屯にては配備困難なり」と言えば、「これを多少緩和する方法を講じ、なお飛行機その他制限外艦艇にて国防の不足を補うこととすれば、最後にはあるいは止むを得ざるべし、決裂は不可なりと考う、ただし現在の軍令部の意見とこの案とは非常に開きあり、あたかも断崖より飛び下りよと言うに等し、断崖より降下し得る途を作らざるべからず、これを攻究せられたし」と。また「海軍大臣より省部に対し、請訓につき何等意志表示なし、山梨をして問い合わすこと認められたし」と。

三月二十三日

午前八時半、加藤を私宅に訪問す。加藤、軍服帯勲にて応接間に在り。「いずれに赴くや」と問いたるに、「これより内大臣及び侍従長（注・海軍大将鈴木貫太郎、兼枢密顧問官）にわが配備を説明し、米案の不可なるを説明に赴かんとす、ただし書類に不備の点あれば末次の来るを待つなり」と。依って予は「よほど心して余裕を後日に残すよう説明せよ」と忠言し、なお二十四日の参議官会合には単に経過報告に止むべきを忠言せるに、加藤はこれを諾し、「山梨の希望もあり、経過の報告に止むべし」と。

午後一時、伏見宮（注・博恭王、海軍大将、軍事参議官）邸に参上。「明日軍事参議官の集合あれども、私はこの際大臣の意志明らかならずして意見を述べ難きにより、ただ経過を聞くに止めたし」と申し上ぐ。殿下よりは、「財部の意志は明瞭なり、彼出発前予に向かい二度までも、今度の会議においてわが三大原則は一歩も退かざる旨明言せり、大臣の意志を問い合わす必要なし」とて幣原外交の軟弱なるを嘆ぜらる。「もしこの際一歩を退かんか国家の前途知るべからず、いよいよとならば予は拝謁を願い、主上に申し上げんと決心しておる」と。依ってその重大事なるを申し上げ、事前に山梨にお知らせあらんことをお願いし、なお政府と海軍と戦う如きは避くべき理由を申し上げたるに、殿下は「それはいずれも重大なることだから秤《はかり》にかけて定めなければならぬが、さていずれが重きかなかなかむつかしきことなり」とお笑いあり。

一時五十分退出。

午後二時、東郷元帥邸に元帥を訪問し、同主旨の事を申したるに、元帥は今回の請訓については大いに不満足なる意を洩らされたり。

政府の方針はどうだったか、というと、首相浜口雄幸は会議は絶対に決裂させてはならんという気でいた。政府は「緊縮政策」で国内の諸経費をなるべくきりつめようとしているときで、軍縮条約に失敗すれば、いきおい軍備拡張ということになって、日本の軍事費は、ますますふえる。とても金を出せない。だから、どんなことがあっても条約をしようという考えなんだ。そのため、もし海軍が請訓のとおりに条約することに反対し、どこまでも三大原則をつっぱるか、でなければ決裂だ、といって押してゆけば、政府と海軍とが大衝突を起こすことになる。国内に険悪な空気のみなぎりだしたのも、そのころからだ。

わたしは、わたしなりの考えから、妥協案でも国防はやりようがないこともない。それに前に述べたように軍縮について思うところもあって、なるべくまとめようとして、奔走していたわけだ。

三月二十四日

午前九時半、自動車にて大臣官邸に赴く。集合するもの、伏見宮、東郷元帥、予、加藤軍令部長、山梨海軍次官、末次次長、堀軍務局長（注・悌吉、当時少将、のち中将）出席。先ず軍令部長より経過報告及び意見を陳述し、次に次官より、海軍省より外務省に送付したる回訓案の説明あり。各参議官の同意を得たり。その後雑談に移り、次官より政府の意向、元老の意のあるところ、新聞社幹部の意見、実業家の意見等につき探り得たるところを説明し、予は「この内閣はとうてい会議を決裂に導くことは出来ざるものなり、その際には政府・海軍の戦闘となるべく、その結果の重大なる」旨を力説す。

そのうちに財部から電報がきた。アメリカから出た妥協案には不満だったが、全権としてその案に署名してしまった。だからもうこちらでは反対出来ぬから、そちらでやって欲しいといわんばかりのものだったが、これで、妥協案と反対派との間にはさまれて、苦しまなければならんことになった。なんでもロンドンでは随員の参謀たちが、財部の部屋になぐりこみを企てる騒ぎが起こったらしい。

三月二十五日

左近司（注・政三、海軍中将・随員）より大臣の意志を通知し来る。すなわち「米案にては不満足なり、されども全権としては署名せり、新事態の起こるを望む、目下苦慮中」とのことなり。山梨より中間案につき相談ありたれどもなんら纏《まと》まらず。午餐を共にし午後一時半帰る。

三時、三土〈忠造〉来る。「もし決裂とならば大なる予算を要すべし、とうてい金は出ぬ」旨の話あり。

三月二十六日

中間案を出すことを山梨より総理に進言の件を協議す。山梨より「今や海軍は重大なる時機に会せり、この際海軍の高官が総理に意見を申し出されざるはいかがのものにや、一つ総理に遇って下さい」との依頼あり。依って「加藤と同行し得れば遇っても宜し」と申したるに、「しからば明日午後三時頃より如何《いかん》、宜しければ総理の都合を聞く」とのことなり。

三月二十七日

十時大臣官邸に赴く。財部大臣より浜口総理大臣及び幣原外務大臣に「回訓案は中間案にて決意を付されたき」意見電報来る。依って加藤軍令部長、山梨次官と会合、「大臣の意志も明瞭となりたれば、軍令部より中間案を出すよう尽力せられたき」旨忠告す。浜口総理の意志明瞭となる。すなわち「現内閣はこの会議を決裂せしむる能わず、中間案も決意を付するならば考慮し難し」と。

午後三時、総理官邸に浜口総理を訪問す、

三時五分頃、総理、私室において予と加藤に遇う。加藤より海軍の三大原則につき詳説し、予より「海軍大臣の意志明らかとなりたる以上これを尊重せられたく、しからざるにおいては事態甚だ重大となるべき」を申し述ぶ。総理は「回訓も永引き二週間を越えたり、もはや何とかせざるべからず、海軍の事情につき詳細聞きたれば、この上は言分において何とか決定すべし」と、四時加藤と共に辞去す。

加藤は浜口に「閣議の席に軍令部長を出席せしめられたし」と言いたるに、浜口は「右は先例なし、お断りす、ただし君は閣僚とは皆親密なれば、各自に君の意見を申さるるは勝手なり」と言えり。

強硬な加藤寛治

そのころの新聞では、わたしの評判もごく悪かった。海軍部内の血気にはやる連中などで、わたしに反感をもっているものも多かった。横須賀の「小松」という海軍のひいきにしている料理屋では、わたしの書いた文字を額にして掲げてあったが、そこに若い士官たちが寄合いをやった際、「なんだこんなもの」と引きずりおろし、池の中にほうりこんで、快哉を叫んだということだった。

わたしのやり方というものは、加藤友三郎さんに学ぶところが多い。あの人はえらいと思っている。ワシントン会議で五・五・三の比率が割合に簡単にまとまって問題が起こらなかったのは、やっぱり加藤さんがえらかったからだ。なんというか、たいへん大きいところのある中庸の人でね。わたしは、加藤さんのお弟子だと思っている。ロンドン会議のまとめ役として奔走するのに、わたしは出来るだけはげしい衝突を避けながら、ふんわりまとめてやろうと考えたものだ。反対派に対しては、あるときは賛成しているかのように、なるほどとうなずきながら、まあうまくやってゆく。軍縮派に対して、強硬めいた意見をいったりする。

要するに、みんな常識人なんだから、その常識がわたしの足がかりなんだ。いくら激している人間にも常識的な一面はあるんだからね。そこを相手にする。狂人だったら別だ。ただ逃げる、これがわたしの兵法だ。

加藤寛治などすこぶる熱心に反対したが、正直いちずなところがあるから、こっちもやりやすかった。単純で、むしろ可愛いところのある男だったよ。加藤にくらべると、その下で、いろいろ画策している末次信正はずるいんだから、こっちもそのつもりで相手にするほかなかった。

三月二十八日

次官と協議す。すなわち「請訓丸呑みの外、途なし、ただし右米案の兵力量にては配備にも不足を感ずるにつき、政府にこれが補充を約束せしむべし、閣議覚書としてこれを承認せしめざるべからず、また元帥参議官会議は、もしこれを開き政府反対のこととなれば、重大事となる。開くべからず」と注意す。
　午後四時、加藤軍令部長来訪、元帥参議官会議を開くべきを力説す。予その不可なるを話す。また加藤はこの場合、軍令部長として上奏せざるべからざることを力説せるにつき、これも今はその時機にあらざる旨話し置けり。
　三月二十九日
　午前八時、伏見宮邸より電話あり、来邸を求めらる。九時半参殿、伺候す。殿下は「回訓が出るまでは強硬に押せ、しかれども既に決定せば、これに従わざるべからず、加藤の如く強いばかりでも困る、また元帥参議官会議は開くべからず、この問題は請訓の如く決すれば加藤は辞めると言うだろうが、辞めさせざる方が良いが」と申さる。依って「殿下のお考えは私の考えと全然一致しております」と申し上げたるに、「予は今夕出発、兵学校卒業式、おわって大阪において癌研究会の総会に出席すれば、当分不在となる、もしその間に参議官の集まりあらば適当の機会にこの意志を発表せよ」と。
　退出、直ちに大臣官邸に至り次官と会合、右の話をなし喜び合えり。
　三月三十一日
　午前十時半、大臣官邸に赴く。山梨より大蔵大臣も今朝同意せられたる旨の話あり。加藤軍令部長と応接室に会し、伏見宮殿下の御意志を伝う。官邸には野村、小林、大角等あり。

午後三時東郷元帥邸に至り、元帥に伏見宮殿下の御意志を伝え、三時三十分辞去す。大臣官邸に帰り、夕刻加藤軍令部長を部長室に訪い、「明朝浜口は回訓案を説明する趣なり、その際君はこの案を閣議に付せらるれば止むを得ず、ただし海軍は三大原則を捨てるものにあらざるも、閣議にて決定すればそれに対し善処すべしくらいのことは言われんか」と申したるに、「それにては米案を承認したようになるからなあ」と言う。依って予は「しからばその意味のことを予より言うべし、君はだまって居ってくれぬか」と申したるに、「そうしよう」と言いたるにつき辞去。

吉田〈茂〉外務次官来る。山梨と共に別室にて面会す。吉田より、小生よりも財部に回訓案に同意すべき電報を発せんことを乞う。ただし右は、山梨の電報の末尾に「岡田大将も同意見なり」の句を加うることとし、別電は発せざることとす。本朝加藤と会合の節、加藤は悲壮の様子にて、「予も処決を覚悟し居る」との意味を洩らせり。大角、山梨と相談し、今夜大角をして加藤邸を訪問せしめ、それとなく短気なこともなさざるよう慰撫せしむることとす。

加藤は、自分らの主張が通らない、というんで「腹を切る」などと口に出す。わたしも一応、そのそばにいるものに注意し、短気なことをさせぬよう気をくばってはいたが、なあに切りやせんと思っていた。腹を切る、切る、といっているもので、あっさり切ったためしはないからね。

四月一日になって、浜口から官邸にきてほしい、といってきた。加藤や山梨海軍次官といっしょに行って会うと、浜口が外交、内政、財政上のいろいろの事情について説明し、とにかく会議をまとめるように全権一行へ回訓したいから閣議にはかって決定したい、と了解を求めてきた。加藤はすぐ不満の意をはっきり現した。「米国案のようだったら自分は用兵作戦上、軍令部長として責任はもてない」という。

山梨次官が「その回訓案は、海軍首脳部にはかってみたいから閣議にのぼせるのは、そのあとにしては」と引きとって、回訓案を浜口からとって海軍大臣官邸へ引き揚げた。

すると十時ごろになって、加藤から「きょう上奏のため拝謁を願い出ているが、側近のものに阻止されそうだから、侍従長からその辺の消息を聞いてみてくれ」とわたしに言ってきた。侍従長の官邸へ行って聞いてみると、「今日は御日程がすでにいっぱいだから、たぶんむずかしかろうと思うが、上奏を阻止するようなことはしない」といっているので、わたしも安心して、そのことを加藤に伝えておいた。

陛下は円満におさまるようにお望みなのだ。上奏などをして御心配をおかけするようなことがあっては申しわけのないことだと思った。

四月一日

大臣官邸に集合す。官邸には小林（躋造中将、艦政本部長）、野村（吉三郎中将、練習艦隊司令官）、大角（岑生中将、横鎮長官）、末次、堀（悌吉少将、軍務局長）会合しあり。予、加藤、大角を加えて回訓案につき山梨より説明し、小林、末次より意見出て三点ほど修正す。

回訓案の修正を終わり、山梨より本日閣議の席上説明すべき案文及び閣議覚書を読み、これを謀る。異議を申し立つる者なし。ここにおいて山梨は右を携え総理官邸に向かう。

海軍の修正は外務大臣よりまた少しく修正されたるも、大体海軍希望の如く決定す。（軍令部長の上奏に関し）予は先に「攻究」の字句を終わりに入れしめたるも、何となく不安につき、大角をして軍令部長室に部長を訪問せしめ上奏案を内覧せしめ、字句修正を忠言せしむ。加藤は快く承諾したる由なり。

度重なる末次の失言

四月二日

午前七時半、加藤軍令部長来訪。加藤いわく「かくなりては軍令部長を辞職せざるべからず、予の男の立つよう考慮しくれ」と。予「辞職は止むを得ざるべし、ただしその時期が大切なり、その時期については予に考慮せしめよ」と。八時帰り去る。
また今朝、末次黒潮会（注・海軍省の新聞記者クラブ）に多少不穏の文書を発表せんとし、海軍省の知るところとなり、未然に抑えたりと、後に知りたり。

四月七日

午後八時、矢吹政務次官（注・省三男爵、貴族院議員）来る。「先に末次次長はこの重大なる時局に際し不謹慎なる意見を発表し、政府部内の物議を醸《かも》し、続いて更に軍令部より刷り物にて意見を黒潮会に示し、これを発表せんとし、海軍省の知るところとなり、わずかに表面に顕われずして止みたり、本月二日予と末次と総理大臣に呼ばれ、総理より『既に回訓を出したる今日、これに善処するよう努力ありたき』旨申し述べたるに、末次はこれを承諾し、更に直立不動の姿勢にて、『先に不謹慎なる意見を発表したるは全く自分一己《いっこ》の所為にして、甚だ悪かりし、自分は謹慎すべきなれども目下事務多端なれば毎日出勤しおれり、なにとぞしかるべき御処分を乞う』旨述べたり。しかるに一昨五日、貴族院議員会合の席上にて又々不穏当なる問答をなし（注・昭和クラブの会合に海軍省の許可なく出席、秘密にすべき事柄に触れ、不満を訴う）、これを議員の某筆記し諸方に配布したり、総理はこれについて甚だ快からず思いおれり、なにとぞ貴官よりこの如きことなきよう注意ありたし」と。予これを承諾す。

四月八日

午前九時、自動車にて海軍省に到り次官に遇い、末次の失言の状況を聴取し、十時伏見宮に参上、御玄関にて加藤軍令部長に会す。依って「また次長〈末次〉失言したる由、この如きは害のみありて何等益するところなし、将来部外に対しみだりに意見発表は慎むよう次長に注意せられたし」と言いたるに、部長も「実は困っておる、皆によく注意し置きたるも遺憾なり、将来なお注意すべし」と。

殿下に伺候し、先日お話の御意志表示の次第は既に軍事参議官に通したる旨を申し上げ、「なお先日殿下は財部帰来すれば直ちに辞職するを可とすと申され、私もこれに賛成を致しましたが、退いて考えまするに右はしかるべからずと思います、財部辞すればいかなる方法を採るも世間は海軍挙げて財部に詰腹を切らせたりと思うべし、また財部辞すれば現内閣は崩れ政変起こるべく、海軍は政党の一方より永く怨まるべし、これ海軍のために謀るに良策ならず、故に私は、財部帰来すれば辞職すべからずという考えとなりました」と申し上げたるに、「うん、詰腹を切らせたとなっては困るねえ」と仰せられたり。「まことに軽率のことを申し上げ悪くございました」と申し上げたるに、殿下は「いやお前のは正論だ、ただし世の中のことは正論で押し通せんこともある、時の状況により多少の変更は止むを得ず、誤りてはおらぬ」と仰せられたり。

十一時海軍省《（ママ）》に到り〈軍令部〉次長室にて次長に面談、将来部外に意見発表を止めるべく懇談せるに、「五日のことの如きは、全く問いつめられて止むを得ずあるところまで話をなしたれども、将来は意見は他に発表せざるべし」と明言せり。次に次官室にて次官と会す。次官より、「政府は末次を処分せざれば収まらず、また法務局長（法務官山田三郎）も末次の所為は不穏当なり」と言いおる由を聞き、事件をなるべく小さくするよう申し置き、帰る。

末次の失言事件は、政府をすっかりおこらせた。浜口総理は「現内閣は官紀をきびしくする方針をとっている。軍紀を厳にしなければならない軍部の、しかも最高幹部が軍紀をみだすとは重大だ。巡洋艦二隻よりこの問題のほうが大きい」といってすこぶる強硬だった。海軍の法務官の中にも、末次の五日の回答は度を越えたもので、公開の席上で政治を談じるとはけしからん、といっているものがおり、このままでは末次に傷がつきそうになってきた。しかし財部海軍大臣が帰朝するまでは、病気引入ということにして、始末をつけるのはそのあとがいいだろうと考え、加藤に「末次を病気引入するよう勧告しては」と相談したら、「末次は自分の考えと同じことをいっただけで、病気でもないものに引入を勧告することは出来ない」とことわる。わたしが「そんなことをいっても末次の言葉は度を越えていた。この際末次を傷つけないように、ことを小さくおさめておくのがいいんじゃないか」といったので、加藤はしぶしぶ了承したが、わたしが、末次に勧告するから、といえば、こんどは、それはやめておいてくれという。結局、法務局長から書面で加藤を説き、浜口も、財部の帰朝後、末次を軍令部次長から退けさせることにして、一応戒告しておくことで納得した。

財部に辞職勧告の気運

ところが二十一日のことだった。山梨がやってきていうには……軍令部から機密番号をつけ、軍令部の官印を押した文書が海軍省へきた。それには「ロンドン条約の兵力量には軍令部は同意しない」とある。すでに会議をまとめるよう回訓までロンドンへ送ってあるのに、今ごろこんな文書が現れてきては困る、というわけだ。

これを公式に文書として取り扱うと、また問題を起こすのは、わかりきったことだ。それであくる日、加藤をたずねて、いまさらあんなのを出しては大問題になるが、どうするつもりか、ときいたところ、「いや、ただ海軍省に極秘のまま保管しておけばいいのだろう」という。財部に見せるためにやったことなら、なにもあんな書類にせずとも、口頭でいいではないか、文書は撤回したほうがよかろう、とすすめたが、加藤は「いや、あの書類はロンドン条約署名の前日に海軍省へ回したものである。これは大事なことだ。ただし財部の帰朝まではだれにも見せんで海軍省の金庫に入れておけばいい」とがんばる。それならなおさらのことだ。大臣が帰ってきたとき手渡せばいいじゃないか、といっても、加藤は、とにかく今撤回するわけにはいかん、とききいれない。これ以上争うのも無益だと思い、加藤とは別れてきた。

その財部を帰朝の途中で迎えて、海軍大臣を辞職するよう勧告しようとする動きが軍令部にあった。二十七日、古賀大佐（注・峯一、海軍省高級副官）が会いにきて、ハルビンで財部と会見するため出かけるという。加藤から「君は帰朝とともに辞職することになるだろうから、そのつもりでいてもらいたい」と財部に伝言するよう頼まれているといっていた。財部をやめさせるという気分はかなり強いものになっていたんだ。

五月七日

午前八時、山本英輔中将来る。大臣帰朝と同時に辞職すべしとの件なり。予その不可なるを力説す。

午前十一時半海軍省に出頭、次官に面会。次に軍令部長室において加藤大将に面会す。

加藤大将書面をしたためおれり。依って「何なるや」と問いたるに、「今人事局長に託して財部に書類を送らんとす、兵力量は政府にてその不足を補充するとすれば、軍令部も実行不能の補充案を出すものにあらず、今現に実行可能の案を作りおれり、ただし統帥大権の問題は重大事なり、元帥軍事参議官会議を開き、政府の誤りを正さざるべからず」と。依って予は「その問題は、大臣さえ統帥権を尊重し、これを擁護する精神なれば、軍部大臣、武官たる間は心配なかるべし、また当の責任者たる大臣不在中、元帥参議官会議を開くとも何の詮《せん》なかるべし、大臣も近く帰朝することなれば、大臣帰朝の上とくとその意見を聴きたる後にせざるべからず」と。

部長いわく、「今の内閣は左傾なり、海軍部内においてもこの問題ははっきりせざれば重大事起こるべし」と。予は「内閣はいかなる考えを有するも大臣さえしっかりしおれば何の心配もなしと思う、また現内閣は左傾なり等の言は慎まれよ、浜口より直接聞かれたるならばとにかく、又聴《またぎ》きにていろいろに批評するのは誤りなり、また海軍部内にも二、三変なことをする者はなしとは言い得ざるも、長年先輩の努力により軍紀を保ち来りたる海軍に、この問題のため重大事件起こるとは考えず」と申したるも、部長は「君は何にも知らんのだ、それは大変なことになっておる」と言えり。予は「君や我々がいてそんなことをさしてはいかんではないか」と言いたるに、「我々では抑えられぬ」と言う。

そうこうしているうちに、幣原外務大臣の議会演説が問題になった。貴族院でこういったそうだ。「この条約で満足である。国防には不安がない、といって海軍も喜んでいる」そんな意味だったらしい。演説の前日、幣原、吉田外務次官その他と山梨次官たちが集まったとき、外相の演説草案だといって、幣原が読みあげたが、不都合と思われる字句があったので、一、二を修正したわけだ。それでもう海軍は了解ずみだ、と思いこんで、演説してしまったようだ。

海軍側では、読んでいるのを聞いたときに気づいた点だけを修正しておいただけで、あとで熟読の機会を与えられるものと考えていたら、いきなり貴族院でしゃべってしまった。山梨はびっくりして、これではとても海軍がおさまらんから、訂正するよう申し入れたが、向こうは、もう貴族院で演説してしまったことを今さらなおすわけにもいかんから、といって衆議院でも、そのとおりにやった。考えてみると、どっちにも落度があることだし、今後は気をつけさせることで、どうにか海軍側の憤慨を押えることにした。

幣原の議会演説には伏見宮さまも御立腹のようだった。五月三日、お呼びによって御殿へ行った。殿下は、もってのほかだとおっしゃっていたが、鈴木侍従長のことにお話がおよんで、「鈴木も出過ぎている」とのお話なんだ。殿下が拝謁をもとめられるため侍従長にお会いになった折、鈴木が「潜水艦は主力艦減少の今日さほど入用ではありません。駆逐艦のほうがよろしいと思います。兵力量はこんどのロンドン条約でさしつかえありません」といったのが殿下のお気にふれたらしい。

「鈴木は軍令部長になっているようなものの言い方をした」とおっしゃる。そのうえ、拝謁に対して鈴木が「陛下に申し上げられるとのことですが、これはもってのほかでありま す。元帥軍事参議官会議は奏請なさってもたぶんお許しにならぬでしょう」といったので、殿下は「お前らが奏上するときは直立不動で申し上げるから、意をつくして言上することは出来ない。わたしなら雑談的にお話することが出来るので、十分意をつくすことも可能だ。だからわたしが申し上げるといっているので、とりちがえては困る」と鈴木をきめつけたということをお話になった。

政府と軍令部の意見

さて、財部がロンドンから帰ってきたのは五月十九日だった。出迎えはずいぶん盛んだったが、反対派の動きも急を告げていた。帰ってくるなり加藤軍令部長に会った財部は、あとでわたしに向かって、「加藤から上奏文の取りつぎを託されたが、文面ははなはだ不穏当だ。こんなものは撤回させなければならん」といっている。

ところが、加藤はその前から、軍令部の意見を無視して、条約をまとめたことを統帥権の干犯として問題にしようとしていた。政府はこれとは意見を異にしていて、条約の決定権は政府にあるんだから、統帥権を干犯したことにはならないというんだ。しかし、とにかく上奏文の撤回は急を要することだから、二十日、加藤に会って撤回をすすめたが、なかなか強情で、二十五日にまた足をはこんで説くと、「いや、聖上の誤りは臣下これを正さざるべからず。側近者よろしからざるときは、わたしが正しいことを申し上げなければ、数年後には国防が危うくなって、もう手おくれとなる。今実情を上聞に達しなければならないと思う」といいはるんだ。

六月七日

午前八時四十分山梨来る。一昨日末次は御前講演の際、憲法十一条、十二条、統帥権問題を進講したる由、講義了《おわ》って、武官長（陸軍大将奈良武次）は右は末次一個人の意見として御聴取を願いたく申し上げたる由なり。

九時山梨と同乗、大臣官邸。大臣と会談す。部長辞表、上奏書の件なり。十一時軍令部長室に部長に面会、上奏書撤回を申し入れたるに、部長は「統帥権問題も山本、大角の周旋にて一致点を見出したるに、大臣はこれを進捗せず、大臣の意のあるところを知るに苦しむ、また君は辞表を撤回しておれにどうせいと言うか」と。依って「辞職は止むを得ざるべきも、補充案でも出来た後にして如何」と。部長いわく、「補充案はすでに出来おれり、軍令部は最悪の場合を予想して用意しあり」「しからば世間を騒がさざる時期まで待て」と。部長いわく、「君の謂《い》うことは始終変わるから困る」と。「また財部取り次がざれば予直接上奏す」と。

予はその穏やかならざるを説き、よく考えるよう頼み退出。大臣にその要点を話す。大臣いわく「風邪にて二、三日引き入りおり、また本日東郷元帥に電話にて問い合わせたるにご病気にて都合悪しとのことなるにより未だ遇わざれども故意あるにあらず」と。依って正午更に軍令部長に「大臣も進捗せしむるに努力中」なるを告げ、零時半帰る。

軍令部長ついに更迭

六月十日

午後三時大臣官邸より電話あり、四時官邸にて大臣、山梨、小林、松下、古賀と会す。本日午前加藤軍令部長、今秋の大演習の件につき拝謁を願い出《い》ず。武官長侍立したるに、大演習の上奏終わるや直ちに先に大臣に差し出しおきたると同一の辞表を読み上奏したり。侍従長より古賀に通知あり、古賀は総理官邸にて午後一時大臣に報告したりと。しかして大臣は「宮中に召されまさに参内せんとす、いかにすべきや」と。「事ここに至り如何ともすべからず、すなわち谷口と交代しかるべし、しかして加藤は軍事参議官とすべし」と。大臣四時半参内、松下を伴う。五時半官邸に帰来せらる。陛下は大臣を召され、加藤の上奏書を下げ渡され、加藤の処分は大臣に任せらるる旨仰せられる。依って大臣より谷口を軍令部長に、加藤を軍事参議官に奏請し、御嘉納

あらせられたる由なり。六時辞去す。（注・谷口＝尚真大将、呉鎮長官）

やめる、やめるといっていた加藤は、とうとう強引に、辞表を直奏してしまったわけだ。その間、東郷元帥の意見はどうだったかといえば、この条約については御不満だった。しかしそれだからといって、国防上不安だ、と言いきるようなことはなさらなかった。

ただ元帥は、こうおっしゃっていたそうだ。自分の実戦経験から考えて、こんどの条約の兵力量では不足だ。駆逐艦、潜水艦のような奇襲部隊は別として、主力艦が六割になってしまった今日、巡洋艦は八割は必要だ。それが七割にもならんでは困ったことだ。だから御批准なさらぬほうがよろしい。もし自分の意見をおもとめになったら、そう申し上げるつもりだと。これは谷口軍令部長に向かっておっしゃった言葉なんだが、谷口がそのとき、「それでは海軍に大動揺をきたしますので、よくお考えを」といったが、元帥は「一時は動揺も起こるだろう。しかし将来のことを考えたらなんでもない。姑息《こそく》なことをしておいて、とりかえしのつかぬことをするのは大不忠で、今一歩退くのは、これはほんとうに退却してしまうことになるから危険だ」とおっしゃって、谷口が条理をつくして説いたけれど、このことだけは聞き入れようとはなさらなかったという。

それで谷口も困って、伏見宮殿下のところへうかがい、殿下から元帥を御説得なさるよう御願いしたら、「必要の場合はそうもしよう」とのお話だったそうだ。

わたしは殿下に元帥を説得させるということは、よろしくないと考えて、そのことを谷口に話しておいたが、二、三日たってから加藤と谷口とわたしの三人で話しあった際、加藤が「東郷元帥も御批准あらせられぬほうがいいとおっしゃっている」といって、元帥の意見を持ちだし、あくまでも反対するので、わたしは「御批准のことは枢密院にあって、海軍の関するところではない。海軍としてはロンドン条約では不足であっても、飛行機その他条約外のもので補充すれば、条約期間内は国防を保つことが出来ると思う。その補充計画は君がこしらえたんじゃないか」といったら、加藤は「政府が誠意をもって補充すれば、国防はもてぬこともない」と。そこでわたしは「そんなら君もわたしも同意見じゃないか。これで東郷元帥も御承知になると思うが、どうだ」。そこで加藤も「財部が責任を負って海軍大臣をやめることになれば、元帥の承諾をうる望みがあるかもしれない。財部に勧告するのは君がやったほうが一番いい」とわたしに押しつけてきた。

わたしは「財部に辞職をすすめるのは本意でない。だいいち不可能だ」と一応いったが、それはもし財部が海軍大臣をやめたら、そのころ起こりつつあった政友会あたりの倒閣運動に乗じられるおそれもあったからだ。

政府が倒れるようなことがあったら、もはや条約もおしまいだ。それでわたしは「しかし、御批准があった後に財部がやめるということにするなら、わたしが勧告する役を引き受けよう」といったので、加藤も「やむを得ない。ただし御批准後でもなお財部がやめないときはどうする?」と念を押すんだ。わたしは「それは必ず引き受ける。もし財部が承知したら、君はわたしとともに元帥の承認をうるよう努力するだろうね」と迫ったところ、加藤は「尽力する」と約束した。

それでわたしはすぐ財部に会った。「君は、殿下や元帥が君に好感をもっておられないことをよく知っているだろう。いまの場合、局面を打開する方法は君が辞職するということ以外にはなくなった。考えてみてくれんか。御批准があったあとで、辞職するということを殿下や元帥に表明しておけば、万事うまくゆく。どうかそうしてくれんか」と頼みにくいことを頼んだ。条約をまとめるためにはやむを得ないことだった。財部のいうのに、「君はたれよりもわたしの心事をよく知っているはずだ。わたしももとより覚悟している。そうではあるが、腹を切るのに、何月何日に切るんだ、といって人にふれあるくのはどうかと思う。人は腹を切るのに相談などしないものだ」といった。

それでわたしは、「もっともな言葉だ、しかし今の場合はちがう。この一つのことだけで局面が打開されそうになっているんだ。ほかに策がないからこうして頼むんだ」と説いた。財部は「考えさせてくれ」といっていたが、しばらくして谷口に「決心したから、そのことを伝えてくれ」といったそうだ。

それでわたしは二、三日たって元帥を訪れ、財部のことをお伝えしたら、「なぜ今すぐやめぬ。大臣一日その職にあればそれだけ海軍の損失だ」とおっしゃった。わたしはそのむずかしい事情をいろいろ説明して、「なお軍令部ではすでに補充計画も出来ておりますので、もし元帥の御承認がなければ、谷口もまたやめなければならなくなります」と申し上げてその日は帰ってきたが、日をおいてまた元帥邸に行き、「御批准の前に、全権たる海軍大臣がやめては、海軍が政治問題の渦中にはいることになります。それにどんな理由にせよ、いま大臣がやめては、世間では、海軍が大臣に詰腹を切らせたように見られ、海軍は一部の人士からうらみを買うことになります」と申し上げたところ、元帥は「そうではないだろう。わたしが財部にやめろ、と口に出していえば政治に関係したことになるが、財部が自発的にやめるのに、どうして政治上の問題になるんだ。このごろわたしにいろいろ言ってくるものがいる、わたしはとりあわんようにしている。ただ聞いているだけだ。軍人が政治に関係してはならんから、その点はわたしも大いに注意している」とおっしゃった。わたしも「どうぞ御自重下さるよう」お願いしておいたが、こうした曲折があって、九月にはいり急転直下、枢密院も御批准のことを決議、十月二日、浜口総理はロンドン条約御批准のことを上奏し、御裁可をうるはこびになった。

浜口首相凶弾にたおる

条約が公布になったのは、あくる年の昭和六年元旦だったが、これより前に、浜口は愛国社という右傾団体のもののために東京駅でピストルで射たれて、倒れてしまった。

軍縮はやっと条約成立して、わたしの努力は、どうやら実を結んだが、その反動はやがて軍方面に現れてきて、三月事件、満州事変、十月事件が起こり、天下はますますさわがしくなってしまった。

ロンドン条約のことで、しきりにもめているころ、五月だったと思うが、沼津駅で寝台車の中で腹を切って死んでいる海軍将校がいて、それが、ロンドン会議に専門委員の一人として出席した草刈少佐だとわかって大さわぎした事件があった。

右傾の連中は、それを軍縮を憤慨して死んだものとして宣伝していたが、実は神経衰弱がひどくなってやったものらしいんだ。

加藤寛治なども、たいへんこのことで興奮していたものだが、あれは神経衰弱なんじゃないかなどというとおこるものだから、まことに惜しいことをした、といっておいた。こんなことがあったり、浜口総理の暗殺があったりして、軍縮条約は右傾団体の動きを相当に刺激していた。

海軍でも「条約派」と「艦隊派」というものが現れて、艦隊派というのが過激な連中だったが、陸軍でも宇垣派とか反宇垣派というのがあった。反宇垣派というのが真崎甚三郎や荒木貞夫のことだったらしいが、一方では北一輝や西田税《みつぐ》などが陸軍の若い将校に革命思想を吹きこんでいるという状態だった。

そこで起こってきた「三月事件」というのは、昭和六年の三月、陸相宇垣一成を内閣の首班に押し立てようとする計画だったらしい。原田熊雄がわたしのところへやってきて言うのに、「どうも陸軍にも困る。宇垣や森政友会幹事長に使いを送って議会をさわがせるようにすすめたらしい。一方では大行会の大川周明を動かし、議会がもめたら大行会が外部から呼応し、東京がさわがしくなったのに乗じて戒厳令を布く。こんなことだったらしいが、政友会が動かなかったので実現にいたらなかった」と。閑院宮殿下もこれをお聞きになって、軍紀上いけないことだ、と御注意があったそうだが、政党を否認するような風潮をつくろうとする傾向があって、西園寺さんもたいへん心配なさっているということだった。

宇垣はこの事件につき、あとで原田にこんな弁解をしていたそうだ。「小磯がしきりに大川周明という人物に会ってくれというので、自分は会う必要はない、とことわったが、あまりにすすめるものだから二月ごろ大川に会った。そうしたら大川は、政党政治ではもういけない。この際独裁政治の必要があるから、としきりにいい、あなたを内閣首班におすから、というので、自分は現内閣の閣員でそんなことは出来ない、といったところ、とにかく議会のさわぎに乗じて事を起こすから、その節は陸軍は手を出さないで、傍観していて下さい、と口説く。自分は良民を害し、高貴の方に害をおよぼすようなことがあったら傍観することは出来ん、といった。ただそれだけのことだ」と、無関係だったことを力説していたそうだ。

わたしは、陸軍のこのごろの様子はおもしろくないが、外部からこれをどうするというのはいけない。陸軍のことは陸軍にまかせて、陸軍部内の心あるものの動くのを望ましく思っていた。徳川義親侯が、大行会に迫られて、六万円かの金を出したということを聞いていたが、その後平沼が西園寺さんをたずねて、「陸軍は軍紀が乱れているから青年将校はなにをやるかわからん」といったところ、西園寺さんは「しかし宇垣はよくやっていたではないか」とおっしゃったらしい。

満州事変、十月事件起こる

ところが九月になって、満州事変が起こってしまった。

あのときは陛下からとくに陸海軍大臣をお召しになって、「軍紀を厳にし、青年将校や士官が事を起こすようなことがないよう注意するよう」とのお言葉があったにもかかわらず、事変は大きくひろがってしまった。原田からこの時局を切り抜けるには挙国一致内閣はどうだろうとの話があったが、わたしは機運はまだ熟していないと思っていた。

十月になって、またまた事件が起こった。十七日に内田信也から電話があって、陸軍の中堅どころが不穏なことを企てているのを警視庁が知って、三十名ぐらい検挙されたというが、クーデターではないだろうかときいてきた。あとでわかったが、これも三月事件みたいなものだった。ただちがっている点は、あのときは宇垣を総理にしようとしていたが、こんどは荒木を押し立てようとしたものだった、といわれている。

その前にこういうことがあった。金谷参謀総長が内奏しようとしたところ、内府にさまたげられ、若槻首相のほうがさきに拝謁をたまわって奏上したという出来事があったが、それで陸軍では、君側の奸を除かなければならんと憤慨していたそうだ。

そんなわけで陸軍の動きが、だんだん危機を感じさせてきたおり、ワシントン軍縮条約が満期となる日が近づき、第二の新しい軍縮をしなければならん、と心ある人たちは準備していた。

昭和九年ロンドンで予備交渉がひらかれるので、その全権としてえらんだのが山本五十六だった。山本はまだ少将で、少将であるにかかわらず、全権の使命を託すような人物はほかにいないといわれるほどの秀才だった。

山本は予備交渉の際、これからの軍縮は、攻撃兵器を制限しなければならん、との考えから航空母艦の全廃を提案して人々をおどろかせたが、たしかにいい考えだったと思う。そのころ早くも飛行機が将来の戦争で重大な攻撃兵器になることを見てとっていたわけなんだ。しかし予備交渉はさぐりを入れる程度で終わり、翌年本会議の全権は永野修身にかわった。

結局会議は感情のもつれもあって決裂し、ワシントン条約は廃棄されたので、わたしは当時首相であり、なにか新しい軍縮をやらなければならん、と思っているうちに二・二六が起こり、なにもかもおしまいになってしまった。

五・一五事件と政党

斎藤内閣の海相に就任

五・一五事件で犬養毅首相が、官邸で陸海軍の青年士官に殺されたあと、政情は騒然となっていた。後継内閣首班もなかなか決まらず、斎藤実さんが首相として出てくるとは、たれも予想していなかった。事件から十日くらいたったころだったと思う。大命をうけていた斎藤さんから電話で呼ばれた。子爵邸へ行くと、すぐ斎藤さんは、

「組閣に着手して以来、きのうまでは政友、民政両党の了解をうけるためにいそがしく、軍部両大臣のことには手をつけてなかったが、どうやら目鼻がついたので、来てもらったわけだ。ついては、こんど海軍大臣になってもらいたいと思う。知ってのとおり世の中はたいへんなことになってきた。軍の若いものが政治的暴力をふるうということになって、この先どうなるかわからない。御苦労なことだが、海軍のほうは、君の力で、おさめるよ

う働いてくれんか」

との話だ。わたしはこの重大なときに当たってお役に立つなら、と思ったが、大先輩である東郷元帥はどうお考えなのか、一応御相談してから返事をしよう、と思い、その旨返事して子爵邸を辞した。


そのときの組閣状況はどうだったか、というと、山本達雄は一応は入閣を承知したが、はっきりした返事をよこさない。林銑十郎に電報したが、なんともいってこない。原嘉道を司法大臣に交渉してことわられ、鳩山一郎も入閣態度をはっきりしない。思いがけない事件のあととて、組閣も、混沌としていた。わたしはその足で元帥邸に行き、「実はただいま、斎藤さんから入閣交渉をうけましたが、一応元帥に相談してからと思いまして」と、御意見をうかがうと、

「それは御苦労なことだ。今の場合、あなたがなるよりほか仕方があるまい。わたしもピストルでやるということを、配達不能で警察で開封した手紙にあったそうで、今日から警官がきておる。そんなことをいうやつが、ほんとうにやることはないが、困った世の中になった。海軍は厳格に、もうこんなことの起こらぬよう、上下一致してしっかりやってもらいたい」

とのお話だった。今後のことをお願いして、「物騒な世の中でありますから、お気をおつけ下さい」と申し上げると、元帥は「なあに」とこともなげに言われた。海軍省で軍令部

長伏見宮殿下にお会いして今日のことをお話すると、わたしを励まされ、こんどの不祥事に対しては断固たる処置をとれとのことだった。わたしは海軍士官で、この事件に関係したものがおり、山本英輔大将は横須賀鎮守府司令長官でありながら、たいへん強いことを言っているとも聞いていたが、部内に関する限りはそうたいしたことはないと思っていた。

政府要路の大官を暗殺して、軍人中心の政治へもっていこうとする動きは、火元が部外にあるので、いつまた部内に飛び火するかもわからぬ。政治に関与することは海軍がその伝統として固く戒めているところで、こんどのことは歎かわしい風潮の現れであるが、今のうちに手当てすればなんとかおさまる、と考えた。その後部内の自粛自戒のために、政治に口出しする動きはほとんど影をひそめ、のちの二・二六事件はもっぱら陸軍の反乱だった。

組閣に際し、わたしに対する斎藤さんの希望としては、軍部の統制、経費の節約で、満蒙のことは正当に主張する。したがって南支那には、なお当分ある程度の軍艦を出しておく。ただこういうほうに費用をつかうよりは、海軍の本来の準備に、つまり新しいほうにつかうのが望ましいことだとは言っておられた。それと農村の疲弊に対して手をつけることも考えておられるようだった。

こうして政友会内閣が退いて超然内閣が出来たわけなんだが、日本の政党政治も本来ならちゃんとしたものになっておるべきはずだったのに、政党の無能がわざわいして道をそれた。

しかし、斎藤さんを後継内閣首班として奏薦された西園寺さんは、軍人があばれだして騒然となっている政界をまとめるのは、一政党ではむずかしいとお思いになって、ひとまず超然内閣に託したわけだろうが、わたしもふたたび政党政治にかえっていくのが、順当だと思っていた。あとでわたしが首相になったときもそう考えておったが、世の中の成り行きは、ついにそのとおりにいかなかった。

話のわかった森恪

そのころの政友会で、わたしが話せるりっぱな人物だと思っていたのは森恪だ。政友会は次期政権をねらって、自重と強硬の二派に分かれ、強硬派の連中は、積極的に内閣を倒して、政権を奪うことをはかっていた。

その空気が六月の臨時議会、さらに八月から九月にわたる臨時議会（第六十三議会）で最高潮に達した。強硬派は自重派をひきずって、政府提案の匡救予算《きょうきゅうよさん》に対し編成替えを要求し、応じなかったら内閣不信任案を提出するばかりの勢いとなった。政府は政友会総裁鈴木喜三郎に、いずれ通常議会で根本策を提出するという話で了解をもとめたが、つづいて率勢米価の問題で政府と政友会は完全に対立、会期はなくなっても、一つの法案も通過せず、三日間延長した。貴族院に移ってからも二回延長しなければならなかった。閣内も妥協と強硬の二派に分かれて、閣内不統一で政変を起こすおそれさえあった。結局両院協議会でようやく妥協が出来たんだが、それには森恪の力が大きく動き、両院協議会のメンバーとして党の大勢をひきずっていった結果だった。

森恪の夫人は瓜生外吉大将のお嬢さんだ。わたしは森とは田中内閣時代からつきあいがあるし、また同大将の関係から話合いが出来る間柄にあった。それでわたしが森に妥協の相談を持ちかけたわけだ。このことは斎藤さんのほかたれも知らない。会見の場所は赤坂霊南坂にあったラトヴィア国使節の公館を使って、ふたりの朝飯会ということにし、護衛の警官もまいて、こっそり行ってちょいちょい話合いをしたものだ。ラトヴィアの公館を使ったというのは、かねがねあいているから、いつでも使ってくれという申し出があったので、いい幸いと、そこを利用したんだ。

森との話は、斎藤内閣は適当な時期に退いて政党に政権を譲る、ついては臨時議会の関門は通してくれ、というほどはっきりした内容ではない。しかし、政治を政党政治の本道にもどさなければならぬ、ということが中心だった。斎藤さんは五・一五のあとの政局を預かっただけで、政権にいつまでもとっついているような人ではない。森とは目先きの取引などというちっぽけな心から話し合ったのではなかったが、政党自身も従来の弊風を一掃して非常な努力をしなければならぬというのがその考えだった。そんなわけで、政友会との妥協はうまくいったが、まもなく森は世を去ってしまった。惜しいことをした。わたしもすっかり張りあいがなくなった。あくる年の一月、満六十五歳で海軍のほうも停年になるので、大臣の職を退くことにした。わたしを留任させるに便利なように、現役延長を運動する向きもあったけれど、こんな悪例を将来に残してはならん、とも思うし、引っこんだほうがいいと思ったわけだ。

組閣難航の前後

役目は危機の防壁

海軍大臣をやめてから、しばらくは何もすることがなく、角筈の私宅でぶらりぶらりと日を暮らしていたが、昭和九年六月のある日だった。ひょっこり原田熊雄がたずねてきた。西園寺公からの思いがけない使者だったんだが、つまり、「今の斎藤内閣は、帝人事件にわざわいされて、遠からずやめなければならない形勢になっている。公爵は、そこで斎藤首相の意見をきかれたうえ、そのあとを岡田にやってもらおうと申されている。後継内閣を引き受けるよう心の用意をしていてほしい」というのが、原田の口上だった。

だしぬけのこととて、わたしはめんくらったが、老公によろしく返事をことづけて、とりあえず斎藤さんにも会い、いろいろとその意見を聞いてみた。斎藤内閣は、ほんとうをいうと、今やめるべき理由はなんにもない。例の帝人事件というものが起こって、大蔵省から関係者を出し、ついには三土鉄道大臣までかかわりあいになるという雲行きになってきたため、綱紀粛正の建前から、どうしても総辞職しなければならない立場におかれてきたわけだ。

ところが当時の日本の情勢というものは、ロンドン条約やワシントン条約が、いずれも満期になる日が近づいていた。もともとその満期前に、ふたたび関係各国が集まって、改めて軍縮を協議することになっていたが、気の早いものは、条約が満期になることから、軍備劣勢の日本はたちまち、危うくなるというふうに考えてしまって、「一九三五、六年の危機」ということをいいはじめていた。

国内では、まえから陸軍の一部に、政治に口出しするふうがあり、それがこうじて、だんだんあやしい空気をつくりつつあった折で、斎藤さんは、再条約をまとめることと、そういう軍人の政治的非望を押えることを志していたと思われるし、総辞職するなら、あとをわたしに託そうと考えたのであろう。

その意味からすれば、わたしの内閣は、斎藤内閣の延長だったともいえる。わたしもこんなただならぬ時局に当たって御奉公が出来るなら、もみくちゃになるまでやってみようと決心したわけだ。ところが、自分が首班になって内閣を組織するには、どうすればいいか、わたしにはまるでわからん。斎藤さんもその点では心配して、当時農相だった後藤文夫を組閣参謀にしたがよかろう、と推薦してきた。原田のほうでも、なれない仕事だからといって、拓務次官だった河田烈を同じく組閣にすすめてきた。

原田はよくめんどうを見てくれた。組閣参謀の顔がそろったところで、下相談でもやったがよかろうというので、その親友である高木喜寛の家を会合場所に斡旋してくれ、そこでわたしはふたりの参謀と会って、構想を練り、政党に対する閣僚の割りふりなどを打ち合わせておいたが、いよいよ組閣に着手すると、とんだ番狂わせが起こってしまった。政友会がつむじを曲げてね。そのいきさつはおいおい話すとしよう。

斎藤内閣が総辞職したのは七月四日で、西園寺さんは、同日お召しによって興津から上京して、参内された。後継内閣首班の御下問を受けられたところ、奉答にさきだって、公爵は、牧野内府、清浦奎吾伯、一木枢府議長、高橋是清さん、若槻礼次郎さん、斎藤さんたちと内大臣府で個別に会見された。老公が後継内閣首班についての御下問に奉答される前に、こういうふうにいわゆる重臣に会見されることはかつてないことだった。

そのうえ西園寺公は各重臣の意見をそれぞれ聞いてから、わたしを後継者と決められたのではなく、まずわたしという候補者を重臣たちに示されて、岡田を援助するよう要望されたということだった。

老公は、日本がだんだん、あぶないところへ向かって行くのを心配されて、それを防ぎとめる役目をわたしに期待されて、重臣たちに、その意のあるところを伝えられたのであろう。

組閣の大命は、七月五日昼ごろに下った。謹しんで拝受して、まず組閣本部を設けることになったが、これは斎藤さんの厚意で首相官邸の日本間を提供してもらった。さて、閣僚の人選にとりかかって、第一にわたしのやったことは三党首の訪問だった。

斎藤内閣と同じように挙国一致内閣をつくるという方針なんだから、政友会、民政党などの政党の支持を得なければならない。民政党総裁であった若槻は、快く支持を表明してくれたが、政友会総裁鈴木喜三郎は、協力をしない、とはっきりした態度だった。組閣のうえに、これが大きな支障となってしまった。政友会は当時議会の第一党だった。

五・一五事件で犬養毅が血気の青年将校に暗殺されたとき、政権をはなれてから、多数党でありながら内閣首班を担当する機会が回ってこない。

民政党の場合とはちがって、政友会はその総裁が、重臣会議に出て、西園寺さんから協力要請を受ける立場にいなかった。いってみれば、鈴木は、若槻のように枢機に参画していなかったわけだ。それだけ最上層に関する情報に通じていなかったことになるし、非協力的態度はそこからきたんじゃないか、とも思う。

そんなわけで、望月圭介などがいろいろ斡旋してくれたが、鈴木はじめ政友会の幹部ははなはだ非協力的だった。政友会がそっぽを向いて閣僚を出してくれなければ、挙国一致内閣というたてまえにひびがはいる。乗り出す早々この難問題で悩まされ、組閣ははかばかしくいかないものだから、新聞にはどうやら岡田内閣は流産らしいという記事が出るようになった。

救いの神・床次竹二郎

そのとき一つの救いになったのは床次竹二郎《とこなみたけじろう》さんの存在だった。床次さんは、政友会の中にあって、挙国一致の強力内閣をつくる必要をしきりと主張し、政友会の幹部会では、「党議には服するが、しかし自分の主張は曲げない」といったらしい。だから説けば入閣するかもしれないという情報は早くから内田信也からあった。

夜おそくクタクタに疲れて組閣本部から臨時宿舎の万平ホテルに帰り、風呂を浴びて寝ようとしていると、新聞記者が面会を申し入れて来た。朝日の入沢文明、毎日の若松宗一郎、報知の木原通雄といった連中だった。

新聞記者はもちろん、こっちから情報をとるためにたずねてきたんだろうが、あべこべに彼らから情報をとれぬものでもない。なにしろ疲れているので大儀であったが、とにかく会った。するとやっぱり床次さんが動きそうな様子のあることを、彼らの口ぶりから察することが出来た。連中がいろいろとわたしに質問する内容は、しきりと床次さんのことにふれるのである。これもためになった。

新聞記者に会うのは、政治をするうえに、利益になることを知った次第だ。そこで床次さんは動くかもしれないが、ではたれが交渉に当たってくれるかというのが問題だ。さて、と思案に暮れていると……そのころ本部に出入りしている人の中に、土肥竹次郎という人がいた。大倉喜八郎男が社長をしていた小樽木材会社の常務取締役をやったこともあり、当時は財界や政界の顔利きで通っていたらしい。わたしもいささか面識があった。

その土肥という人が、ちょいちょい組閣本部にやってきては進行の様子などを聞いて帰る。わたしの身辺にいた連中は、はじめは、そう親しくつきあっている人でないから、「組閣は大丈夫ですか」ときかれると「うまくいっています」くらいの生返事をしていたんだが、そのとき、これは義弟の松尾伝蔵の手柄になるんだが、土肥という人が、よく本部へくるんですが、床次さんとは深くつきあっているらしいし、このさい斡旋をしてもらってはどうか、という。それではひとつ会ってみようか、というので、土肥に会ったわけだ。

土肥は床次さんのことなら自分がきっと引き受ける。まあ一日か二日くらい待っていなさい、というなかなかはっきりした言い分だった。

土肥という人は凝ったことをしていたようだ。官邸の玄関前には、例によって新聞社がテントを張って、組閣本部の動きを注視している。本部と床次さんとの間の交渉は秘密を要するというので、官邸へくるのに、あるときは白い背広をきてくるかと思えば、モーニングに着替えてきたり、乗りつける自動車もくるたびに番号の違うのを利用するといった気のつけ方である。同一人物が、しげしげと出入りしていては、すぐに新聞記者にさとられると思ったのだそうだ。そんな次第で、土肥という人の存在は新聞社も気がつかなかったようだね。

土肥が床次さんをこっそりたずねて、相談した様子は、あとで聞いた。それはこうだ。土肥は、わたしと会った翌日の朝早く、大久保にある床次さんの門をたたいた。政友本党の総裁をした人だけに、すぐには「うん」といわない。政界では自分のほうが岡田よりは先輩だよ、というわけだ。

土肥は、たしかにあなたはかつては政友本党の総裁であったが、今のあなたの立場では総理大臣になることはおぼつかない。それよりもこの際入閣しておけば内閣首班が回ってくる機会もあろう、といって説いた。それでは、せっかくの話なんだから一日だけ考えさせてくれ、といって別れたという。

床次さんとの交渉がほかへ漏れては妨害も入るだろう。それに一日、一日と組閣を延引させるわけにもいかない。わたしも土肥がことの次第を報告にきたのを幸い、急を要することだから、ぜひ急いでもらいたいとせきたてた。

その間に床次さんの方でも腹心の人たちを呼んで、入閣について相談をしていたらしい。それで、わたしは六日朝、組閣参謀として働いていた後藤文夫に床次さんを訪問させ、つづいてその日の夜半、福田（注・耕、当時、日本無線社員、後に首相秘書官）と加賀山学とをやって床次さんと懇談させた。もし床次さんが自分の主張にしたがって入閣することになれば、政友会を脱党するほかはない状態になっていたわけだが、福田は床次さんに向かって、「あなたといっしょに政友会を脱党するのは何人くらいいるでしょうか」といささかぶしつけな質問をした。

するると床次さんは、しばらく沈思していたが、「それは自分ひとりと考えてほしい」と答えた、とのことである。同時に床次さんは、「たとえ自分ひとりでも入閣はするが、閣僚の椅子は三つ割り当てるようにしてもらいたい」といっていた。福田は、床次さんの態度や時局に対する意見に感激して帰り、わたしに報告した。そこではじめて政友会二人と予定していた閣僚を三人にすることに決めて、床次さんに敬意を表し、その入閣を迎える用意をした。

七月七日のことだ。土肥が現れて、いよいよきょう床次さんを組閣本部へ案内してきます、という。そのとき土肥からひとつの頼みが出た。床次さんのほうが大臣としては先輩なんだから、ひら大臣ではあっても、副総理格で迎えてほしい、というのである。それも承知した。

そこでさっそく土肥は、床次さんをつれに行ったわけだ。しかし床次さんは脱党届を出してから組閣本部を訪問しようという気持なんじゃなかったかと思うんだが、それやこれやでなかなか土肥の請いに応じて家を出ようとしなかったらしい。長い年月、政友会の党人として重きをなしているのに、いよいよ政友会の党議にそむいて、入閣しようというのだから、なみたいていのことではなかっただろう。

土肥は土肥で、わたしに、今日じゅうにつれてくると約束したのだからと強引に説き伏せた。

「それほどいってくれるなら、行くことにしよう」と、日が暮れてから連れだって大久保の家を出た。床次さんは秘書の春名成章代議士といっしょに自動車に乗り、あとから土肥が別の車で組閣本部へ向かった。

ところがしばらく走っているうちに、床次さんの車は、横道へそれはじめた。土肥が、どうしたんだろう？　と思いながらあとへついていくと、青山一丁目の、明治神宮外苑のロータリーのところで止まってしまった。床次さんは車から出てきて、土肥に、ちょっと降りてくれ、と道ばたに誘い、「つくづく自動車の中で考えたんだが、やっぱりよそう。政友本党の総裁以来いろいろのことがあったが、今また岡田の下に入閣するのは、いかにも世間の人から見下されるようでいやだ。これから君だけ行ってことわってくれ」と言いだした。

それから車を横においたまま、一時間くらい立話をやったらしい。土肥もそのときはかなり骨が折れたと言っていた。

こうして床次さんが本部に姿を現したのは十時ごろだった。よろしくと握手をした。土肥も「これで役目を果たしました」とよろこんで引きとっていったが、床次さんの入閣が決まれば、成立したも同様である。

こうして床次さんといっしょに山崎達之輔と内田信也の入閣を見ることになった。その結果として、政友会ではこの三人を除名したが、三人のほうでも政友会に対して脱党を申し出た。政友会内には床次さんのあとを追って脱党しようとするものもいたようで、これらの人たちは、挙国一致的な協力内閣を支持しようという主張をもっていたが、脱党するよりも党にあって、純野党的立場をとろうとする鈴木総裁派を牽制することを考え、政務官その他の地位を占めたもの以外は、だいたいにおいて政友会に残った。

床次さんが思いきって入閣し、わたしに協力してくれた気持に対しては、その後も感謝の念を失わなかったつもりである。床次さんのために設けた椅子は逓信大臣であったが、わたしはなにごとによらず、床次さんに相談するようにしていた。その後「五十万元事件」という、いやがらせの騒ぎが、政友会から議会に持ちだされて、床次さんを迷惑させるようなこともあったが、これはあとで話すことにしよう。

いつかは政局を担当する人ではないか、とも思っていたが、組閣から一年目の昭和十年七月十五日朝から急に床についた。前年からの過労がつもりつもって、ついに健康をそこなったのであろう。八月九日になって春名秘書官がわたしのところへ床次さんの辞表をもってきた。

わたしは、それを受け取る気にはならなかった。床次さんについては、考えていることもあるから、ゆっくり静養していただきたい、とそのまま持ち帰ってもらった。九月八日、とうとう他界されたと聞いたときは、ほんとうにがっかりした。わたしにとってはいい相談相手を失ったという嘆きが深かった。

挙国一致内閣の船出

話は横道へそれたが、今でもひとつ話の種になっているのは、貧乏で組閣費用も思うにまかせなかったことだ。一日二百円くらいだろうと新聞に書かれた。西園寺さんも心配して下さったが、組閣は、はかどらず、中には金はだんだんなくなるだろう、早くけりをつけなければ動けなくなると心配してくれた人もあったそうだ。

暑い盛りにテント村に陣取っている新聞記者諸君を慰労するため、なにか出したいんだが、どうにもならん、氷を少しばかり贈った。「氷で冷やす飲み物のほうは、そちらで適当にお願いする」というわけだが、みんな大いに喜んで、そっちの費用でビールなどを持ちこんで、わたしの貧乏を祝福してくれたそうだ。

内閣の親任式が行われたのは七月八日だった。大蔵大臣には高橋是清さんの留任をお願いしたかったが、高橋さんは、大蔵次官だった藤井真信を推薦した。藤井ならつとまると思うからやらしてみては、という話。いささか不安であったが、高橋さんは、自分が十分にうしろだてになる、もしなにかのことがあったら必ず自分が収拾の役を引き受けるとの約束である。そんならこんないいことはない、とわたしも安心した次第だった。

民政党からは若槻さんの特別の肝煎りで町田忠治と松田源治とを迎えた。政友会から三名の閣僚を入れて、民政党から二名では、どうも義理が悪かったが、若槻さんはそれもがまんしてくれた。

ほかの閣僚の顔ぶれをいえば、わたしは拓相兼任、外務大臣広田弘毅、内務大臣後藤文夫、陸軍大臣林銑十郎、海軍大臣大角岑生、司法大臣小原直、文部大臣松田源治、農林大臣山崎達之輔、商工大臣町田忠治、鉄道大臣内田信也、内閣書記官長河田烈、法制局長官金森徳次郎だった。

親任式に出かけるわたしの写真が新聞に出たが、頭にのせたシルクハットのつばを手で押えているんだ。どうしてこんな格好になったか、というと、これが笑い話だ。

参内するのにフロックコートを着なくちゃならん。これは冬物があったので、間に合わせることにした。ずいぶん暑い思いをしたが、それはがまんするとして、かんじんのシルクハットがない。幸い迫水が持っているというので借りうけ、手に持って玄関に出たところが、新聞社の写真班が大勢待ちかまえている。わたしが出てくると「閣下、帽子をどうぞ」というんだ。あ、そうか、といって、持っていたシルクハットをかぶったところ、迫水の頭は大き過ぎたんだね、帽子がスッポリと耳までかぶさってしまった。これはいかん、といって手でほどよいところまで押し上げてささえていたというわけなんだ。

その後、首相在任中は、斎藤さんとできるだけ連絡をとるようにしていたし、また斎藤さんはよくわたしに忠言を与えてくれた。

西園寺さんのほうから原田熊雄が、しきりにお使いになって来る。わたしの身辺にいた連中の中には、原田のことを「蓄音器」などと失礼なあだなをつけるものもいた。つまり西園寺さんの口上をそっくり、そのまま取り次ぎに来るので、そんなことを言ったのであろうが、わたしとしてはなにかにつけて西園寺さんの御意見をきき、十分に尊重することをたてまえとしていた。

組閣後まもなくぶつかったのは、三土忠造起訴問題だった。

そのころ政界、官界、財界に波紋を起こしていた「帝人事件」というのは、帝国人造絹糸株式会社株の肩替りにからまる贈収賄事件で、実のところよくわからん騒ぎだった。昭和九年から検挙がはじまって十二年まで裁判がかかり、結局うやむやになった。公判の結果は全部無罪で、事件そのものが「検事の描いた空中楼閣」だったともいわれた。それが、大蔵省に飛び火して黒田次官が召喚される。高橋蔵相は責任上辞職しようということになり、こんどは鉄道大臣の三土忠造までかかりあいになった。前に話したように、それがため斎藤内閣は総辞職したわけで、思えばばかばかしいことではあった。

三土は事件の証人として呼ばれ、宣誓のうえ証言したところ、検事側の調べた内容とまったく違うことを言った。それで偽証罪として起訴されることになったんだが、それには勅許を要するので、小原司法大臣から案をもってきた。ことは前大臣に関することであり、うかつに勅許を仰いで、とりかえしのつかぬことになっては大事であるから、調べのやり直しを小原に命じた。小原のほうでも、別の検事にもう一度、三土関係を調べさせた。やはり偽証罪になるという。再三調べのやり直しをやって、なおかつ同じ結論が出てくるというので、小原も強硬に出てきた。この起訴案に首相が印を押さなければ辞職するとまでいう。それほど確かな事実ならば、というので書類を宮中へ差し出した。

陛下は内閣から奏上する場合、御同意の節は「そう」とはっきり御返事なさるが、御同意でないときは黙っていらっしゃる。差しあげた書類に対しては、御同意でない折はしばらくお手元にお留めになることもある。陛下に御意見のあるしるしである。三土の場合も、その書類が留めおかれたように記憶している。それでいろいろ御説明申し上げて、ようやく勅許がおりたわけであるが、小原は、今でもあの三土起訴一件は一代の遺憾事だと述懐しているそうだ。

大臣ともなれば、上奏されたことがらについて、陛下がこういうふうに御意志を表明される御習慣のあることを心得ていて、御意志に添うように努力すべきであったが、中にはそのことに心づかず、知らず知らずに陛下の御意志に添わぬことをしてしまった人もいたようだ。

目立つ陸軍の内政干渉

わたしは十月まで拓相兼任だった。陸軍や外務のほうには拓務省を廃止するのがよいという意見があり、わたしはあったほうがいいと考えていたんだが、拓相の適任者がいなかったため、兼任していたわけだ。ところが在満機関の改革案をめぐって拓務省が全員辞表を提出するという騒ぎが起こり、その責任を負って次官であった坪上貞一がやめるという経緯があって、児玉秀雄を専任拓務大臣にした。

在満機関の改組は、斎藤内閣のときに陸軍から提案のあったものを、わたしの内閣にひきつぎ、陸軍、外務、拓務の各省で論議を重ねた結果、九月になって閣議で案を決定した。

これは満州に関する事務を外務、拓務両省から切りはなし、内閣直轄の「対満事務局」を置いてこれに移し、関東長官の職を廃止して、従来その権限内であった行政事項を駐満大使にさせる。駐満大使と関東軍司令官は兼任にするという内容だった。この駐満大使の下におかれる「在満行政事務局」の警務部長を関東軍憲兵司令官に兼任させることにしたのが、騒ぎの起こりだ。関東庁の警察官と関東軍の憲兵とは仲が悪い。こういう制度になると、関東庁の警察官は憲兵の下につくというので、警察官が猛烈な反対をやりだしたわけだ。

警察官が騒いで、関東庁の職員がこれに同調し、拓務省にまでひびいてきた。関東長官というものは、駐満大使と関東軍司令官とがいわゆる三位一体で、三つを菱刈隆大将が兼ねている。関東庁の課長連中は文官だから、不満があると、軍人である長官へは言わず、まっすぐ本家たる拓務省へぶちまけてくるので、拓務省の連中はみんな反対側についた。

はじめ現地の騒ぎを取りしずめようというので、拓務省のものを派遣すると、かえって向こうのいい分に賛成して、ちっとも取りしずめ役にならないものだから問題は大きくなる一方だった。在満五千名の警察官が代表団をつくって大挙陳情にくる。その連中はえらく、殺気立ってやってくるものだから、小栗警視総監も警戒を厳重にして、なんでもわたしに陳情団を会わせるときは、凶器などを持ってはおらんかと身体検査までしたという。巡査が巡査を監視したんだから、ずいぶん妙なことだった。

一部では、新しい制度になると、満州の警察が憲兵警察になってしまうことをおそれていたわけだが、わたしとしては、必ずしもそうなるとは思っていなかった。

当時の満州のように特殊の事態があるところでは、憲兵司令官の兼任もやむを得ないと思っておったし、兼任になっても警察の機能は変わらないようにするつもりでいた。部長の下には必ず文官の課長をおいて、憲兵警察になることを防ぐことが出来ると考えたが、陸軍は原案を通すために強硬であるし、拓務省のほうも退かない。わたしは首相であり、また拓務大臣でもあるので、一人二役のつかいわけをしなければならないので弱った。

陸軍側では「軍警統一が治安維持の上で必要であり、これによって相互の連携は緊密となる」と声明すれば、拓務側は「制度的に見て不自然であり、害の多い時代逆行の制度だ」とやり返す。それで、とうとう拓務省や関東庁の役人は最後の手段に訴えるつもりか、判任官にいたるまで辞表を出した。

その間今から思えば緊張した場面もあり、ほほえましい場面もあって、いろいろ努力した結果、みな納得がいって原案どおりに実行され、十一月になって辞表をひっこめられたが、坪上はやめざるを得なくなってしまった。

こうして憲兵司令官の兼任は実現したわけだ。対満事務局総裁は陸軍大臣の兼任なんだが、はじめ林陸軍大臣は文官を総裁とし武官を次長にといっていたが、いつのまにか武官を総裁にするといいだした。

これについては陛下に御意見があって、「そういうことでいいのか」と念を押された。わたしとしては心の中では決していいこととは思っていなかったので、申し上げようがなくて非常に困ったものである。こうして歩一歩と陸軍に押されてきて、陸軍の内政干渉が浸潤していったことについて、今思えばわたしも弱かったと、反省せざるを得ない。

藤井はりっぱな大蔵大臣だった。閣議でもちょっと太刀打ちのできる人がいなかったが、からだが弱く、それに部下が元の同僚なので押えがきかないという傾きがあった。予算閣議で、陸海軍の要求額に追加しなければならんのがあった。

藤井にその案を通してくれと閣僚たちはいうんだが、大蔵省では賀屋興宣主計局長が反対らしく、藤井は「下のものが承諾しないんで、わたしにはどうにもなりません」と泣いた。徹夜の閣議だったが休憩中総理大臣室で、床次さんはすこぶるおこって町田に向かい、「ああいう部下を押えきらんような大臣は困る。町田さん、わたしはこんな大蔵大臣といっしょにいるのは、とても堪えられん。やめようじゃないか」と言いだしたくらいだ。

そのとき臨時利得税三千万円の増税案があり、床次さんや町田はじめ政党出身閣僚はみな反対した。ところが大蔵省はがんばっている。わたしも出来るなら増税したくなかったんだが、もめて危うく内閣の命とりにまでなりかかった。それやこれやで藤井はめっきりからだが弱ってしまい、就任四ヵ月で辞職、静養していたが翌年はじめ急に死んでしまった。

そこで後任は、こんどこそ高橋さんに出てもらわなければならん。だいたい組閣のときでも、わたしは大蔵大臣と外務大臣には力をいれて人選しようと思ったくらいだから、ぜひとも承知させるつもりで高橋さんをたずねた。

するとやっぱり高橋さんはいい人だった。さきに約束もある。藤井になにかあったら自分があとを引き受けて収拾するといったことがあった。わたしは、はじめ相当腰を強くして談じこまねばならないかもしらんと思っていったんだが、至極あっさりと承知した。このときは、うれしかったね。車の中で待っていた迫水の話によると、わたしがあんなにうれしそうな顔をして、靴をはくのももどかしく、人の家から出てくるのを見たことはなかったそうだ。

車に乗るなりわたしが、「万事OKだよ」といったので、迫水が「OKという言葉をいつからおぼえましたか」と聞く。どこでおぼえたかしらんが、万事OKというのは、そのころの流行言葉だったね。

政友会から爆弾動議

高橋さんが入閣したものだから、政友会では、この長老に対して離党を勧告した。高橋さんは、これを拒否してあべこべに、これからの政党の進むべき道を説き、「自分は政友会をはなれない。もし政友会で除名したかったら、そうしたらいいだろう」と言ったそうだ。

それで政友会は、相手が大先輩だから、さすがに除名という形をとることも出来かねて、高橋さんに別離通告をしたが、わたしの内閣に対して全面的に野党の立場をとっていた政友会にとっては、高橋さんの入閣は痛手だったろうと思う。この大きな人物に対しては、政友会の連中も心から敬服していたのだし、だから議会中、高橋さんが登壇すると、満場拍手して迎える。政友会の議員もそうだった。高橋さんのことを呼ぶのに、「高橋首相」

という言葉さえ用いられて、新聞などに高橋さんが大きく、そのそばにわたしを小さく描いた漫画が出たりした。わたしの内閣にとって、これほど大きな存在はなかったし、わたしの一つの自慢だった。

内閣はこうしてより強力になって、第六十六議会を迎えたが、いわゆる「爆弾動議」として、のちのちまで、そのばからしさで語り草になっている追加予算要求は、そのころの東北飢饉と関連したものだった。

冷害によるその年の東北農村の惨状は、かつてないほどで、今思いだしても涙を催すような哀話ばかりだった。東北地方から上野に着く汽車で、毎日のように身売りする娘が現れたのもそのころで、身売り防止運動が盛んに行われていた。

どんぐりばかりを、それも一日に一度か二度、やっと食べてかすかに生命をつないでいるという貧農のために、ちまたでは義援金募集が連日行われている。どんなに東北がひどかったか、というと、雪が降っているのに子供はゴム靴すらはけない。凶作でなんにも食べるものがないから、わらびの根をあさったり、飯米購入費の村債を起こす村も多い、という状態で熱心な救済運動が行われた。

こういった農村の苦しみは、直接ではないにしても二・二六事件の原因になっていると思う。東北出身の兵隊は、優秀だった。東北に限ったことはないが、軍を構成しているものは農村青年であり、その農村が疲弊しては軍隊は強くならん。そういったことが若い将校の革命思想をつくることに影響したようだ。

それは別問題として、目の前にある東北の惨状を救うために、政府としては出来る限りの予算を計上してあった。災害対策、匡救事業を中心として総額七千万円くらいだったと思う。ところが十二月五日の予算委員会で、だしぬけに政友会の東武が発言をもとめて、「政府の予算には不満である。地方自治体の窮乏打開のため、昭和九年度、十年度を通じて一億八千万円の歳出を追加計上して、次の通常議会の劈頭《へきとう》に提出すべきである。それについて政府の言明あるまで、この委員会の審議を休憩すべし」という動議を出した。

他党の委員はみんなおどろいて反対したが、この動議は多数を占める政友会委員によって採択されてしまった。なぜこれが「爆弾動議」などと呼ばれたかといえば、一億八千万円という途方もない額だったことと、もう一つには、こんな動議が出ることを政府はちっとも知らなかったためなんだ。

その前にちょうど予算委員会の休憩中、政友会がなにか動議を出すらしいとの話が伝わったので、秘書官が八方手を回して探ったんだが、皆目見当がつかん。政務官も政友会からはひとりも出ておらんので、手がかりがつかめないんだ。それで、これはなにが出るか、と政府も心配しておったんだが、現れてみて、ことの意外におどろくというよりも、かえってみんなほっとした形だった。一億八千万円とは、あんまり途方もなさすぎて、荒唐無《こうとうむ》稽《けい》の部類に入れるべきなんだ。その次の議会に出した通常予算ですら、総額は二十億足らずだったんだからね。

この案の起案者は太田正孝と助川啓四郎だったとか。党の幹部に命ぜられて大まじめにやったことらしい。

動議の出たとき、民政党の工藤鉄男が「なんだばかばかしい」と大声を出したのをおぼえている。動議のことを知っていたのは政友会内部でも幹部だけで、党議にもかけてなかったらしい。よっぽど秘密にしていたんだね。外部へもれなかった代わり、内部でも怪しからんという声があがった。そんな無鉄砲なものを政府に要求するのはいかん、というわけだ。

政府では、それについて六日朝、院内閣議をひらいた。こんな途方もない動議が可決されて、予算審議が出来なくなった以上は、議会を解散するほかはない、とこう決心した。林陸相、大角海相、後藤、町田、床次、内田、山崎の大臣の意見が解散論だった。

いつの場合でも政党出身の大臣は、解散をきらうものだが、そのときはえらく強腰だった。まるく事をおさめようと思うから、苦労もするのであって、こうはっきり喧嘩ときまれば、さばさばした気持だった。

すると、政友会でも政府の態度がわかるにつれて、内輪もめが起こったらしい。解散されるのはいやなんだ。動議提出についてあずかり知らなかった代議士連はとくにそうだった。幹部たちにとっても、ほんとうのところは、こういうところへ発展してくるとは思わなかったんじゃないかね。

そこで仲に入ってきたのが山本条太郎だ。山本はわたしと同じ福井の出身で、政友会にいた幹部たちも山本なら岡田と親しいから、といって間に立てることになったんだろう。

山本が会いたい、というので、福田が行った。山本は福田に向かって、「政府は解散と決めたそうだね」と聞く。そのとおりだと答えたら、「そんなばかなことがあるか。おれが責任をもって動議をひっこめさせるから、総理にこういう答弁をさせてくれ」という話を持ち出した。どんな答弁か、というと……臨時議会ではどうにもならんから通常議会で大いに考慮する、とこう言えば政友会でも動議をひっこめるという相談なんだ。福田が真正直に、「総理はそんなことは言えんでしょう。こんどの臨時議会の予算は、次の通常議会とにらみあわせてつくった予算です。次の通常議会でなんとかするなんて言質をとられるようなことを言うはずがありません」といったので、山本は「そのときまでには忘れてしまうからいいじゃないか」「いや総理は真面目な人だから、その場かぎりのことは言えない」「君に聞いているんじゃない。帰っておやじに聞いてみろ」と、山本もおこりだしたという。

要するに政友会も面目をつぶさないで、動議をひっこめたくなったんだろう。福田が山本のところから帰ってきたのは七日の夜明け方で、その日の予算総会で「今度実際に当たってみて真に必要なる施設がありましたら誠心誠意考究する」とわたしが答弁したら、政友会側は「政府の誠意を認めた」ということになってひとまずおさまったが、その余波は次の通常議会にも現れて、後始末に手数がかかった。政府は第二予備金千五百万円を設けたので、島田俊雄が「政府の誠意のへんりん（片鱗）のへんりんを認め」たということになり、政友会はやっとおさまった。「誠意のへんりん」という言葉がしきりとつかわれ、はやり言葉になったのは、それが起こりだが、議会政治というものが、言葉の遊戯に堕したとの感じがこの問題でもいちじるしく、こんなところから一部に議会政治を軽んじさせる風潮を生んだんじゃないだろうか。

当時、政友会と民政党の間には連携して国策をたてようとする機運があったが、政友会が民政党をだしぬいて動議を出したことからひびがはいってしまった。

自ら墓穴を掘る政党人

こんなことはそっとしておいたほうがいいんじゃないか、と思うことを、ことさらにとりあげて、人を困らせようとするいやなやり方が、昔はあった。たとえばちょっとした不注意のために、宮中に対してお詫びしなければならんようなことをした人に対して、お詫びで済んでいるのに、しいて問題にして致命傷を与えてしまうといったことがよくあったものだ。

この臨時議会中、やはり鹵簿《ろぼ》誤導事件を政友会が取りあげてつっついた。これはわたしにとって、あまり気持のいいものじゃなかった。誤導事件というのは、十一月十六日桐生で起こった。北関東で大演習が行われたときだ。そのときの東西両軍の司令官は荒木貞夫と阿部信行で、これはまあ余談だが、政治家の中にはそのころから荒木をこころよく思っていない連中が多くて、荒木の軍が負けたらいい、なんて言うものもいたらしく、そんな話がわたしの耳にはいることもあった。

こんなことから、かえって陸軍の派閥の争いを刺激することにもなるし、黙っておればいいのにと思っていた。

陛下はこの大演習にいらっしゃって、さらにその地方を巡幸された。桐生ではまず桐生西小学校へおいでになってから桐生高等工業学校へ向かわせられる。これがお道順だった。御警衛の先駆は、なんべんも予行演習をやって、粗相のないように注意しておったんだが、実際に当たってみると、沿道は人がいっぱいお迎えに出てるし、家には幕を張ってあったりして、演習のときとは様子が違い、目標をつかむのは困難だったらしい。それで小学校への曲り角を、曲がらずにまっすぐ行ってしまった。すこし行って、気がついたが、逆行することは出来ない。とうとうそのつぎの御予定になっている高等工業へ御案内してしまった。

高等工業には、松田文部大臣も行っていたそうで、まだお着きになるに間があると、みんな二階でたばこなどのんでいたら、急に自動車の音がして、窓から玄関を見ると、もう陛下がお見えになっている。これはたいへんなことになったと、みんなあわてふためいて、お迎えに出たという不始末が起こったわけだ。

　気の毒にも先駆の警部は責任を感じて、十八日、陛下が前橋駅をおたちになる時刻に自殺をはかった。わたしと後藤内相は、陛下が宮城へお帰りになるとともに参内して、政府としてお詫びを申し上げたところ、別段おとがめもなく、お許しになった。

　ところが、これを政友会でとりあげて議会で問題にしたんだ。政府は、この不始末の責任をどうやってとるつもりでいるか、と迫ってきた。十二月一日の本会議だった。質問に立ったのは安藤正純で、矢面に立たされたのは、後藤内相だ。なんとかして責任をとらしてやろうというんだね。「下級官吏だけを懲戒処分にして、内相はお詫び言上で済ましているのはなにごとであるか」という。後藤が立って、「まことに恐懼《きょうく》のいたりに堪えません」と言って壇を降りると、「恐懼のいたりに堪えんとはどうすることであるか」と追っかける。後藤が「まことに、まことに恐懼に堪えざるところであります」と答えて降りる。「まことにまことに恐懼に堪えないで、どういう処置をとるつもりであるか」とまた追及する。「まことにおそれおおいことと考え、ひたすら恐懼している次第であります」と後藤が同じようなことを答える。これで政友会もどうにもならなくなって済んでしまったが、この事件ばかりではない。翌年の通常議会で起こってきた国体明徴論が、国体をうんぬんしつつ、だんだん議会政治否定の方向へ動いていったことを考えると、こういうことで問題を起こすやり方は、かえって政党人が自分の墓穴を掘るような心ないことだったと思う。

危機をはらむ時期

高まる自由主義排撃

国体明徴の問題は、あくる年、昭和十年の二月、通常議会（第六十七議会）に持ちだされた。そのころ満州事変以来、頭をもたげてきた右傾的な動きは急に強くなっていた。

天皇を絶対の中心とした、いわゆる天皇親政が日本本来の姿であるとして自由主義を排斥する思想が、だんだん盛んになってきたわけだ。それは結局、天皇をかさにきて、独裁政治へもっていこうとするもので、原理日本社という結社の蓑田胸喜、三井甲之という一派は、しきりと美濃部達吉博士の憲法学説を攻撃し、博士をさして「学匪《がくひ》」とまでののしっていた。その背後にほんとうは軍の一部がいた。こうした空気の中で、彼らと気脈を通ずる在郷軍人の議員が動きだし、議会主義の根本思想である美濃部博士の学説を排撃しだしたわけだ。

これは、はじめは学説に対する論争のように見えたけれど、だんだん仮面を脱いできて、右傾勢力の大きな攻勢となって現れ、やがて陸軍が正面に立つようになった。

口火を切ったのは二月十八日の貴族院で、菊池武夫の質問だった。国体を破壊するような著作が帝大教授のものにあるのはけしからんとして、天皇を国家の機関なりとする美濃部達吉博士の憲法学説を攻撃してきた。

美濃部博士は二十五日の貴族院で、「これは著書の断片的な一部をとらえて、その前後との関係を考えずになされた攻撃である。わたしは君主主義を否定してはいない。かえって天皇制が日本憲法の基本原則であることをくりかえし述べている。機関説の生ずるゆえんは、天皇は国家の最高機関として、国家の一切の権利を総攬《そうらん》し、国家のすべての活動は天皇にその最高の源を発するものと考えるところにある」と論じた。

日ごろおとなしい貴族院でも、美濃部博士が降壇したときは拍手が起こるほどだった。わたしもりっぱな演説だ、と思ったが、問題はそれではおさまらなかった。

つづいて二十七日の衆議院本会議で、江藤源九郎という陸軍少将で奈良県選出の代議士が、美濃部博士の『憲法精義』という著書を引用し、わたしに向かって質問してきた。「美濃部の国体観念に誤りがないと思うか」というんだ。わたしは「美濃部博士の著書全体を通読すれば、誤りがあるとは思わない」と答えておいた。

この問題を江藤が、衆議院で蒸し返してから、ますますうるさいことになってきた。二十八日の夕方には貴族院の菊池武夫、井田磐楠、井上清純、それにこの江藤などの発起で政友会から東武、山本悌二郎など、七、八名の議員連中が星ヶ岡茶寮に集まって美濃部学説排撃の懇談会をひらいている。

顔ぶれを見ると、貴衆両院の議員が寄りあっているし、この問題の起こったのをいい機会に、あわよくば政府を倒してやろうという政友会側の策動も、そろそろはじまっていたわけだ。それからというものは、いろいろな委員会で、西村茂生など幾人かの代議士がわたしをはじめ後藤内相、小原法相、松田文相、金森法制局長官に対してしつっこく、正気の沙汰とも思えないくらい興奮して質問し、言質をとろうとかかる。

この議会には治安維持法の改正法律案が上程されていた。ところがこの法律案の出たのと国体明徴の論議の起こるのが、同時だったために、治安維持法の委員会は、機関説排撃の舞台になるという観を呈した。法律審議よりもこの論議でもちきりになってしまった。「総理は日本の国体をどう考えているか」と質問されることはしょっちゅうであった。わたしの答弁は「憲法第一条に明らかであります」という一本やりだ。何十ぺんとなくこの問答をくりかえして、しまいには、「では憲法第一条にはなんと書いてあるか」とくる。「それは第一条に書いてあるとおりであります」と受け流してしまう。政友会の西村茂生だったと思うんだが、すっかり憤慨して、「総理は憲法第一条の塹壕《ざんごう》の中にはいってしまうから、始末におえん」と言っていたそうだ。

総理大臣という立場にあって、しかも当時の国内の情勢からすると、まことにこういう問題は扱いにくいものだった。自分の心の中はともかくとして、言葉を表に出すときは慎重にかまえて、ささいなことで言葉じりを捕えられないようにしなければならなかった。内閣の本来の任務を遂行する道で、こういう攻撃にあって中絶するのは残念なことだし、むしろ自分のやるべきことは、こういう独裁的な動きを押さえて立憲政治を守っていくことにあったのだから……。

そこで考えてみると、わたしの組閣以来、政友会の純野党的な立場のものは、手段をえらばず倒閣を策し、ついにはこういう議会政治否認をめざす右傾勢力にまで同調したのは、どうみても賢明ではなかった。党内はいろいろな派に分かれ、いさかいをやる。例の爆弾動議も、総裁派が久原房之助の一派に一泡ふかすつもりでやったことだというものもおったくらいだ。久原派が民政党との連携を策しているのが気に食わなくて、わざとひびを入れようとしたものらしい。とにかく党内は無統制だったわけだ。

通常議会再開前のことだが、わたしは挙国一致で難局を打開しようとの考えから、政党総裁と打ちとけて話し合う機会をつくるため、三党首会談を計画した。ところが鈴木は、面目にこだわって出席をことわる始末だった。しかたがないので、一月十七日のこの会合は、町田（その二日後に若槻さんの後任として民政党総裁就任）や安達国民同盟総裁との話合いに終わったが、あとで山本条太郎から、こんどは鈴木総裁を出席させるようにするから、もう一度三党首会談をやってほしいとの話があったので、わたしは改めて鈴木を招請した。こんどは心境が変わっていたのか、出席を承知して、十九日あらためて三党首会談のやり直しをやったことがある。

二番せんじの会合にやっと顔を出したんだが、実のところ、もうこちらも熱は冷めていた。鈴木がはじめから出てきておれば、政友会の立場は向背いずれになったにせよ、もっとよくなっていたと思う。彼も党内のいろいろな分子にわざわいされて苦労は人一倍したのに、結局政治家としては、正直ではあったが、一流の人物とはいえなかった。

陛下は機関説をご承認

さて、三月四日の貴族院予算総会では、三室戸敬光が、わたしにしつっこく質問を続け、政府になんらかの責任ある答弁をさせようとかかった。機関説の存在を首相は、どう考えるか、というのだ。先にわたしが憲法上の論議は憲法学者にまかせておけ、と言ったことに対して、天皇の御事は憲法中の文字によって、局限して解すべきではないと非難し、ついにわたしが「機関説を支持しているものではない」と答えると、「それでは、機関説は日本において存在すべからざるものと首相は考えている、とこう解していいか」と突いてきた。

もちろんわたしは「天皇機関説」が日本では存在を許されるべきではない、とは思わない。三室戸の質問に乗じられてはいかん、と用心しながら、「これはよく考えなければならない問題であります」と答えた。しかし考えてみると、結局わたしは、国体明徴を看板にする攻勢に、一歩押しきられる形となってしまっていた。さきには菊池の質問に対して「機関という用語に不穏当な感じはあるが……」として、問題を終結させようとしたけれど、今度はとうとう「わたしは機関説には賛成はしていない」と言わざるを得なくなっている。わたしとしては、これが議会だけを相手にする問題ならば、信念どおりはっきりしたことも言えるんだが、閣内の軍部大臣は機関説否定のほうへ賛成しているので、この方面と衝突を起こさず、それでいて愛国尊皇の仮面をかぶった右傾勢力に対抗していくためには、自分の意に添わぬことも口にしなければならなかった。わたしは今になって打ち明けるんだが、この問題について、陛下は、どんなお考えであったか、というと、陛下は、「天皇は国家の最高機関である。機関説でいいではないか」とおっしゃった。そして困ったことを問題にしておる、という御様子だった。

しかしわたしは、このお言葉を持ちだして機関説を排撃する連中を押えようとは思わなかった。かりそめなことをして、累を皇室に及ぼすようなことは慎まねばならん、と、そう考えて、わたしの胸におさめておいた。

この問題と並行して、政友会の床次さんに対するいやがらせが始まっていた。いわゆる五十万元事件というのがそれだ。見苦しい泥試合だった。そのはじまりは一月二十三日の本会議で政友会の山口義一の質問だった。

内容をいうと、鶴岡和文という代議士だった男が、奉天総領事だった赤塚正助というものの斡旋で、張学良から五十万元の金を借りたことがある。赤塚は鹿児島県出身で、床次さんとはごく親しくしていたし、たまたま床次さんも昭和三年満州旅行の折、学良と会談したことがあった。そのころは田中義一内閣で、わたしは海軍大臣をやっていたが、田中の中国に対する政策は、強硬なものだった。だからたぶん学良は、床次さんに強硬政策を緩和させる意図をもって、赤塚の頼みに応じて金を出したんだろうというんだが、こんな話はそのときはじまったものでなく、犬養内閣がつくられる際、すでに床次さんとこの金銭貸借は関係がないことがわかり、床次さんは犬養内閣に入閣しておる。それをまたもや議会で問題にしようとしたのだから、床次さんにとって、こんな腹の立つことはなかったろうと思う。それでも一応は、きっぱりした態度で弁明し、その後は相手にしなかった。

ところが、おかしな話だが、政友会は妙な証人を二人まで引っ張り出してきた。一人は鶴岡方の女中だったという女で、鶴岡の家内といっしょに床次さんの家へ、鞄に入れた札束を届けに行ったと証言しているといい、もう一人はその家内と女中とを、銀行から床次さんの家まで乗せて行ったという運転手だったが、これがたいへんな偽者だということがわかって大笑いだった。というのは、ちまたのとるにたらん男が、議会で五十万元事件の起こっているのをさいわいに、偽の証人を仕立てて政友会の代議士に売りこんだのを真にうけて、いい生き証人が現れた、と勢いづいたわけだったらしい。

政友会もばつの悪いことになったが、五十万元事件は、こんなことで竜頭蛇尾に終わった。議会のみっともないさまを国民に見せつける結果となったのは残念だ。そのころ血の気の多い青年が、なんとはなしに、議会政治にいや気がさして、だんだん独裁的な動きに引っ張られ出したのも、無理からぬことだったと思う。

統制力を失った陸相

機関説問題については、陸軍の態度はだんだんにはっきりしだして、「国体観念に疑惑をいだかせるような学説には絶対に反対である。第一こういう問題についてははっきりした処置を決めなければ、兵士の教育にさしつかえがある」と、政府に迫るようになった。こちらが陸軍大臣に期待するところは、軍のそういった動きを押えてくれることなんだが、林は、その点ではどうもたよりにならなかった。この問題だけではなく、たいていの場合そうだったが、一ぺん閣議で承知していることを、すぐあとでひっくり返す。陸軍省へ帰ったあとで、電話をよこして、さっき言ったことは取り消す、とこうなんだ。

つまり本人はごく常識的な物わかりのいい人なんだが、閣議で決めたことを部下に話をすると反対される。反対されると、押し切れなくて、前言をひるがえすということになったんだろうね。軍務局あたりの若いものが大臣のいうことをきかん、ということもあっただろう。それでしまいには閣議で発言するときは、あらかじめ書いてもってきたメモを読むようになった。下の者から渡されてきたものにちがいない。そんなことで大臣の統制力はなくなる、下剋上《げこくじょう》の風がますますはびこってくる、と、こういったことになってきたわけだ。若い連中のいうことをそのまま内閣へ持ちこんできたりして、これは大臣の意見としてはずいぶん常識はずれではないか、と思うようなこともあった。

天皇機関説についても、林陸相や大角海相の態度は、はじめは常識的だった。三月九日の貴族院本会議で林は、「美濃部博士の学説が軍に悪い影響を与えたということはない。ただ用語については心持よく感じていない」といっていたのに、十六日の衆議院では「天皇機関説は今や学者の論争の域を脱して、重大な思想問題となっている。これを機に国体に異見のないようにしなければならない。かかる説は消滅させるように努める」とだんだん態度を変えてきている。この発言は、政府にとっても思いがけないほど行き過ぎたもので、もしわたしや他の閣僚が、この言葉と食いちがうことを言えば閣内不統一になるし、といって陸相を押えることは困難だし、自然政府の答弁もこれと歩調を合わせなければならなくなって、また一歩押しきられてしまった。外部の気勢もこれで大いにあがった。

在郷軍人会も、ずいぶん動き、利用された。その大きな会合が九段の軍人会館にあって、気勢をあげ、この機会になんでもわたしのような総理大臣がおるから日本の国体はだんだん不明徴になってしまうんだ、といって、わたしを詰問するつもりでいたらしい。この会合に出席してくれ、といってきた。「出る」とはいっておいたんだが、そんなつまらん会合に出かけてもしようがない。だいぶ空気が険悪らしいというんで、福田秘書官が代理で出かけて行って、祝辞かなんかを読んだ。すると「なぜ総理は出てこないんだ。出てくるといったじゃないか」とうるさいことだったそうだ。林も間にはさまって弱っていたという。

右翼の直接行動始まる

政友会の機関説排撃の波は、こうして次第に大きくなって、「国体の本義を明徴にして、人心の帰趨《きすう》を一にするは刻下最大の要務なり、政府は崇高無比なるわが国体と相容れざる言説に対し直ちに断固たる措置をとるべし」という決議案をつくり、民政党へもこの決議に合流することをすすめていたようだが、民政党は歩調をあわせるのをしぶっていた。民政党にとってはたいへん微妙なところだったろうと思う。

一方では一九三六年の危機ということをしきりととなえる運動もあり、国体明徴とごっちゃになって、国民の愛国心は、右傾的な連中に利用されやすくなっていた。もっと強力な内閣をつくって、危機に対応しなければならんという考え方も起こっておったわけだ。

三六危機というけれど、わたしはそんなことから軍備拡張をとなえるのは、かえってまちがっていると思っていた。第一やろうたって、日本は貧乏な国だから、とても米国などに対抗出来やせん、それをよく考えなければならない。国防の問題は、むしろ外交で解決するのがよい。だから新しい軍縮条約を結ばなければならないし、ぜひそれをやろうという気があった。陛下は、なるべく軍備競争などやらんで、つまり外国と事を構えることのないよう、正しい日本の行き方をお望みになっていた。わたしは、その思召しのようにやっていきたいと思っていた。

しかし、民政党としても、こと皇室の尊厳という問題をとりあげた機関説排撃に全然反対することもできず、いろんな経緯があって、政友会の決議案にしたがうことになり、三月二十三日の本会議にこの案が出された。説明に立った鈴木喜三郎は、「政府は、この天皇機関説には賛成しないといっていながら、躊躇逡巡《ちゅうちょしゅんじゅん》、それに対する措置をしないのは国家のため遺憾である」と演説した。

それと同じ日だったよ。憲法学者として機関説的な学説をもっている枢密院議長一木喜徳郎さんの家へ、日本刀を持った青年があばれこんだのは。……夕方だった。その日は一木さんの奥さんが亡くなって弔問客がたくさん見え、邸内は混雑していたそうだが、その中で刀をふりかざして奥座敷まで走りこみ、乱暴をはたらいた。一木さんに危害を加えるまでにはいたらないうちに、邸内を警戒していた警察官がピストルをつきつけて捕えた。

この男は機関説に反対の右傾団体の一つである国粋大衆党の幹部だったそうだ。この問題で直接行動に出ようとするものも現れてきたわけだ。

陸海軍大臣も、わたしに軍の意向として決断をもとめてくるようになった。わたしは「慎重考慮して善処する」という返事で押し通していたが、「政府はそういっておいて議会がすんだら知らん顔をするつもりだろう」と追及する声も高まってくる。江藤代議士は美濃部博士を告発した。余談だが、終戦後熱海で入水した清水澄博士……あの人には、そのころよく意見を聞いていたものだ。政府は別に清水博士の意見を聞いて機関説の学説としての是非にふれる気はなかったが、議員の質問に答弁する前には、一応、当時行政裁判所長官だった清水博士に諮問していたわけだ。博士の学説はだいたい美濃部博士と上杉慎吉博士の中間的なものだったように思う。清水博士は陛下に御進講申し上げたこともあり、その後枢密院副議長になって、終戦後は議長になった。新憲法制定とともに、信念に満ちた遺書を残して世を去ったが、旧憲法に殉じたのであろうと考えられる。そうしているうちに議会の会期も迫って、とうとう治安維持法改正案や農林関係の重要法案が審議未了のままで閉会してしまった。多数党である政友会を相手にしてのことだから、なんともしようがなかったけれど、このためますます弱体内閣のそしりをうけなければならんことになってしまった。さて、そういった情勢から、政府はなるべくなら美濃部博士の自発的な処置を望んでいたが、博士は「政府の苦しい立場はよくわかるが、自分の学説はなんら恥じるところのないものである。非難はすべて曲解と認識不足にもとづくものだ」という態度だった。

さらに美濃部博士は陸軍方面のおもだったものに会見を申し入れたようだ。論争をしようという気ではなかったらしく、曲解を正そうとする意図から出たものだと思われるが、軍はそれをことわっている。陸軍の言い分は、「信念として天皇機関説に反対であるから、学問上の主張を聞く必要はない」という単純なものだった。

司法部としては、江藤が美濃部博士を不敬罪で告発している以上、取り上げないわけにもいかんので、美濃部博士に東京地方検事局へ出頭してもらって、博士の所説を聴取した。それは満州国皇帝がはじめて来訪されたあくる日だったと思う。だから四月七日だ。皇帝の来訪は当時としては国家的な大問題で、催しもいろいろあってわたしも忙しいころだった。博士からいろいろ聴取して研究してみても、博士に不敬罪を構成するような犯意のないことは明らかであり、だいたい司法部としては不起訴に内定し、一方内務省側で『逐条憲法精義』その他の二、三の著書を発売禁止処分にして、行政処分で、ことを解決しようとした。

国体明徴の政府声明

ところが政友会は、国体明徴貫徹実行委員というものをつくって、その代表がわたしに会いにきたこともあった。わたしと同じく田中内閣の閣僚だった山本悌二郎や、わたしと同郷の猪野毛利栄といった連中だった。山本が、機関説は国体の本義に反するという声明をしろ、という。わたしが「それは言明することは出来ん」というと、「では国体に反すると認めるか」「賛成はしていないが、国体に反するか、どうかはっきり言えない」「賛成せぬならなぜ声明を発しないか」「声明せずとも実行すればよい」……という問答があって、わたしはまあ柳に風と受け流したつもりだった。

連中はこんどは、ほこ先を変えて美濃部学説に対して同情的立場にある法制局長官金森徳次郎をやめさせろと言いだした。そんな気はないと断ると、こんどは、一木枢密院議長は機関説の本家である、なんとかしろと迫る。わたしが一木さんの学説は機関説ではないと思う、と言ったら、「それでは今後政府に重大責任が生ずるかもしれん」とおどし文句を言って帰っていった。山本はわたしにあしらわれたとでも思ったのだろう。ずいぶんおこっていた。林、大角の両大臣からしばしば申し入れがあった。

こんなふうにわたしもねばってはいたものの、結局はなにか声明でも出さなければいかんのか、と思い、それならば機関説にふれず、国体について政府の考えを申し述べるというふうにしようと思ったが、陸軍は、その内容まで干渉してきた。林はあくまでも「機関説はわが国体に反する云々」の文字を入れろというのだ。それでとうとう八月三日の政府声明となった。要するにこういった内容だった。統治の大権は天皇に存する。統治権が天皇に存せずして天皇はこれを行使するための機関なりとなすが如きは、これまったく万邦無比のわが国体の本義にもとるものである。近時憲法学説をめぐり国体の本義に関してとかくの論議を見るにいたれるは、まことに遺憾に堪えず、政府はいよいよ国体明徴に力を効《いた》し……というものだった。

政府声明を出して、これで事がおさまると思っていたら大間違いだった。あの声明によって、美濃部博士は、自分の学説が、学説としてちっとも傷ついていないと感じ、そういったことを人にもらしたといわれているが、陸軍側が、またぞろあの声明では不備だとして、統治権の主体が天皇であること、天皇機関説が国体の本義に反することを明らかにして、あくまでも国体の神聖について、国民にはっきりさせ、尊厳を確立しなければならないと、言いだした。それには人事上のふくみもある。つまり美濃部博士はもちろん一木枢相や金森などを退けようとする考えがあった。

やっぱり美濃部博士の言葉が軍方面の耳にはいってしまったんだね。大角海相がこういったことがある。「八月三日の声明について、美濃部博士は、あの声明は自分の考えと同じものであるといっているらしい。声明に不徹底なところがあったからこんなことをいわせるんだ」と……。それからまた騒ぎが大きくなり、すったもんだで、十月十五日にまたもや政府声明を出すことになった。その間政友会が国体明徴大演説会を開いたり、いろいろな出来事があったが、もうよそう。同じことをくどくどと話すにもおよぶまい。ただ陸軍大臣は、永田軍務局長殺害事件の責を負って林がやめて川島にかわり、林に劣らず、しつっこくわたしに声明を迫ったものだ。

その声明文なんだが、これは陸軍の軍務局あたりで起草したものを、内閣にもってきて認めさせるというやり方だった。しかし、わたしとしては政府が憲法に対して国定解釈を下すようになってはならないこと、機関説に近い学説もまた国体の本義にもとるというような声明をすると、そのような学説をもっている学者にまでおよぶことになり、後日に大きな問題を残すから、機関説の排撃にとどめること、声明の中に機関説を信奉している学者を排撃するような文句をつかわないことに配慮した。これが政府として排撃論に対する最大限の譲歩のつもりでいた。

こうしてもみくちゃになってやっと落ちついたところはこんな文案だった。

「さきに政府は国体の本義に関し所信を披瀝《ひれき》し以て国民の嚮《むこ》う所を明らかにし、愈々《いよいよ》其の精華を発揚せんことを期したり。抑々《そもそも》我国に於ける統治権の主体が天皇にましますことは我国体の本義にして帝国国民の絶対不動の信念なり、帝国憲法の上諭並条章の精神亦茲《またここ》に存するものと拝察す。

しかるに濫《みだ》りに外国の事例学説を援いて我国体に擬し統治権の主体は天皇にましまさずして国家なりとし天皇は国家の機関なりとなすが如き所謂《いわゆる》天皇機関説は神聖なる我国体に

戻《もと》り其本義を愆《あやま》るの甚しきものにして厳に之を芟除《さんじょ》せざるべからず、政教其他百般の事項総て万邦無比なる我国体の本義を基とし其真髄を顕揚するを要す、政府は右の信念に基き茲《ここ》に重ねて意のあるところを闡明《せんめい》し以て国体観念を愈々明徴ならしめ其実績を収むる為全幅の力を効さんことを期す」

はじめ陸軍あたりの案では国家の法人格まで否定するような文章になっていた。それで統治権の主体は天皇にあるということだけをはっきりさせるにとどめ、国家の法人格を否定しないようにし、また機関説とはどういうものをさしているのかを明らかにして、排撃の対象になる学説を極力限定することに努めた。その辺で攻勢を食いとめるのがやっとだったよ。

内閣に審議会と調査局

美濃部博士の司法処分については、しばしば軍側からつっこんでくるし、そういった圧力に左右されては、司法の独立もおびやかされることになるので、小原法相は、その点ではなかなか強硬にがんばっていた。それで結局、不敬罪に対しては起訴猶予処分ということになり、美濃部博士も自発的に貴族院議員をやめた。金森法制局長官もやめた。金森についてわ、わたしも残念でね。本来ならやめなくてもいいのだが、どうにもしようがない。出来るだけのことをしてなぐさめたようにおぼえている。考えてみると、二月にはじまったこの問題は十月までかかっている。この年のほとんどをつぶしたことになるわけだ。これをきっかけにして、観念右翼が、みるみるうちに勢いを得て、盛んになった。

蓑田胸喜一派の活動は、二・二六事件後、わたしがやめてからいっそうひどくなって、一時は文部省の考え方まで支配したものだ。学生の中にも日本学生協会というものが出来て、今どきの左翼学生と似通ったようなやり方で教授の講義まで監視する。教授の中には、困ってしまって憲法講義のとき第一条から第四条までの天皇の地位に関するところはそっと素通りしてしまうことにしていたとか、学問のためには遺憾なことだったと思う。そういった観念右翼の活動のうしろには軍の一部のあることはもちろんだが、平沼男がいるとか取沙汰されたものだが、太平洋戦争になってからは、観念右翼は、ナチス流の右翼にうつっていった。国体明徴はこうしてけりがついたが、そのほかに、あとの政治に大きな影響をおよぼしたものは内閣審議会と調査局の設置だ。

内閣審議会というのは、床次さんや町田たちの発案で、内閣成立後すぐに考えていたものだ。つまり、政府の企画機関として挙国一致の人材を集め、内閣が代々更迭してもここで一貫した国策をたてようというつもりだった。しかし、ただの諮問機関になってもしょうがないから、それに事務局をつけて調査機関として発案材料をここで集める。

この事務局が内閣調査局だ。こうすれば、とかく弱体だといって批評される内閣の補強にもなると思って、わたしも乗り気になって、つくってみた。

審議会の会長はわたしだったが、副会長には高橋さん、委員は……国防と外交は審議会の範囲外ということにしてあったので、軍人や外交畑からは出さなかったが、まことに今、思いだしても堂々たる顔ぶれで、斎藤実さん、山本達雄、政友会から望月圭介が脱党して加わり、すでに脱党していた秋田清などがいるし、実業界から各務鎌吉、池田成彬、馬場鍈一といったところ、民政党から川崎卓吉や頼母木桂吉ら、貴族院から青木信光、黒田長和、官僚出身の水野錬太郎、伊沢多喜男がならんでいた。大臣のプールみたいなものだった。人はこれを裏内閣といったが、なるほどその後閣僚の補充はこの委員の中から出ている。これで内閣のほかに恒久性をもった政策立案機関が出来たわけだが、調査局のほうには陸海軍からも調査官をとることになって、はじめに陸軍からきたのは後の企画院総裁鈴木貞一だ。ところがこの機関はへたをすると逆に内閣を指導するようなものになりやしないかと心配していたが、果たせるかなだった。本尊の内閣審議会はその後廃止になったが、付属調査局は、内閣企画庁となり、資源局を合併して企画院に発展し、結局陸海軍が政策を左右する中心になってしまった。してみると、これもわたしの失敗の一つだったことになるかもしらん。

内閣調査局の初代長官をだれにするか、と考えていたとき高橋是清さんから、勧銀総裁の馬場鍈一はどうだ、という話があった。それで官邸へ来てもらうことにした。閣議の最中でね、新聞記者が大勢表のほうにいるから秘書官たちも今さらとられてはまずいと思って、人知れず馬場さんに日本間へはいってもらう方法を考えたらしい。わたしの乗用車を表玄関にまわしておいた。総理がどこかへ出かけるんじゃないかといって、みんな表に気をとられている間に、馬場は裏門からはいってきた。わたしと高橋さんと町田とで会って、いろいろ口説いてみたわけだ。馬場は大蔵大臣は自分の監督官庁の大臣だから、その人の頼みをことわっては、勧銀総裁としてやってゆけないからよく考えてみよう、といっていたが、あとで電話でことわってきた。高橋さんは馬場君という人はそんな人ですよといったが、それで吉田茂（のちの首相とは別人）が内閣書記官長から調査局長官になった。

世情騒然の中で総選挙

わたしの内閣のとき、前々から詮議されていた満州事変の論功行賞が逐次発表されたが、荒木貞夫、大角岑生、本庄繁を男爵にしては、という話が陸軍方面から出てきたのは、国体明徴問題が解決しかかっていたころだと思う。要するに、荒木が男爵になりたかったんだというものもいた。わたしは華族の数をふやすことは避けたいと思っていたので、これだけは押えてしまおうと考えた。

満州事変はだれが見ても陸軍中心の仕事だから、これを行賞することになると陸軍が重くなるのは当然で、授爵を詮議するとすれば本庄、荒木は無理のないところとしても、大角まではどうだろうか、と納得しかねる人もいたんだが、これは陸軍から男爵を出すとすれば、海軍にもやらなければいかんというので、大角を、という話が出てきたんだろう。

いったい海軍というのはわたしの古巣だが、そういった点では、ずるいところがあった。たとえば陸軍は横暴で困るなどと口ではいう。で、その陸軍が、なにかいいことをしようとするときは、どうも陸軍がね、といいながら、すっかり陸軍のせいにしておいて、自分らも便乗してしまう。

よくそんなやり方をやったものだ。大角のことだって、そうでないとは言えないようだ。川島陸相は「荒木はきっと辞退するから、ともかく詮議だけはしてほしい」といっていたが、荒木は結局辞退はしなかった。それで授爵の問題をどうやって押えようかと思って、いろいろ考えたんだけど、西園寺さんに相談してみた。すると西園寺さんのいうことには、「男爵にすれば、事は済むのか。いいではないか。男爵二人や三人、それでおさまるんなら、こんな安いことはないではないか」。それで、わたしもなるほどと思って、まあ男爵の問題は済んだ。たしか発令されたのは、その年の末だったはずだ。西園寺さんには、国体明徴についても、いろいろ御意見をうかがっていたが、天皇機関説をとやかく言っている一部の動きを笑っておられた。興津へわたしが行ったときは、わたしの考えに対して、そのとおりにやっていけばいい、と激励された。そのころ牧野内府が病気を理由に辞職されたので、わたしは斎藤さんにお願いして後任になってもらった。側近最高の人事だから、わたしも慎重に考えた。牧野さんの人柄や功績は今さらたたえるまでもない。ほんとうの意味の忠節の人だった。

十一月には加藤寛治が停年になって後備役に編入されたが、実はその前に加藤を元帥にしろ、という話が起こった。末次信正や高橋三吉あたりから意見が出たということだ。加藤を現役にとどめておくために考えついたことだと思う。

しかし海軍には不文律として、大将で、実戦に参加して手柄のあった人を元帥にするということになっている。こんなわけで加藤の元帥については、賛意を表しかねると思っていたが、大角も反対だった。

加藤はわたしと同郷で、軍縮問題以前は、ともかく親しくしていたが、周囲にたくさんの崇拝者がいて、この連中がおだてて、かつぎあげて、こんなところへもってくるんだ。海軍次官長谷川清はわたしに、「しかし、この問題が実現しないと、岡田がじゃましている、けしからんやつだ、ということになりますね」といって心配しておった。

海軍部内では、やかましい問題にはなっていたが、こんなわけで、正式の議にはついに上らなかった。加藤自身は表面だけかも知れないが、問題の起こっているところから、「自分は一日も早く現役を退きたいんだ」と言っていたんだそうで、わたしとしても元帥ということは、どうにもならんと思われるし、結局大角が出かけていって加藤に会い、「御希望どおりにいたします」と伝えておいた。御希望どおり、ということは、後備役に編入されるということだったわけだ。

そのころはもう世の中もさわがしくなっていた。わたしに対する右傾分子の攻撃もだいぶきびしくなっていた。十一月に九州で陛下御統監の大演習があったんだが、わたしも陪観のために、そこへ行くことになった。

わざわざ秘書官のところへ「世の中がだいぶおかしくなった。そばにいるものは、よほど気をつけなければならんよ」と言いにくる人さえいた。小栗警視総監からも、そんな注意があった。いろいろ話を聞いてみると、過激な連中の間では、岡田は関門海峡を渡らせない、といっているとか。それで特に関門通過の際の警戒を厳重にしてくれた。

警視庁の考えでは、山口県あたりのいなかの警察の護衛では心もとないといって、東京を出るときに、警視庁から柔道何段といった腕ききの警察官六人ばかりを私服にしてつけた。

九州へ行く間に、途中熱田神宮と伊勢神宮へ参拝することになって、名古屋へおりたときだった。プラットホームからブリッジを渡って、階段を上りかかると、いきなりわたしめがけてビラをまいたものがいた。ビラだけで、たいしたこともなかったが、わたしに一刻も早く辞職せよ、といったことが書いてあったらしい。

関門を通るときなど、護衛の警官が腕を組んで、わたしを取り囲み、ものものしい光景を呈したものだったよ。

こういう空気の中で、永田軍務局長を殺害した相沢三郎中佐の公判は近づき、異様な空気が陸軍の内部に強くなりだしていた。話はさかのぼるが、陸軍にはいつのころからともなく、皇道派と統制派という派閥があり、ことごとに相争っていた。皇道派と見られていたのは真崎甚三郎と荒木貞夫なんだが、真崎は陸軍三長官のひとつである教育総監の地位にあり、若い将校などを家に出入りさせて、おだてたり、林陸相のやることに干渉していたらしい。林の下には軍務局長永田鉄山がいて、これがまあ林を操縦しているんだともいわれていたが、林は部内統制のために真崎を退けようと画策し、ついに非常手段として閑院参謀総長宮の御同意を得て、真崎をやめさせた。

真崎をやめさせるという日に、わたしにも内々知らせがあって、今ごろは真崎がおこっているだろうな、と成り行きを心配していたものだが、真崎ばかりではない、皇道派の連中は、永田の陰謀だと騒ぎ、かねて真崎を崇拝していた相沢が台湾へ転勤の途中、陸軍省へ挨拶にきて、軍務局長を斬ってしまった。凶行のあとで、省内で雑談していたというのも今の常識では考えられんことだが、そこへ小坂慶助という、後に二・二六事件の際わたしを首相官邸から救出するのに協力した憲兵がやってきて、相沢をなだめすかして、憲兵隊へ連行したという話だった。

だから相沢は、皇道派の連中から英雄のように見られ、公判はたいへんな騒ぎになり、皇道派の動きは、険悪になってきて、今にも不祥事件が突発しそうな様子を見せてきた。しかし具体的にどういうことが起こるかはっきりしたことは、わたしにはわからない。クーデターのようなことが起こるかもしらん。わたしもねらわれているだろう。そのことは覚悟していた。一方ではこういった雲行きだったが、わたしは、議会を解散して、総選挙を施行することになった。昭和十一年のはじめだ。

わたしとしては、ことごとに政友会が政府と事を構えようとすることに対し、政党を刷新して、もっと強力に政策をおしすすめなければ、こんな騒然たる状態を切り抜けることは出来ないと思っていた。与党にはしかるべく資金の援助をしなければならないが、金がない。興津の西園寺さんをたずねた折、わたしの貧乏なことはよく知っておられるので、「お前も金がなかろうから住友へ行け、ちゃんと話がしてある」といわれる。住友なんて、わたしは知らないが、もう先方との話はついているとのことなので、松平康正侯に京都までその金をとりに行ってもらった。金額は百万円だったと思う。

そのとき迫水から、これからの日本では健全な無産政党を発達させる必要があるので、その方面へいささかの援助をしては、という話が出た。わたしは、民政党などを与党にしているから、わたしが直接そんなことは出来んが、お前がやるんなら知らん顔をしていよう、と言っておいた。それで迫水が麻生久を訪れ、選挙費用を提供したということだったが、この選挙で無産政党の進出は目ざましかった。選挙粛正運動も政府が先頭に立って盛んにやったものだ。選挙前、もし野党側が大多数を占めることになったら、総理はいさぎよくやめますか、そのほうが男らしくていいですね、というものがいたが、わたしの組閣の使命は、そんな単純なものではない、岡田啓介という人間がもみくちゃになるまで、がんばってやるんだ、といったが、開票の結果与党が多数になるや否や、二・二六事件となって全くもみくちゃになってしまった。

二・二六事件の突発

雪の朝悲劇の開幕

あのころ、すでに首相官邸には庭の裏手から崖下へ抜ける道が出来ていた。五・一五事件で犬養毅首相が殺されたあと、なにかの際に役に立つだろうというので、つくったものらしい。崖っぷちのずっと手前から土をくり抜いて、段々の道になっており、そこを降りて行くと土のかぶさった門がある。土のかぶさった門と思ったのは実は小さいトンネルだったんだが……そこを通ってフロリダとかいうダンスホールの裏に出る。山王方面へ抜ける近道になっていたわけだ。話によると、永田町の官邸には秘密の通路があるとのうわさも世間にあったそうだが、たぶんこの道のことだろう。

義弟の松尾伝蔵は、とっさの間に、わたしをその抜け道へ連れだそうと考えたらしい。時刻は午前五時ごろだったか。つまり昭和十一年の二月二十六日の朝だ。非常ベルが邸内になりひびいて、その音でわたしは目をさましたんだと思うが、間髪を入れずに、松尾がわたしの寝室にとびこんできた。

「とうとう来ました！」

という。わたしと同郷の土井清松巡査と村上嘉茂右衛門巡査部長の二人がいっしょだ。来たといって、なにがどれくらい来たんだ？　ときくと、

「兵隊です、三百人ぐらいも押し寄せて来ました」

そんなに来られてしまっては、もうどうにもならないじゃないか、と言えば、

「そんなことを言っている場合じゃありません。すぐ避難して下さい」

とわたしの手をひっぱる。そうかそれじゃあといって、寝床に起き上がり、庭へ降りようとした。雨戸はしまっているが、わたしの寝室の前にだけ非常用のくぐり戸がついていた。松尾はそれを開けて、まず庭にとびだした。

庭の向こうは築山になっているんだが、大雪のあとで、一面まっ白くなっている。夜はまだ明けていないが、雪あかりで見通しがきく。松尾がしゃにむに飛びだすと、同時にパンパンと銃声が起こった。よく見ると庭にはすでに兵隊が散兵線を布いている。非常口の外には、わたしが当然そこから避難すると思っていたのだろう。清水巡査が先回りして待っていたが、この射撃であえなく倒されてしまった。松尾は、とてもここから避難することはおぼつかない、と見てとってまた家の中へ走りこんできた。

当時、官邸の中にはいたるところに非常ベルのボタンがあり、異変が起これば、これを押す手順になっていた。すると邸内のベルが鳴るばかりでなく、警視庁にも直通する。今になにか起こりそうだという空気は陸軍部内にあったのだし、いつ官邸が血気の将校などに襲撃されても防げるよう対策は講じてあったわけだ。本館から日本間へ行く境目には鉄製のシャッターがおろされて、夜間は、完全にさえぎられていた。窓にも全部鉄格子がはめられていた。護衛の警官は二十名ほどで、襲撃があったら最初の十五分はこのものたちで防ぐ。そのうちに警視庁の援隊がかけつけ、さらに二十分後には麻布の連隊から軍隊が出動するという段取りであったが、なんぞはからん、その軍隊が襲来してきたわけだ。警視庁の援隊は、予定どおりかけつけたものの、正門で兵隊たちに機関銃をつきつけられ、そのまま引き揚げたそうだ。警察は軍隊と戦うべきでない、と判断したためであるという。外へ出るのは、もう手おくれである。松尾と土井、村上はわたしを抱きかこむようにして、廊下づたいに台所のほうへ向かった。寝室の隣に三坪くらいの中庭があり、その向こうが風呂場、さらに向こう隣が台所になっていた。台所には、湯をわかすのにつかう大きな銅製のボイラーがあった。ひとかかえほどもあり、高さは九尺くらいあったか。そのボイラーをたてにとるような形で、しばらく四人で立っていた。松尾は、よくまあ気がついたと思うのだが、台所へやってくるまでに廊下の電灯を一つ一つ消して、まっ暗にしてしまった。わたしらのいる日本間の玄関は厳重なつくりになっていたので、兵隊たちは、それを

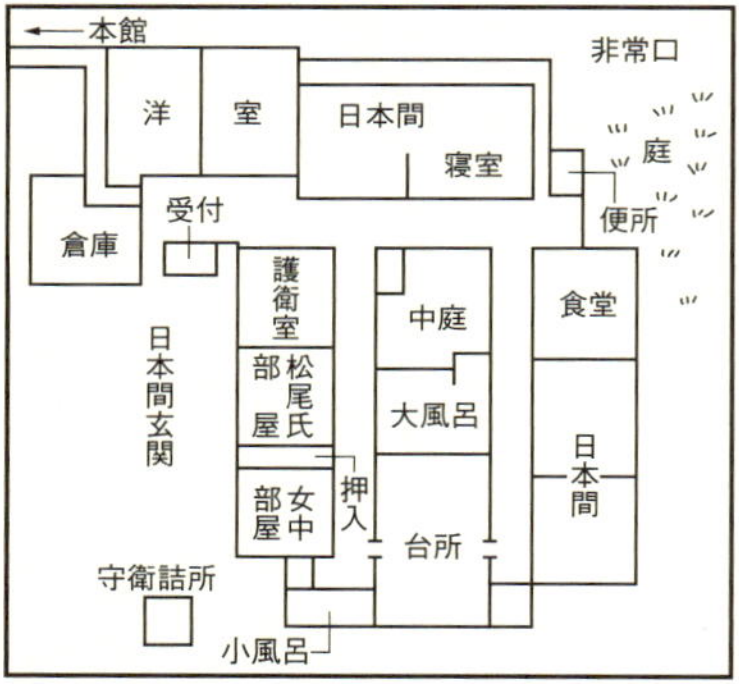

首相官邸の間取り

こわすのに手間がかかった様子だが、どうにかこじ開けることが出来たとみえ、まもなく玄関のほうから一つ一つ電灯がついて、だんだんこちらへ近づいてくる。わたしらをあちこち捜しているにちがいない。ところがまっ暗にしてあったおかげで、彼らの近づいてくる方向がよくわかる。つまり電灯のついたところが彼らのいる位置だと見当がつくわけだ。そこでわたしらはその方向とは逆の廊下に出て、彼らのうしろに回り、彼らがつけた電灯をまた一つ一つ消していった。

ぐるりと廊下を回って、また風呂場のところへきたとき土井は、わたしをその風呂場へ押しこんで、ガラス障子をしめるや、向こうから五、六人の部下をつれてやってきた将校……その一隊に対して身構えたらしい。村上は風呂場のわきの洗面所から、大きな椅子を持ちだして、これをたてに、風呂場の外の廊下にがんばり、近づく連中にピストルで応射したが、たちまち撃ち殺されてしまった。このとき土井は、たぶんピストルの弾丸も撃ちつくしたのだろう、隊長らしい将校に飛びかかり、組み討ちになった。はげしい物音が風呂場の中に聞こえてくる。土井は柔道四段、剣道二段という剛の者で、手もなくその将校を組み伏せたが、相手には数名の部下がついている。うしろから銃剣で刺されて、ふびんな始末になった。

やがて物音はとだえた。土井を刺した兵隊たちもどこかへ行ってしまったらしい。倒れた土井は、まだ息があるようで、うめき声がかすかに聞こえる。わたしのいる風呂場は……風呂場といってもあまり大きすぎるので、ふだんは別の小さい風呂をつかい、ここは酒などの置場になっていた。からになった一升瓶がたくさんほうり込んである。わたしのぐるりにも、空瓶がいくつもあるのだが、ちょっと身動きすると瓶がカラカラと音を立てる。すると、土井が苦しい息の下から、

「まだ出てきてはいけませんぞ」

と、うめくように言うんだ。二、三度そんな注意をしてくれたとおぼえている。いつの間にか、そのかすかな声も聞こえなくなってしまった。新婚早々の男だったが、もうこときれたらしい。

義弟松尾の最期

これで邸内に泊まっていた護衛の警察官は、みんないなくなってしまったわけだ。はじめに日本間の玄関の外で襲撃隊を阻止しようとした小館巡査は、その場で殺害されていたそうである。そのほかの警察官は、おおかた逃げたり、あるいは抵抗をしなかったので、

別条はなかったようだ。

松尾は、どうしたのだろう。わたしのいる風呂場から洗面所をへだてて中庭があり、その向こうがわたしの寝室。ガラス越しに風呂場から寝室の中まで見通せるようになっている。

「庭にたれかいるぞ」

という声がした。寝室と中庭との間の廊下に部下五、六人をひきつれた下士官が現れた。ふと中庭を見ると、戸袋のわきにくっつくようにして立っている人影がある。松尾であることがすぐにわかった。

「撃て」

と下士官がどなっている。しかし兵隊たちは、機関銃をもっているんだが、不思議なことに撃とうとしないんだ。みんな黙って、つっ立ったままでいる。

兵隊たちが撃とうとしないものだから、下士官は大いにおこったようだ。

「貴様らは今は日本にいるが、やがて満州へ行かなければならないんだぞ。満州へ行けば、朝から晩までいくさをやるんだ。毎日人を殺さねばならないんだ。今ごろこんなものが、一人や二人撃ち殺せんでどうするか」

と地団太踏んで励ましている。それでも引金をひかない。しかし、やはり相手は上官だ。ためらっていた兵隊たちもついに廊下の窓から中庭に向かって発砲した。松尾はこうして死んだ。これはあとで松尾の死体を調べてわかったことだが、十五、六発の弾丸がからだじゅうに入っており、さらに、いつこんな傷をつけたのか、あごや胸に銃剣でえぐったあとがあったとか。むごたらしい殺し方をしたものだ。松尾を殺した一隊は、日本間の非常口から外へ出て、表の本館のほうへ行った様子だ。今、思うと、村上や土井を倒した一隊が、わたしを捜して非常口から、どこかへ立ち去ったあと、新手の一隊が松尾を見つけて撃ったものであろう。

わたしの周囲には、兵隊の姿は、見当たらないが、官邸の中をあちらこちら捜しているような気配がする。しばらくしてどこからともなく現れた一隊が、廊下の窓から中庭に倒れている松尾の死体を見つけだした。「ここにだれか死んでおるぞ」と言いながら、庭におりた連中は口々に、

「じいさんだ。これが総理大臣かな」

と話しあっている。そのうちに松尾の死体をかつぎあげて、さっきまでわたしが寝ていた部屋に運びこみ、わたしの布団に横たえた。

その寝室は十畳で、隣は十五畳の居間になっており、そこの欄間にわたしの夏の背広姿の写真が額に入れて飾ってあった。彼らは、それを銃剣で突きあげて下へ落とした。死体の顔とその写真とを見くらべて、死体の主がわたしであるかどうかを、確かめようとしたものらしい。

この事件で、あんなに大勢の軍隊に襲撃されながら、わたし一人がかすり傷ひとつ負わずにすんだことについては、いろいろな不思議があるんだが、その不思議の一つはこのとき起こった。もちろんこれは後になってわかったことなんだが、兵隊どもがわたしの写真を欄間から突き落としたとき、銃剣を持つ手もとが狂ったのか、剣先でしたたか、わたしの顔の眉間のところを突いたらしい。写真の上にはめこんであったガラスにひびがはいった。それも眉間のところを中心に四方へひろがっていた。

兵隊どもは額を拾いあげると松尾の顔をのぞきこむようにして、写真と見くらべている。しかしあんなにガラスがひびだらけじゃ写真の顔がよく見えなかっただろうと思う。それに彼らの気持も常態ではない。ついに松尾の死体をわたしだと断定してしまった。

「これだ、これだ、仕止めたぞ」

とガヤガヤ話しながら寝室を出ていった。本館のほうにいる本隊へ報告に行ったんだろう。

そのときの様子は、官邸の裏門のそばにあった秘書官官舎でも手にとるようにわかったそうだ。秘書官は迫水久常である。迫水は銃声を聞いて予期していた異変がついに起こったのを知り、飛び起きて警視庁に電話すると、当時新撰組とあだなされていた特別警備隊の一個隊はすでに出発したということだったので、服に着かえていると、意外にも兵隊がたくさんやってきて、裏門のところで官邸のほうに銃口を向けて機関銃をすえたそうだ。急いで官舎を出ようとしたが、そこら一帯はもう兵隊がいっぱいいて、門から一歩も出してくれない。やむなく二階に上がって官邸のほうをながめていると、玄関の方角で、「とうとうやったぞ」とか「世話をやかせたな」とか、言いあっていたそうだ。

またあたりが静かになったが、松尾たちに寝着のまま寝床からひきずりだされて、風呂場に押しこめられたのだから寒くて仕方がない。わたしは厚ぼったいものを着て寝るのがきらいでね、着ているものは薄着一枚だった。

こんな姿で、見つけだされるのもいやなものだし、この際着物を着ておこうと思って、風呂場を出て、寝室に入っていった。あたりは土足で踏み荒らされて、惨憺たるものだった。さっきまでわたしの寝ていた床の上には、松尾の死体が横たわっている。例の写真の入っている額はかたわらにほうりだしたままだ。

松尾はわたしの妹の婿で、なんというか、非常に親切な男だった。その親切には、少しひとり決めのところがあって、わたしが静かにしていたいときでも、なにかと立ちまわって世話をやくというふうな性質だった。わたしが首相を引き受けたについて、これは義兄の一世一代の仕事だから、どうしても自分が出ていって、めんどうを見てやらねばならん、という気持で、総理大臣秘書を買って出たと思われる。陸軍大佐で当時六十一歳だった。どうしても、わたしのそばで役に立ちたいというものだから「内閣嘱託」という辞令を出した。給料はたしか無給だった。それでも喜んで官邸に寝泊まりしていた。

事件直前の選挙では、秘書官をやっていた福田耕が福井県で立候補したので、松尾はその応援演説に行った。福井で、

「おれは岡田大将に似ているだろう。このごろはひげの刈り方まで似せているんだ」

と言っていたそうだが、いつも一緒に暮らしているわたしから見れば、似ているもなにもあったものではない、まるで別人だ。しいて言えば、二人とも年寄りであるということが似ているくらいのものだった。頭はわたしは五分刈りだったが、松尾はだいぶはげあがって、すそのほうだけ五分刈りにしてあった。松尾をわたしとまちがえたのは、松尾というもう一人のじじいが官邸にいるとは、さすがの反乱軍も思いおよばなかったためかもしれない。


松尾が福田の応援演説から帰ってきたのは二月二十五日だったが、それから一昼夜もたたないうちに、この世を去ってしまったわけだ。余談だが、松尾のむすこに新一というのがいる。麻布三連隊の中隊長だった。事件の前年の十二月の異動で北支駐屯軍の山海関の大隊副官に転じたが、新一の部下だった中隊は反乱に参加している。新一は後に、

「もしあのとき、うちのおやじが、われこそは岡田啓介なりと名乗って出て身代わりになったのであったら、こんな申しわけのないことはない」

と言っていたそうだ。おやじがよけいな世話をやいたために、わたしに大事な際の進退をあやまらしめたではないか、という心配がむすこの胸に去来していたと思われる。わたし

としては、松尾のやってくれたことに対してはありがたかった、という気持があるだけだ。

それはさておき、わたしは松尾の死体にぬかずいてからそのそばで、寝着を脱いであわせに着替えた。部屋の電灯は消えていた。羽織をはおって、袴をとりあげ、その紐を結ぼうとすると、また玄関の方角から人の足音がドヤドヤと近づいた。そこで廊下に出て、洗面所の壁のところに立っていた。

寝室に入ろうとしたのは、あとで聞いたところによると、坪井という一等兵だったそうだ。本所あたりの浪花節語りだとか。「今なにか、へんなものがいたぞ」といっている。「たしかに地方人だ、じいさんだった」「しかしもうだれもいるはずがないんだから、へんだぞ」と言いあっている。そのうちに「気味悪いな、帰ろう」といったかと思うと、そそくさと引き返していってしまった。わけのわからぬ兵隊どもの行動で、もし彼らが丹念にあたりを見回せばわたしのいることをわけなく見つけだしたと思うのだが、これもやっぱり不思議のひとつだ。

女中部屋の押入れに

後に事件当日の顚末について軍法会議の調べのあった際、この坪井敬治という一等兵も調べられたが、彼の陳述したところはこうだった。

坪井は、はじめ松尾の死体を検分したとき、どうも首相ではないような気がする。「あれは違うようですよ」と隊長の栗原（安秀）中尉に進言した。栗原は本館の総理大臣室で将校たちと会議していたが、「今は忙しいからよけいなことは言うな」と一言のもとにはねられた。栗原はせっかく首相を仕止めたと確認しているのに、またそれがぐらついてはたまらない、という気持もあっただろうし、他人のいうことを落ちついて聞くゆとりもなかったんだろう。

栗原にはねつけられたが、やはり腑に落ちぬものがあるので、坪井は二、三人の兵隊を連れて、もう一度松尾の死体を確かめに寝室へ入ったわけだ。

彼はこう陳述している。「寝室に近づいてゆくと、暗やみの中に一人の老人がいるのが見えた。だれか、と叫ぶと、その老人は音もなく天井に消えた。それでテッキリ首相の幽霊でも出たか、と思い、急に恐ろしくなって逃げ帰った」

わたしの話と、その一等兵の陳述とがピッタリ符合している、といって検察官がおもしろがっていたそうだ。坪井たちが、本館のほうへ引き返していったあと、わたしは寝室へ戻らず、そのままなんということなしに、廊下を回って女中部屋のほうへ歩いてゆくと、バッタリ二人の女中に会った。

秋本サクというのと府川キヌという女だが、騒ぎの最中は、女中部屋にじっとしていたらしい。わたしを見るなり、「まあ御無事でしたか。早くここへお入りなさい」と女中部屋に押しこむようにして入れた。騒ぎもおさまったので、わたしの身を案じて捜しに行こうとしているところだったという。女中部屋に入ったが、これからどうしようか、と思いながら、部屋のまん中につっ立っていた。どうするにしてもこみいったことをしてはいかん、簡単なほうがいいと考えたわけだが、部屋には火ばちもないし、寒くていかん、ひとつ寝てやれ、と心を決めた。

女中部屋には一間の押入れがある。押入れの上の段から天井へ上がれるようになっていて、女中たちは、しきりにそこへ上がれというものだから、ひとつどんなかしらん、と思いつつのぞいてみたが、何年前に人がはいったかわからんようなところで、とてもきたなくておれるものではない。また下におりて考えたが、ここは裏門のすぐ近くで、外部の様子を探るに都合がよいからここにいよう。ここにいるなら、この一間の押入れのほかにはない。上の段はベッドにつくれるが、ぐあいが悪い。下の段には、せんたく物みたいなものが多少置いてあるだけだから、そこがいいだろうと、女中に片づけさせた。

下がコンクリートで、その上に床板が張ってある。女中たちはその板の上に布団を三枚くらい敷いて、わたしが寝られるようにこしらえてくれた。そこへ横になっていたら、だんだん知恵が出てきて、洗濯物をわたしの周囲に積みあげて、もし押入れを開けられても、わたしが見えないようにした。

女中たちはどうしていたかというと、押入れの唐紙を背にして、キチンとならんですわっていたらしい。

サクという女中は、気のきいた女で、わたしが押入れに入るなり、すぐ立って、松尾の寝ていた部屋へゆき、その寝床を片づけてしまったそうだ。寝床の数と見つかった人間の数とが合わないと、また面倒なことになると思ったのだろう。

そのあとどういう用事があって、押入れの外に出ていたのか、今となってはよく覚えていないが、わたしが部屋の中につっ立っているときだった。

急に廊下に人の近づく気配がした。来たなと思ったが、もうどうにもならんので、動かなかった。ガラリと唐紙があいた。廊下に立っているのは、永島という官邸の仕部（守衛のこと）なんだ。永島は、わたしを見るなりまっさおな顔になって、またぴしゃりと唐紙をしめてしまった。永島のうしろには、兵隊が立って、こちらを見ていた。とうとう兵隊に見つけられてしまったわけだ。ところが別段なにごとも起こらない。

わたしは、また押入れに入って寝たが、女中と三人で反乱軍の中に孤立している格好になっている。小用を催すと、小さな空瓶を持ってこさせて、用を済ませていた。

「おれは岡田だ」とこちらから名乗り出るようなことは、しないほうがいいと思った。向こうも、そんなことをすれば、なんとかしなければならなくなってしまう。女中は女中で、もしわたしが兵隊に見とがめられたら、父がいなかから上京して官邸に泊まっている間に、こんな騒ぎにあったというふうに、とりつくろうつもりでいたらしい。

いつごろだったか、またたれか部屋に入ってきて、女中と問答をしている。そのうちに、いきなり唐紙があいた。チラリと見ただけだが、兵隊らしく軍服を着ている。わたしと顔を見あわせたかと思うと、またぴしゃりと唐紙をしめ、部屋を出ていった。そのときは、わたしは敷布団の上にあぐらをかいていたように覚えている。

いよいよやってくるかな、と思っていたが、あたりはしんとして人の動く様子は感じられない。

この兵隊は篠田惣寿という憲兵上等兵だったそうだ。篠田は青柳利之という憲兵軍曹といっしょに、近くの陸相官邸にいたらしい。首相官邸に反乱軍が押し寄せて、銃声が起こると同時に、飛びだして、首相官邸になだれこむ反乱軍にまぎれこんではいっていたわけだ。一通り騒ぎがおさまってから、兵隊どもに見つかり、「なんだ、憲兵がうろうろしているじゃないか」といって、もんちゃくが起こり、栗原中尉に「出ていけ」と怒鳴られたが、

「官邸の中には女もいるし、いろいろ貴重な品物もある。騒ぎのあおりで、不届きなことでも起こっては軍の汚名になるから、それを保護する意味でいるんだ」

と答えた。それで栗原も「それならいてもいいが、外部との連絡は一切許さん。電話も使用してはならん」ということになった。青柳のほうは、死んだ四名の警察官の死体の始末や負傷した巡査を病院へ入れるために、まもなく官邸を出て、篠田だけが残っていた。

篠田は、女中たちは、どうしているかしら、と思って、部屋をのぞくと、サクとキヌが、押入れの唐紙を背にして、キチンとすわっている。「お前たちはもうここにいてもしようがないし危険だから引き取ったらどうだ」というと、「だんなさまの御遺骸がここにある間は、帰るわけにいきません」とひどく強硬である。あまりがんばるんで不審を起こした。それに女中たちは、唐紙にぴったりからだをくっつけているので、その中になにか隠してあるような感じをいだかせたらしい。それで「そこをのいてみなさい」といって、ひとりの腕をつかむと、のくまいとする、女中のからだが動いたはずみに、押されて唐紙が開いた。それで中にあぐらをかいていたわたしと顔を見合わせたわけだ。

憲兵は不審なものを見つけた、と血相を変え、女中たちには「よしわかった。そのままにしていなさい」といって、どこかへ走っていったという。

その後も三十分おきぐらいに兵隊が見回りにくる。将校は、さすがに女二人しかいない部屋に入るのを遠慮して廊下に立ったまま、「異状はないか」ときく。兵隊が二人くらい入ってきて女中に「異状はないね」とききき、「ありません」と答えると、こんどは押入れの唐紙を……両端をすこしずつ開けて、中にあった洗濯物を一つ二つ外へつかみだして中を改めるようなしぐさをして唐紙をしめて、「異状ありません」と将校に報告する。

そこでつくづく考えたのであるが、兵隊はわたしの味方だということだ。ちゃんとわたしの顔を見ている。わたしが押入れにいることを知っている。それでいて別段わたしをどうしようという気を起こさないのは、不思議である。わたしを首相だと感づいているのに、黙っていたのか、それとも、もう首相は死んだものと思いこんでいるので、妙なじいさんがいるのを見つけても関心を持たなかったためなのか。

このことについてはわからないままになっていたが、近ごろになって、土肥竹次郎からこんな話を聞いた。そのむすこは支那事変中、中尉で戦地に行っていたが、たまたま二・二六事件の話が出た折、部下の兵隊が「わたしは総理の生きていることを知っていたが、今さら殺すべきでないと思ったので、上官には報告しなかった」と言っていたそうだ。それで、わたしもなるほどと当時の兵隊たちの態度について納得のいった次第だ。

さて、わたしは押入れの中にいて今後のことについていろいろと思案した。襲撃されたのは、おそらく自分だけではないであろう。暗殺は予想していたものの、五・一五事件のように若干の将校が動くだろうと思っていたら、軍隊が出てくるという予想以上のことが起こっている。

宮中はいかがな御様子であろう。重臣たちの安否は？　とにかくこの暴挙を鎮めて、跡始末をする責任が自分にはある。軍の政治干与をおさえる絶好の機会になるかも知れない。いたずらに死んではいかん、という気が起こる。

進まぬ救出工作

そうこうするうちに、外部ではわたしの救出工作がはじまっていたらしい。話は、また朝のうちの出来事にさかのぼるが……秘書官の迫水は、なんとかして、官邸の中へ入ろうと努力した。

迫水は官舎の二階から反乱軍が「とうとう仕止めたぞ」とよろこび、しばらくしてその一隊が、裏門から整列して、どこかへ出てゆくのを見ていた。列の中に、永島が、ゆかたの寝着のまま捕虜のような格好で、連れてゆかれるのを見つけて、もうじっとしておられなくなり、首相官邸へ電話するが、だれも相手にしてくれない。

そこでこんどは麹町憲兵分隊へ電話をかけて、「とにかく官邸へ様子を見に入れるように斡旋してくれ」としつっこく頼んだらしい。森分隊長が「憲兵が二名ぐらい首相官邸へ行っているから、彼らと連絡をとりなさい」というので、仕方なしに、二階から官邸を見ていると、裏門から一人の憲兵が出てきた。これ幸いと、官舎を飛びだしていって、その憲兵を呼びとめ、わたしの遺骸でもいいから見れるように処置してくれ、と頼み、自分もまた電話で官邸の反乱軍と交渉したら、やっと栗原が、遺骸の検分の程度ならいいだろう、ということで、ただし官邸へ入るのは秘書官二人だけ、と条件をつけられた。そこで迫水は大急ぎで福田秘書官に連絡し、二人で官邸へ行った。午前八時半ごろだった。

二人を迎えて、日本間に誘導したのは、例の坪井一等兵だったとか。あたりは器具が散乱し、タイル張りの便所は反乱軍兵士の負傷者を一時収容してあったため血だらけになっている。迫水と福田のあとから林（八郎）少尉や四、五名の兵隊がついてきたが、松尾の遺骸のある寝室に入ろうとすると、憲兵が「死体を見てお驚きにならぬように」といったそうだ。

その憲兵は、死体が松尾であることを知っていたとは思えない。なぜ死体を見て驚くな、と言ったのか、わからないけれど、そのために迫水と福田は、無残な死に方をしているのを見ても取り乱すまい、という心構えが出来た。

迫水は寝室にはいるなり、無意識に入口の唐紙をしめた。林少尉や兵隊が居間に取り残されたことが、まあ結果としてよかったんだね。死体には顔も見えないくらい掛け布団をかぶせてあったそうだ。足は入口のほうへ向いている。二人とも枕元にすわって、そっと布団を除けた。おやこれは違うぞ、と顔を見合わせたわけだ。幸いにして唐紙がしまっているので、二人のただならぬそぶりは反乱軍に見られなかった。そこでこれが松尾の死体なら、わたしはどうなったんだろう、ということに思い当たったわけだ。迫水と福田はとにかく一応これが総理の死体であることにしておこう、と小声でしめしあわせて、今になってみると笑い話なんだが、ハンカチで目を押え、さも悲しそうに装って寝室を出てきた。栗原が入口に来ていて、「総理の死体にまちがいありませんね」ときく。福田が「相違ありません」と答えて、さらに女中が二人いたはずだが、と尋ねると、「あちらの部屋でふるえているから引き取って下さい」といって、二人を女中部屋へつれていったそうだ。

どやどやとサクたちのいるところへ来てみると、二人とも押入れを背にして、すわっている。迫水が「けがはなかったかね？」と、サクに見舞いの言葉をかけた。するとサクがいうのに……

「おけがはございませんでした」

その言葉はわたしの無事を暗示しているものだ、ということがすぐ迫水の頭にひらめいた。ああそうか、無事なのか、無事だとすると、女中たちの様子から察して、その押入れの中だな、と見当がついたらしい。そばに将校がいるものだからうっかりしたことを言ってさとられてはいけない、と迫水は、とっさに大きな声で、「では総理の御最期の状況を話して下さいませんか」と林少尉たちに話しかけながら部屋を出ていった。

迫水が、反乱軍の連中といっしょに、部屋を出たあとへ福田が残って、サクに「その中にいらっしゃるのか」と小声で尋ねるとハッキリうなずいたそうで、こうして、わたしが生存していることがわかったわけだ。こんな出来事のあったことについては、実はわたしは気がつかなかった。あとで迫水や福田がこうこういう次第でした、と話すので、ああそうか、と思っただけで、その間じゅう寝こんでおったのかもしれない。

午後三時ごろになって福田がまた官邸にやってきたとき、はじめて顔をあわせて、脱出の下相談をした。兵隊は寒そうにしている女中に同情して、「飯ぐらいはなんとかしよう」といってくれたそうだが、食事は福田が届けてくれた。三段になっている重箱にうまく三人分を詰め合わせてあって、わたしには、サンドウィッチを入れておいたんだそうだが、よく覚えておらん。

一方、迫水と福田は官邸を出ると、すぐ福田の官舎から線香と香炉と、真冬のこととて花も乏しいので、水仙の花かなにかを持って、官邸へ引き返し、とりあえず松尾の冥福を祈ったという話だった。

そうしておいて、とにかく一刻も早くわたしを連れ出さなければならないと、方々へ電話をかけるが、反乱軍に傍受されるものと思わなければならないので、めったなことは言えない。そのうちにあちこちからの情報で斎藤実さんもやられた、高橋是清さんもなくなったということがわかるし、斎藤、高橋家へはすでに勅使がお立ちになり、わたしのほうへも勅使がおいでになるが、角筈の私宅（注・当時岡田氏の私邸は角筈にあった）で勅使をお受けするか、官邸でお受けするかということになってきた。

迫水は、わたしは生存していることだし、勅使のおいでになるのは、もうすこしお待ち願うよう宮内省に手配しておかないとゆゆしいことになると思ったが、永田町一帯は、反乱軍に占拠されていて、通れない。しいて通ろうとすれば撃たれる危険がある。そこでモーニングを着て、その足で、宮内省へ行けるよう身支度して、首相官邸へいって栗原に交渉した。葬儀の打ち合わせをしに角筈の総理私邸へいきたいから、警戒線を通れるようにしてくれ、というと、栗原はしぶっていたが、結局、承諾して、「それでは遺族の方にこう伝えて下さい。総理は武人としてりっぱな御最期でした。自分らは私怨があって、こんなことをしたわけでなく、国家のためやむを得ないことでした」と挨拶し、迫水に兵隊一人つけてくれた。

迫水は、その兵隊の護衛で、反乱軍の警戒線を難なく通り、溜池まできて、円タクをひろって平河門から宮内省へはいったと言っていた。宮内大臣は湯浅で、そのときは、宮内省の建物の向こうの御殿……拝謁の間の外に内大臣室があって、向かいが控え室、そのわきに宮内大臣の出張する部屋がある。そこにいると聞いて、そこまで通っていって面会をもとめた。湯浅は、すぐに出てきて「たいへんだったな」という。迫水が「実は、首相は生きておられます」と知らせたら、いつもはあのゆうゆう迫らざる、といった体の人が、エッ！　とおどろきの声をもらして、立ち上がり、

「そのことを奏上するから、ちょっと待ちたまえ」

といって御殿のほうへ急いでいったが、まもなく引き返してきて、

「無事の由を天皇陛下に奏上したら、それはよかった、岡田を一刻も早く安全なところへ移すように、と仰せられた。それで、どういう方法で安全地帯へつれ出そうか」

と迫水に相談した。迫水は、反乱軍が官邸を占拠していては、わたしを脱出させることはおぼつかないから、近衛師団長の橋本虎之助に頼み、近衛の部隊で一応官邸の日本間のほうを警戒させて、その間反乱軍は撤去させておく。そうしておいてわたしを脱出させよう。とこういう考えをたてて、そのことを湯浅に話すと、湯浅は用心深く、「しかし近衛師団長にこのことを話せば、師団長はきっと上のほうの指揮をもとめるだろう。そうなった場合、あちらの部屋……」と軍事参議官が集まっている東溜《ひがしたまり》の間をさして、「あそこにきている将軍達は、いったいどっちを向いているのかわからんぞ。非常に危険だからよく考えてみたまえ」と言った。

　そういう混沌たる状態だったんだね。この人はいったい反乱軍のほうに味方しそうな人か、あるいはこちら側に立っている人か、心の中はよくわからん。迫水もなるほど、うかつなことは出来ないと、湯浅の部屋を辞して、その東溜の間へいってみた。

　それは時間にして、午前十一時ごろだったんだろう。異変を聞いて、大臣たちが続々集まってくるころだ。一木枢相は非常に早くきていたらしい。川崎卓吉がはじめに参内して、児玉秀雄、町田忠治といった人たちが顔をそろえはじめている。そのうちに大角海相がやってきたものだからその力を借りようと思いついた。大角に「総理大臣の遺骸を引き取りたいと思いますが、引き取るについては、一時反乱軍にあの場をのいてもらわなければならない。その方法として海軍の陸戦隊を官邸に入れてもらいたい。海軍の先輩の遺骸を引き取るという意味で、名分も立ちます」といったら大角は、「とんでもない。そんなことをして陸海軍の戦争になったらどうする」という。

そこで迫水は決心して、「では、閣下にこれから重大なことを申し上げるが、もしこのことについて閣下が御承知下さらねば、わたしの申し上げたことは、すべて聞かなかったものとして忘れていただきたい。これが他へもれたら、たいへんなことになりますから」と、あらかじめ念を押すと、「うん」と承知した。それで迫水が「実は首相は生きていま す。今は官邸のあるところにいます。一刻も早く、官邸の外へ救いだしたいので、陸戦隊の出動をお願いしたのです」と事実を告げたわけだ。すると大角は、当惑そうな顔をして、「君、ぼくはその話は聞かなかったことにしておくよ」と向こうへ行ってしまったそうだ。

首相臨時代理に後藤

ここにおいて迫水も、兵力によるわたしの救出については断念せざるを得なくなったわけだ。思案をめぐらした末、もうこれしかないだろうという方法はこうなんだ。官邸にたくさん弔問客を入れる。その連中にまぎれて、わたしを連れだそうという考えだ。

迫水は、その準備として、陸相秘書官の有末や小松に「いったい陸軍のやつらは仁義を知らない。おれたち秘書官まで官邸に入れない。総理の遺骸すら見せないんだ」と吹きこんだ。するとみんな、そんなひどいのかという顔をする。杉山元参謀次長が「しかしまあお国のために命を捨てられたんだから、もうしようがないよ」というものだから、迫水が「あの連中は、今に閣下のところへも行きますよ」と言ったところ、「わしはなにも悪いことをしておらんから、わしのところへはこんよ」と笑う。迫水がすかさず「そうすると、殺された人たちは悪いことをしたわけなんですか」と聞き返したので、杉山はあわてて「いや、そんな意味で言ったんじゃない」と非常に困った顔をしていたそうだ。

そのうちに後藤文夫が参内したのが午後三時ごろだったとかで、後藤が筆頭大臣だものだから、中心になって閣議室で閣議が開かれた。首相であるわたしはもう死んでいることになっているもんだから、総理大臣の職務をとるものをおかなければならない。どういう形式でそれをおくか、というわけなんだが、ほんとうに死んでおれば「臨時兼任内閣総理大臣」という辞令が出るならわしで、原敬が殺されたときも、加藤友三郎がなくなられたときもそうだったようだ。ところがほんとうは生きているんだから、あとでわたしが出てきたときに、どうも具合がわるくなる。迫水としても、そんな辞令を出されては困るので、当惑しておったらしい。そこで横溝内閣総務課長に連絡して、とにかくこの際だから総理が生きておってもおかしくないような辞令を出してくれ、といって頼んだ。横溝は、それについて、わけを聞こうともせず、あっさりそれじゃ、といって「内閣総理大臣臨時代理被仰付」という辞令を担当の稲田書記官に指示してくれた。もちろん臨時代理は後藤文夫だ。

その間にも、迫水は押入れの中のわたしのことが気がかりだったとかで、ちょいちょい別室へいってこっそり福田の官舎へ電話する。さらにときどきは陸軍のたまり場にも顔を出してみる。山下奉文、石原莞爾というところがおり、阿部信行、真崎甚三郎両大将が、とにかく反乱軍の説得にいこうということになっていたそうだ。川島陸相が、なにか困り抜いているような顔をしていて、そばでは山下が「大臣の決断が足らん」とか、そういったようなことを大声で怒鳴っていたり……湯浅のいった「だれがどっちを向いているか、わからん」という有様がよく現れていたらしい。

迫水は、夕方宮内省を出て、東京駅の近所で円タクをひろって官邸へ帰ろうとしたが、こんどは一人だから反乱軍の歩哨線にひっかかって占拠地帯へ入れない。また宮内省へ引き返して、そこで各大臣とともに二十六日の夜を明かしたというんだが、わたしも結局、その晩は押入れの中で過ごすことになった。

なんでも、わたしはえらいいびきをかくんだそうだ。押入れの中から、グーッ、グーッという大きな音が聞こえるものだから、女中たちが困り果てた。それで兵隊に聞こえても怪しまれないように、サクとキヌが二人して、わざと大きないびき声を立てて、わたしのいびきを消すのに骨を折ったといっていた。女だてらにいびきをかくのはおかしかった、と後々までの笑い話になったものだ。そのため気の毒にも二人は寝るまがなかったようだ。

よくやってくれたよ。

二十七日になって、わたしが官邸を脱出する段どりになったわけだが、憲兵隊の協力があったために、うまくことを運ぶことが出来たと思う。その前日の朝わたしのいる押入れをのぞいて、血相変えて出ていった篠田は、その足で麴町憲兵分隊へ飛んでいったという。小坂慶助という曹長に、首相官邸の女中部屋にじいさんがひとり隠れている、と報告すると、小坂はそれがたれであるか判断しかねて大事をとり、他言するなと言い残して、小倉という伍長をつれて官邸へいった。前からそこにいた青柳軍曹といっしょになって、篠田が見たというじいさんのことを確かめようとかかった。

反乱軍にさとられないようにやろうというので、ずいぶん手間どったそうだが、午後二時になって、とうとうその老人がわたしであることを連中も確認したとか。小坂はさっそくこのことを森分隊長に知らせたんだが、当時は憲兵隊の中でも対立があって、桜会のメンバーは反乱軍の同志じゃないか、と思われている折なので、森はどうしようか、と迷ったらしい。うっかり上司へ報告すると、反乱軍へつつ抜けになるおそれがある。なにかの処置をとろうとすれば、立場上指揮を仰がなければならない。といって知らん顔してほうっておいて、わたしが反乱軍に見つけだされて殺されたら、憲兵隊も反乱軍の仲間だったということになる。ずいぶん困っただろうと思うんだ。

当時は、反乱軍の将校連も、堂々と憲兵司令部に出入りして、自分らの行動について意見を述べていたそうだ。東京警備司令部にも、陸軍の長老だといわれる大将連が、入れかわりたちかわりやってきて、あとの処置についてものをいう。軍と軍とが撃ちあうような事態をつくってはいかんとか、なるべくおだやかにしなければならんとか、めいめいで言いたいことを言って帰って行く。

荒木貞夫大将がやってきたとき、たまたまそこに石原莞爾……当時大佐ぐらいだったんだろうが、警備司令部の一員でいた。その石原が、荒木を見るなり、

「ばか！　お前みたいなばかな大将がいるからこんなことになるんだ」

と、ずいぶん思いきったことを言ったものだが、荒木はおこるまいことか、

「なにを無礼な！　上官に向かってばかとは軍規上許せん！」

とえらいけんまくになった。石原は石原で、「反乱が起こっていて、どこに軍規があるんだ」とくってかかる。いあわせた安井警備司令部参謀長（藤治、のちに鈴木終戦内閣の国務大臣になった人）が、まあまあと間にはいって、なんとかおさめたという話だ。

弔問客に紛れて脱出

それはともかくとして、憲兵分隊のほうでは、森分隊長がついに決心して、「人命救助は憲兵の任務である」と暗にわたしの救出を小坂曹長に指示した。そこで小坂が動きだしたわけだ。二十七日の朝、小坂は福田秘書官に会って、「お味方になります」と申し出て

きたそうで、はじめはどっちも、わたしの生存については言葉に出さず、たがいの胸の中を探りながら禅問答みたいなことをしていたが、どっちも真相を知っていることがわかって、では、と協力を約したそうだ。

一方弔問客を官邸に入れることについて、迫水や福田が運動し、また陸軍の千葉少佐というのが栗原に会って交渉したので、やっと少人数なら官邸にきてもいい、と反乱軍側も折れた。もっともその前に海軍の士官で警戒線を突破して、弔問にきたのはいたらしい。山田法務局長は、いつ官邸に入ったか知らんが、松尾の死体を見て帰り、「あれは総理ではなかった」ともらしていたとか。

さて、宮内省の中にいた迫水、官舎にいた福田は、それぞれ電話で連絡をとり、角筈の私宅では親戚の加賀山学（のちの国鉄総裁加賀山之雄氏の実兄）が事情はまだ知らされていなかったが、迫水らの指図に従って采配をふるい、いよいよ栗原が官邸に弔問客のくることを承知したという電話がかかると同時に、なるべく老人ばかりを十名くらいえらんで、自動車で官邸に送りこんだ。老人ばかりにしたのは、わたしをまぎれこませるのに便利だと思ったからなんだろう。十一時すぎだった。

福田も官邸に入ってきた。わたしの二男の貞寛が、どうしても仲間に入れろといって、ついてきたらしい。福田はなかなか用心深い。この計画にちょっとでも手違いが起こるとたいへんなことになる。せっかくここまでこぎつけたんだというわけで、官邸に入った弔問客を松尾の遺骸のある寝室へは通さない。居間へ入れて控えさせてあったらしい。遺骸を見せないばかりではない。どんなことがあっても驚いたり、ものを言ったりしてはいけない、と固くみんなに約束させてあったそうだ。

その前に、小坂は、女中に寝室の洋服簞笥からわたしのモーニングを出させ、こっそりとわたしのところへ運んできた。着物を脱いでそのモーニングに着替えようとしたら、どういうんで、あんなところまで銃弾が飛んできていたのかわからないが、服にはあっちこっち穴があいている。あとで聞くと、洋服簞笥にも、弾の貫通したあとがついていたそうだ。モーニングは、それでも着れたが、いよいよわたしを脱出させる瀬戸際なんだからだれも彼も興奮しておったんだね。持ってきてくれた靴は、わたしのじゃない。松尾がはいておったもので、ガタガタなんだ。松尾はわたしより大足だったらしいね。それから、眼鏡をかけさせられ、大きなマスクをさせられた。

支度がととのって待っていると弔問客がやってきた。青柳軍曹がその人たちを居間に控えさせた。わたしの脱出口は裏門である。小倉伍長が、反乱軍歩哨のところへいって、とりとめのないことを話しかけ、注意を外のことへそらせている。ちょうどいいころあいを見計らって、小坂がわたしを抱きかかえるようにし、福田がそばにつきそい、日本間の玄関へ急ぎ足で向かった。

玄関に近づくと同時に小坂が大きな声を出した。「だから言わんこっちゃない。あれほど死体を見るなといっておいたのに、死に顔を見るものだから、気持が悪くなるんだ」と小坂にもたれているわたしをしかりつけた。遺骸のむごたらしい様子を見て、気分悪くなった老人に、わたしを仕立てたわけなんだ。気転のきいたやり方であった。具合いのよかったのは日本間の出口が狭かったことだ。灯台もと暗しといってね。あんまり間近にいる人間の顔は、よく見えないし、それに、近すぎると視野もせまい。その狭いところに両側に立っていた二人の反乱軍歩哨の前を、小坂が大声で怒鳴りながらす早く通り抜けてしまった。なにからなにまで、まことに都合よく出来ていたことになる。

反乱軍の関所は、その一ヵ所しかない。玄関口へ出ると同時に、福田が「自動車！」と呼んだ。するといきなり目の前に走ってきて止まったのは、佐々木久二の車だ。この人は福井の出で、尾崎行雄の婿に当たる。そのときはだれの車なのか確かめようともしない。福田がしゃにむにわたしを押しこんで「すぐ行け」と運転手に命じた。走りだしてから、その車の持ち主がわかった次第で、あとで官邸からみんなが帰るだんになって車がなくなっていることに気がついて、これはどうしたことか、とあっけにとられたそうだが、わたしの乗った車が官邸を出るのと入れ違いに、迫水が宮内省からやって来て、とりつくろったらしい。弔問にきた人たちは、いつのまにやら福田はいなくなる、遺骸は見せられない。さぞキツネにつままれたような気分だったろう。

車は鉱山監督局のところから溜池の電車通りに出て、その間一ヵ所だけ、歩哨の立っているところへさしかかったが、どうやらとがめられずに走り抜けた。福田がしきりと「右へいけ、こんどは左へいけ」と運転手に指図している。そのうちに麻布三連隊の前へ出てしまった。いうまでもなく反乱軍の出てきた連隊だ。福田が、これはいかん、と急に乃木坂へ折れて走るうちに、こんどは高橋是清さんの家の前にさしかかった。

車中で反乱の状況を聞き高橋さんがなくなられたことを知ったときは、なんともいえない気持だったけれども、こうして無事脱出の道すがら、非命に倒れた方の家の前を通り、しかも御遺骸があそこにあるかと思うと、哀惜の念というか、複雑な感情をおさえることは出来なかった。ただどうすることも出来ず頭を下げて、黙禱しながら行き過ぎた。わたしのために、あれほど骨を折った高橋さんに対し申しわけない気持だった。

やがて明治神宮外苑前にたどりついて、もう大丈夫ということになった。この上は一刻も早く参内しなければならない。今の場合わたしのとるべき道はその一つしかない。福田にこれからどこへ行くんだ、と聞けば、一時安全なところへ落ちつかなければなりません、という。それはいかん、とにかくすぐ参内しなければならないから、車を回せ、と言ったところ福田は……むかしでいえば忠義一徹、ここまでこうしてやっとの思いで脱出させることが出来たんだから、今は安全をはかるのが第一だと考えたらしい。

福田は、今、参内することは出来ません。国務大臣の児玉秀雄さんも司法大臣の小原直さんも、一ぺんでは宮内省へ入れなかった。小原さんは反乱軍にさえぎられて神田の錦町署にある警視庁の移転先にすら行けなかったくらいだという。わたしが今、参内しようとして反乱軍にさえぎられた場合、どういうことになるか、想像に難くありません、と車を回すことを承知しない。わたしを思ってくれる心はありがたいし、といって参内出来ずに、どこかへ身を隠さなければならないということは、なんとも残念でしようがなかった。

さらに福田は、「参内するとなれば、まず、からだを清めてからでないといけません」という。そうもあろうか、と思っているうちに、自動車は、わたしの思いもよらないところに着いていた。本郷の蓬莱町二三番地にあった東本願寺派の真浄寺というお寺である。

寺田慧眼という人が住職だった。福田が大学を出て世帯を持ったときその寺の貸家に住んでいた関係から、その後もいろいろ世話になり、慧眼師を尊敬していたということで、事情を打ち明けて頼める人物だと見こんでいたのだろう。

門をはいって庫裡《くり》までいきつくのに一町ほどもある大きな寺で、その門は法主が見えるとき以外は、杭で通行止めしてある。かねて福田が打ち合わせておいたとみえて、杭はとってあった。寺では、わたしがまる一昼夜も官邸に閉じこめられて、食事もろくにとっていないだろうと気をきかせて、暖かいおかゆの馳走にあずかった。酒のついていたのがなによりのしあわせ、こうして、どうにか落ちついた気分になったのは午後一時ごろだったと思う。

憲兵のほうでは、落ちつき先を知らせてくれ、といったそうだが、福田は、それも知らせておかなかったらしい。家へも知らせなかったようだ。ずいぶん用心深い男だよ。その寺にいたのは夕方までだ。車を止めたままにしておくと、人に不審を起こさせるおそれがあるといって、わたしはまた福田に案内されて自動車に乗り、こんどは車の持ち主である淀橋区下落合の佐々木さんの家へいった。車が官邸で行方不明になっておこっていた佐々木さんは、車といっしょに死んだと思っていたわたしが姿を現したのでびっくりしていたが、参内までのわたしの滞在を快く引き受けてくれた。

福田は、わたしが一応落ちつくと、宮内省の中の閣僚へ電話した。ちょうど閣議中で、出てきたのは鉄道大臣の内田信也だったが、わたしが無事でいて、さきほど官邸を脱出することにも成功した、ついては参内したいんだがと通告した。すると閣議の席では、参内はもうすこし待ってくれという意見もあるとのこと。これはいささか腑に落ちかねることであった。

護衛は岩佐憲兵司令官

一方、迫水はわたしが官邸を脱出したあと、ひとり残って松尾の遺骸のそばについていたが、心細くなり、わたしの軍事参議官時代の副官だった平出英夫が焼香にきたので、事情を打ち明けていっしょにいてもらった。棺を取り寄せて、角筈の私宅に引き取ったのは夕方のことで、納棺のとき遺骸をひとに見られてはいかん、と思って平出のほかは大久保秘書官、鈴木武といった身近なものたちだけで取り扱ったが、反乱軍は、玄関から議事堂あたりまで整列して見送っていたそうだ。遺骸の始末をしてから、迫水は参内についての打合せをするため夜に入ってふたたび宮内省へいった。それで閣僚の間に起こっている意見の対立状態がよくわかった。首相は反乱軍にねらわれている。その首相が宮中にはいって、反乱軍の銃口があとを追ってくるようなことになってはおそれ多い次第であるという人もいるし、これだけの大事件をひき起こした責任が首相にはあるんだから、そのまま隠退して、陛下に対してはひたすら謹慎の意を表すべきである。今さら参内せずとも、辞表は出せるではないか、との考えもある。参内を遠慮すべきであるとの論を持っていたのは、後藤文夫が中心だったようだが、内田信也、小原直、川崎卓吉、町田忠治といった人々は、これとは意見を異にし、総理大臣が生きておったなら即刻参内しなければならない、と主張していたとか。

そのような事情を迫水から電話してきて、今日のところは参内はおぼつかないし、明日のことにしては、という話だったので、やむなくおさえようのない気持をおさえて一夜待つことにした。

翌二十八日、迫水はまた宮内省へおもむいて閣僚に会ったが、後藤の意見は前日同様、そのことを電話で知らせてきた。吉田調査局長官が佐々木邸へきて、わたしに「参内は思いとどまったほうがよろしいでしょう。辞表はお取次ぎいたします」というので、不本意ながら、とりあえず辞表をしたためて吉田に託したが、あとですぐに迫水を電話で呼び出して、今日の夕刻までに参内出来ないのであれば、もはや自分としては重大な決意をしなければならん、と話した。

ひとの意見はいろいろあるだろうけれど、わたしとしては参内してお詫びを言上することすらかなわぬとあれば、せっかく脱出してきたことも無意味になる。それは堪えがたいことだった。

迫水はわたしからの電話に接してから、また町田に会い、首相はどうしても参内したいといっていますから、呼びますよ、と相談したら、それがよかろうと同意してくれたそうだ。折り返し迫水から「いらっしたらいいでしょう」との知らせがあったので、わたしは閣僚の中の反対を押しきって参内することに決めた。身支度をととのえている間に迫水は護衛について手配してくれた。警視庁（神田錦町署に移っていた）へ行って、小栗総監に、なにぶんの手はずをととのえるよう頼むと、警視庁側では今の場合、護衛を全うする自信がない、という。それでは憲兵隊にたのもうということになって、福田のほうから手配した。

ときの憲兵司令官は岩佐禄郎中将だった。中気のため半身不随だったが、事件が突発すると「申しわけない」と病床で泣き、自分が行って反乱軍を説得すると、むりに起き上がり半蔵門までいったが、反乱軍に阻止され、「それでも天皇の軍隊か」と叫んで口惜しがったということも聞いている。福田からの護衛依頼の電話があったと聞いて……その日も床についていたんだそうだが、「一死もって護衛の任に当たります」と自身でその役目を買って出てくれた。岩佐はすぐ憲兵隊の車を出し、みずから助手台に乗って、佐々木方へわたしを迎えにきた。後に岩佐は、小坂、青柳、小倉というわたしの脱出に協力した三人の部下を表彰したが、陸軍部内の空気を考えて、表彰状はついに公表されなかった。

そのころ宮内省に引き返していた迫水が、広幡侍従次長のところへいって、「総理はただいま参内いたします」と通告した。「それは結構だ」と広幡さんは言っていたが、そのすぐあとで本庄侍従武官長が迫水のところに現れ、「総理は生きていて、参内されるという話があるがほんとうか」と聞く。迫水が「そのとおりです」と答えたところ、本庄は立ち去ったが、まもなく広幡さんが迫水を呼び、「侍従武官室の意見では、総理の参内は見合わせてもらいたいといっているよ」という。迫水はわたしに連絡すればまだ間に合うとは思ったがとっさに「いや、もう車はこちらへ向かっています。おっつけ到着するところですよ」と答えると、広幡さん「ああそれならしようがない」とにやにや笑ったという。まあ広幡さんの腹芸だったんだろうね。

わたしの乗った車が宮内省についたのは午後四時半ごろだった。そこで迫水に迎えられたが、白根書記官長は、わたしの手をとって泣きだす。岩佐司令官に礼をいい、すぐ迫水たちをともなって、閣僚のいる部屋へいき、みんなにあいさつした。ついで陛下の御都合をうかがってから御殿のほうへ向かった。

日はもう暮れていた。宮中の廊下は暗い。千種《ちぐさ》の間《ま》や豊明殿の前の廊下を通って、御学問所のほうへすすんでいった。廊下のあちこちに舎人《とねり》が二、三人立っていたが、だんだん近づいてゆくわたしを、じっと見つめているかと思うと、急におびえたような顔をして、逃げだそうとする。生きているはずのないわたしがモーニングで、暗いところから現れたので、幽霊が出てきたと思ったらしい。両手で顔をおおってしゃがみこんだものもいた。

拝謁は御学問所で賜わった。陛下は、

「よかった」

と、ありがたいお言葉を下さった。わたしは、こんどの不始末を思うにつけても、申し上げる言葉とてもなく、直立したまま、涙のにじみ出るのをおさえきれなかった。陛下はわたしのことを案じていて下さった。生きてお目通りを願い出たわたしを御覧になって、たいへんお喜びの御様子である。なんのおしかりもないありがたさに恐懼《きょうく》のほかはなかったが、その間約三分、つつしんで御前を引き下がった。あとで広幡さんが迫水を呼んで言うことに、「陛下がこう仰せられた。岡田は非常に恐縮して興奮しているようだ。周囲のものが、よく気をつけて、考えちがいのことをさせぬように……とのことであったから、十分注意してくれ」と……。

御前を引き下がって、閣僚の集まっている部屋にはいると、ずいぶん異様な空気だったよ。あるものは無事でいてよかったという顔をしている。当時の一部の気分を反映して、どうして生きておるのかといった表情を浮かべている人もいる。

わたしは、ただ黙然とすわっていた。ひとがどう思おうと、それはめいめいの勝手である。自分はただ自分の考えにしたがっておればいい。話はもどるが、後藤は首相の臨時代理になると、まもなく各閣僚の辞表をとりまとめて奉呈してあった。こうなればわたしとしても一刻も早く後継内閣に、あとの事件処理をまかすべきであるので、ふたたび拝謁を願い出た。

このとき陛下には、「なにぶんの命あるまでその職をとるように」との御沙汰があった。わたしはこれを拝して、閣議の席にかえり、この旨をみんなに話すと、また異論が出た。というのは、すでに後藤という首相の臨時代理がおり、同時にわたしもおる。「その職をとるように」との御沙汰はだれが拝したことになるか。わたしが首相なんだから、わたしが拝したことになるという意見もあれば、そうでないとする見解もあって、議論は果てしがない。

ついに御諚《ごじょう》のおもむきを広幡さんに確かめてもらうことにした。その結果は、「陛下の御諚は、岡田は総理大臣であるから、岡田に政務を見よ、とのことであります」ということだった。これで、すべてははっきりして、後藤の臨時代理は解任された。その夜は、わたしも閣僚といっしょに宮内省で明かしたが、陛下の御信任を全うすることも出来ず、こうした不始末に終わったことは、なんとしても残念である。

後に聞くところによると、陛下は、途中に危険なきように参内せしめよ、と仰せられたそうである。いつかはまたお役に立つこともあるであろうと、わたしは考え、このことは絶えずわたしの念頭を去らなかった。後に太平洋戦争が起こり、東京が爆撃されるようになってから、疎開をすすめるものもいたが、わたしは陛下が東京においでになる間は、東京にいようと心に決めていた。

同事件で非命に倒れた斎藤実さんが、存命中にわたしにいった言葉で、感銘を受けた一節がある。それはわたしの組閣前だったと記憶しているが、ある日、わたしをその私邸に呼んで、こんな話をした。宮内省を新築するとき、なにか事件が起こった折に陛下の御身辺をお護りするため御避難所を設けようとの要求を陸軍がもってきたが、自分は反対した。そのわけは……軍の青年将校が動くときには必ずへんなうわさがつきまとう。すなわち、陛下は平和主義者であらせられて思うようにならぬところから廃位をはかるうんぬんという、容易ならぬことが心なきものの口に上る。これは非常に危険である。御避難所をつくることは、それがそのまま御監禁所となるおそれもある。君も十分注意してくれ……と、こういう話であった。

まことに斎藤さんの思慮深いことには感服のほかはなかった。二・二六事件に際しては、陛下は明らかにこれを反乱として鎮定をお命じになったのである。この御聖断によっても、陛下がいつもどのようなお考えをもっておいでになられたかをうかがい知ることが出来よう。

一部では反乱を予知

この反乱は、一部では予知されていたらしい。兵隊まで動かされることについて、本気になって考えなかったのが手抜かりだったんだね。

憲兵隊あたりでは、二月の十日ごろから一部将校の尾行をはじめていたとか。参謀本部の課長級まであとをつけられたらしい。それで憲兵が足りないものだから、宇都宮、仙台あたりから応援にきていたというんだ。二月十七日だったかに磯部浅一や村中孝次、安藤輝三といった連中が、赤坂の鳥料理屋に集まって秘密会議をやったことがわかり、だいたい二十六日ごろ、事を起こすという様子がある。下級の憲兵がそれを上のほうへ報告したところが、「そんなばかなことがあるか」といって相手にされなかったそうだ。警視庁でも不穏な空気が相当に濃くなっていることに気づいて、小栗総監が第一師団長へあてて、昨今の管下連隊の夜間の演習行動は、帝都の治安に不安を与えるおそれがあるので、注意してほしい旨をいってやったところ、いや満州移駐に際しての演習であって他意あるものではない、と返事してきたとか。しかし着剣した鉄砲をもって町を歩く部隊があったり、あるいは常盤少尉というのが率いる部隊は、警視庁を攻撃する演習をやり、あとで庁舎へ向かって一せいに小便をするという不届きなことをやったといううわさもあった。

　第一師団が満州へ移駐することは前年の末あたりから決まっていたが、いよいよ出発というどんづまりにきて、一気に反乱を起こして、彼らの望む陸軍中心の政府をたてるため重臣である斎藤さんや鈴木貫太郎、渡辺錠太郎、わたしや閣僚である高橋さんたちを襲撃したのであろうが、いったい反乱軍はどんな政府を望んでいたのだろうか。おかしな話だけれど、事件直後彼らの占拠している地帯にはだれも入れない。ただ荒木貞夫や真崎甚三郎、林大将、本庄侍従武官長、山下奉文、石原莞爾、橋本欣五郎、満井佐吉といったところに対しては通行をはばもうとしなかったようだ。

　真崎を首相におしたてるつもりだったように言われているが、とにかく大将でありながら少尉、中尉といった若い手合いを家へ呼んで、いっしょに飯を食う。座敷で、若いものが「ぜひ閣下がお出にならなければならない時代です」というと、「なにをいうか、お前らはばかなことを考えるんじゃないぞ」とたしなめる。さて連中が、立って玄関までくると、送って出た真崎が肩をたたいて、「いいか、これからの日本はお前ら若いものの世の中なんだよ」と暗示するようなことをいう。若いものはそういわれると、真崎の気持が自分らと同じものだというふうにとってしまうのは当然なんだ。真崎や荒木が反乱と直接関係があったとは考えられんが、反乱将校は、軍事参議官連中や東京警備司令部まで、自分らの味方だと思いこんでいたようだ。東京警備司令部は、三宅坂にあったんだが、叛軍側からしきりと、戒厳令を布いてくれ、と頼んでおったそうだ。戒厳令を布いておいて軍政府をつくろうと考えたんだろう。

武力鎮圧を躊躇させた理由の一つとしては、こんな意見もあったようだ。もし軍隊同士が撃ちあうことになっては、反乱の将校はもちろん不都合で、射殺もやむを得ないが、ただ彼らの命に従って行動した下士官以下の兵隊まで鎮定の犠牲にするのはいかん。兵隊の父兄から見れば、そのむすこたちは上官の命に従っただけなのに、汚名を着て死んだということになって、徴兵制度の前途に暗い影をおとす結果になるというわけだ。陸軍一般の空気が……とにかく叛軍の行動を壮とする向きもあるくらいだから、なかなか鎮圧の断定を下すにいたらない。叛軍のことをはじめ「蹶起部隊《けっきぶたい》」と呼び、つぎは「占拠部隊」といい、武力鎮定に決まってから順逆を明らかにして反乱軍と称した。二十六日の午後、戦時警備令が下令され、二十七日に戒厳令が布かれて、彼らが味方と思いこんでいた警備司令部は、だんだんその立場をはっきり現してきたわけだ。

一時、戒厳司令部では、上奏して、いわゆる蹶起部隊の精神はこれを嘉納するという陛下の御勅旨をいただき、これを示して無血鎮定をしようと考え、上奏案までつくっていた、と聞いているが、反乱軍に対する軍内部の気持がどんなものだったか、これでもよくわかる。全国の各師団管下の部隊は、多かれ少なかれ動揺し、反乱軍に同調する青年将校は、自分の部隊を動かそうとした。師団長の中にもどっちつかずの人がいたらしい。

しかし、陛下は、香椎戒厳司令官に、こう仰せられたという、

「もし戒厳司令部で鎮圧出来ぬなら、みずから反乱軍を説得に出かけてもよい」

と。……こうしてついに二十八日午前五時八分に奉勅命令が出たが、その前日に、叛軍側から真崎に会いたいと言ってきている。それで真崎は、阿部大将や西義一大将らといっしょに陸相官邸で叛軍将校たちと会見した。叛軍は野中大尉が代表して、「わたしらの志を達成出来るよう、蹶起の趣意を上聞に達していただきたい」といったらしい。真崎はこれをことわって、「軍事参議官は自発的に動くんじゃなくて、陛下の御指示によって動く。しかし、こんどのことは重大だからわれわれも自発的に動いているんだが、部下を率いて国家の重臣を殺傷するのはもってのほかで、大義名分が立たん。お前らは勅命のままに善処しなければならない」といったそうで、野中は「よくわかりました」と答えたので、叛軍の帰順はまだ脈があると思われていた。

しかし叛軍側の態度も、ぐらぐらしていて、二十八日の朝には、帰順の色が見えて、戒厳司令部をほっとさせたのに、北一輝などの入れ知恵で、また様子が変わり、部下の兵隊を帰営させるという約束を実行する気配がない。戒厳司令部では、結局もう武力を使うほ

かはない、といって、その作戦を練ったが、戦闘指導の方針としては主として戦車をつかって叛軍の抵抗をくじく。まず指導している将校をねらい、下士官兵の犠牲は最小限度にとどめる。そのためガスを使用しようということになっていたらしい。

議事堂がまだ出来たばかりで、千四百からいる叛軍がそこに立てこもると、どうにもならん、砲撃してこわしてしまうのは惜しいし、ガスならいいだろうというんだが、叛軍側は防毒面を持っていることがわかった。それで当時研究を終わったばかりの防毒面のきかない催眠ガスをつかうことになったといわれているが、それもだめなら野戦重砲の十五サンチ榴弾を放って、議事堂をめっちゃめちゃにしてもしようがないというところまできていた。

奉勅命令が出ると、宇都宮の第十四師団が上京して警備につくことになった。師団長の末松はわたしの義弟だったが、着京して一夜のうちに数千の土嚢を集め、土嚢陣地をだんだん前進させて、死傷者を極力出さないようにして鎮定するという策を立てていたそうだ。そのとき海軍では、二個中隊の陸戦隊を芝浦から上陸させて、海軍省や伏見、久邇、高松の各宮邸、軍医学校、経理学校などを警備していたが、戒厳司令部としては、こんどの事件では斎藤さんや鈴木、わたしなど海軍関係が多くやられているので、海軍側の気持を考え、叛軍との間になにか起こらねばよいがと気をつけていたらしい。

今も祈る犠牲者の冥福

反乱軍への攻撃開始は、二十九日の朝ということになっていた。永田町一帯の住民には避難命令が出され、市内の交通もとまって、いよいよ流血の惨を見るのかと思わせた。なるべく下士官兵には犠牲者を出さぬ方針なんだから、帰順するように飛行機からビラをまく。

香椎司令官はラジオで帰順を勧告したが、それが例の「兵に告ぐ」という話題になった放送だ。あれはあとでだいぶ問題になったということだ。というのは、「今からでもおそくはない。抵抗をやめて軍旗の下に復帰するようにせよ。そうしたら今までの罪も許されるのである……うんぬん」という文句。その「罪を許す」というのは言い過ぎだというんだね。

罪を許すか、どうかは国法の問題で、戒厳司令官の権限外だ、というわけなんだが、司令部としては、法律上の罪を戒厳司令官が許せるものか、許せないものか、常識で考えてもわかることだ。司令官はその作戦行動において「罪を許す」といっているのであって、つまり反乱者を撃滅すべきところを、そうしないでやる、という意味だ、と弁じていた。

だんだん周囲の情勢は、叛軍に不利になって、将校たちは、その日の正午ごろになって陸相官邸で腹を切るという話が伝わり、兵隊たちも帰営して武装解除され、どうにか血を見ないで事はすんだ。しかし自決したのは野中だけで、ほかの将校連中は逮捕されて軍法会議に回されてしまった。その中には丹生誠忠という中尉がいたが、これは迫水の母方の従弟に当たる。事件の当日の昼ごろわたしの娘万亀子（迫水夫人）のところへ電話であやまってきたそうだが、惜しい若者をあやまらせたとつくづく思ったことだ。

当時、久原房之助にもいろいろと世間の疑惑があった。久原が政治上の情報をとるために使った金のうち間接的には反乱に加わったものの手へ渡ったものもあったようだが、久原自身は直接関係していない。資金というと三井の池田成彬から金が出ているといううわさもあって、調べたところ事件とは全然関係はなかったそうだ。昭和十年の東北飢饉の折、義捐金《ぎえんきん》にからんで北一輝が三井に結びつき、その後、北がちょいちょい池田から金を引き出していたとかで、三井としては、ときどき右翼関係に金をとられているが、とくに反乱軍のために出したということは夢にも思わぬということだった。真崎も背後指導者みたいにいわれたが、結局証拠不十分で無罪になった。

わたしは三月一日に宮内省から臨時首相官邸（当時農林大臣官邸）にうつり、松尾の葬儀の営まれる三月三日、事件以来はじめて角筈の私宅へ帰った。帰宅にさきだって高橋、斎藤両家を弔問し、お二人の冥福を祈った。わたしが生存していたということは、二十九日午後四時、内閣から発表されて国民に意外の感を与えたようだったが、こうして世間の騒ぎもおさまったあと、自宅で松尾の遺骸と改めて対面するのは、感慨深いものだった。ありがたいとも思う、いいようのない気持でひたすら松尾の冥福を祈った。

松尾の遺骸が角筈に着いてからの有様は、聞いて泣き笑いするほかはなかった。坊さんはいそいで院殿大居士号の戒名をつけたがるし、弔問客はわたしの最期の模様を聞きたがる。友人、知己は、早く遺骸に対面したい、と迫水をせかせる。迫水は、検視がすむまで待って下さい、とみんなをなだめていたそうだ。

松尾の妻の稔穂は、わたしの妹だが、わたしの死体というふれこみで、遺骸がきてから、自分の夫はどうなったんだろうということについて、気になることもあったにちがいないと思うんだが、一言も松尾については尋ねようとしない。迫水のほうでがまんしきれなくなって、その夜おそく身内を集めて、はじめて、棺の中にいるのが実は松尾であることを打ち明けたところ、涙もこぼさず「松尾がお役に立ったとすれば満足です」といったそうだ。これを聞いて、わたしはまたしても生き残ったもののつらさを感じさせられた。

わたしと同クラスの竹下勇大将などは、二十八日になっても葬儀の用意をする様子がないので、とうとうおこりだし、こんなことでは岡田が浮かばれん、遺骸を水交社に引き取って、クラスのものだけで葬式を出す、といって迫水をしかりつけた。迫水は反乱軍の始末のつくまでは待って下さい、とやっと落ちつかせたということだった。

そんなわけで、わたしが生きていることがわかると、こんどは、これからどうやって生活するのか、むかしの落人《おちうど》のように蔵の中にでも閉じこもって、一生日陰で暮らすのか、とまじめな顔で心配してくれるものもいた。そういう考え方にも、あのころの人心が現れていると思う。

しかし、わたしは暴徒のために倒されなかったことはよかった、と今でも考える。そのため人の批評など意に介するに当たらない。ただこの事件のために、斎藤さんや高橋さんまで犠牲になったことは、いつまでもわたしの胸を痛ませた。松尾と四人の警察官の位牌は今も家の仏壇におさめてあるが、毎年忌日にはお墓参りすることをならわしとしている。それがせめてものわたしのつとめと思って……。

日本のわかれ道

謹慎中のたのしみ

二・二六事件というものは、陸軍の政治干与を押える最大のチャンスではなかったか、とわたしは思っている。あのとき若い将校連中が、軍紀を乱し、兵隊まで率いて反乱を起こしたのは、もはや軍の暴力的傾向がこんなにまでなったかという感じを与えたが、同時に国民の心に軍の横暴に対する反感がかなり強くわき上がった。それをつかめばよかったんだ。横暴な連中自身もやってしまったあとで、ハッとした様子があったし、その機を逃さずに、国民の常識を足場にして強い政治をやり、軍を押えつけてしまう。ごくいい潮どきだったと思うが、軍にさからうとまた血を見るという恐怖のほうが強くなって、ますます思いどおりのことをされるようになってしまった。

しかし、そういうことを今さらわたしが言ったとてはじまらない。松尾の葬儀をすませてからというものは、角筈の私宅で、ひたすら謹慎の日を送っていた。いつも門を固くしめて、外出も慎んだ。世間には、わたしが殺されもせず生きていたということについて、いい感情をもっていない傾きもあって、とかくのうわさもあったけれど、弁解めいたことを言ったことはない。護衛の警官は、毎日緊張して、夜中も寝ないで、四、五人ずつわたしの身辺を警戒していた。御苦労なことだと思っていた。

毎日、することといって何もないものだから、神宮益太郎という護衛の警察官を相手に、庭の木や盆栽をいじったり、そういうといかにもそんなことに趣味があるようだが、盆栽なんて、人がくれたらいじるくらいなもので、自分で手に入れることはしない。そんなぜいたくはしようたって出来やせん。庭に飛んでくる鳥の様子をじっと見ているのも楽しみだった。それで小鳥の習性がわかったものだよ。毎日、庭をながめているうちに、庭にある木のなかで、一番おそく葉が出て、一番早く散ってしまうのは百日紅だ、ということに気がついたり、……その間には漢詩の稽古などもやっていた。わたしの暇つぶしの相手になっていた神宮という男は、首相時代も官邸で護衛をやった警察官だ。死んだ土井清松と一日おきの勤務で、ちょうど事件当日は非番だったので難をまぬかれた。昭和二十二年、前官礼遇に対する護衛が廃止されるまでわたしのために尽してくれた。

謹慎中ではあったが、酒だけはたしなんだ。わたしの酒好きは、海軍部内でも通っていたが、これだけは欠かすわけにいかん。自分では大酒するほうではないと思っているんだが、いくらだって飲む自信はあった。いつまで飲んでいてもシレッとしているものだから、どうやって、そんなに飲めるんだ、と聞くものがいる。なあに、いたって簡単なことだ。酒席などで、ある程度の酔いに達するまではグイグイとやる。一応そこまでくると、後はゆっくり杯を傾ける、飲むにつれて酔いはさめ、さめるにつれて飲む、いつまでも酔い方が同じ程度にとどまっているわけなんだ。こんな調子でやれば、いつまでだって飲めるよ。首相時代、官邸でひとりポツンと暮らしているときだって、夕食に二合か三合さえあれば、ちっとも不自由だなんて思わなかった。斎藤さんが笑って、「岡田なら酒さえあれば、弁当箱の飯ばかり食べていても不服はいわんだろう」といわれたそうだ。

門の外へ出ることもなく三ヵ月ばかり暮らしていたら、宮中からお召しを受けた。謹慎の身にとって思いがけない感激だった。六月十七日だったが、新旧閣僚に昼食を賜わるとのおもむきで、「岡田もぜひ出てくるように」との陛下のお言葉だったそうだ。たいへんうれしく、はじめて表門をあけて参内した。感慨深かったのは、事件から一年目の命日に、多磨墓地におまいりしたときだった。これも久しぶりの外出だった。斎藤さん、高橋さんもここに眠っておられるし、なくなった土井、村上両警官のお墓もある。事件の日は雪が降っていたが、このときは小雨だった。濡れておまいりして、葛飾にある清水の墓まで足を運んだが、世捨て人のようになっているわたしにとって、心のなぐさめでもあった。

こうしたわたしに前官礼遇を賜わるとの御沙汰のあったのは、十二年四月二十九日の天長節の日だった。陛下のありがたい思召しは、事件の直後あったとかで、あれから一年あまりで重臣の列へ加えられ、わたしもどうやら世の中へ出られるようになった。そのころから来客も多くなっていた。わたしはだれにでも会うことにしていた。また物騒なのが来やしないか、と神宮は隣の部屋で、注意深くわたしのことを気づかっていたそうだが、別にどうということもなかった。わたしに来客の多いのは、岡田は情報をもっている、というわけだったらしいが、来客が多くて、みんながいろんなことを聞かせていくものだから、いくらかは事情もわかるわけだ。自分のほうから情報を集めなくても、自然とそうなる。

禍根、軍部大臣の現役制

わたしのあと広田弘毅が首相をやり、そのとき陸海両大臣は現役でなければならん、という制度を復活させた。大正二年、第一次山本権兵衛内閣のとき、軍部大臣は予後備退役の大、中将でもよいことにしてあったのを、もとどおりの現役制にしてしまったのはまずかった。広田はそんなつもりではなかったと思うんだが、そのため軍が政治を独裁するのにたいへん都合のいい形になった。

軍はいやな内閣には大臣を送らないといってつぶしてしまうことが出来るし、結果として内閣は軍の思うままに操縦される。広田の次に内閣首班として大命のあった宇垣一成は、陸軍が大臣を送らん、といったので流産したし、後に米内内閣が倒れたのも、同じように陸軍が畑陸相をひっこめて、後任は出さない、という態度をとったためだった。

米内は頭のいい男だったね。ちょっと見ると政治などには関係のないようなとぼけた顔をしているが、実は非常に興味をもっているんだ。だから関係させるときりがない。グズとかいわれたけれど、どうしてどうして頭はきれる。グズみたいな顔をしていて、こういうことをやれば利益があると思えば、すかさずやっている。わたしが連合艦隊司令長官の時代に「陸奥」か「長門」かの艦長だった。政治に関係するようになってからも、だいたいわたしと同じような考え方をしていた。ただわたしにくっついて、わたしの仲間だとか、なんとか言われたくないといった様子で、どちらかというと、わたしに対しては批評的な立場をとろうとしていた。

それにくらべると近衛（文麿）は、政治家としてはよっぽどいい加減な人だったと思う。内閣がちゃんとしたものを決めてからやるんならいいんだ。こんなことはすこし危ういが、というようなことを、まあどうにかなるだろうというところでやってしまう。林銑十郎内閣についで首相となり、まもなく陸軍は華北で蘆溝橋事件を起こし、ついに日華事変に発展してしまったが、はじめ不拡大方針をとなえながら、破竹の勢いの陸軍をどうすることも出来ず、そのうちに蔣介石を相手にせずとの声明を発して、事変はだんだん収拾つかなくなってきた。日独伊三国同盟条約を結んで、はっきり英米と対立することになったのも第二次近衛内閣のときだった。

この三国同盟には、米内は最後まで反対した。三国同盟というのは、昭和十二年十一月に出来た日独伊防共協定をもっと強化しようということではじまったが、いつの間にか同盟条約というふうに変わってきた。もともと陸軍は、ソ連をいつも念頭において、そのためにドイツと結ぼうと考えていた。それに満州事変以来、国際的に孤立している有様なので、味方が欲しいという気持もあった。しかしドイツと結べば、どういうことが起こるかは知れきったことだ。アメリカのドイツに対する感情はごく悪い。日華事変で、日本の国際的立場は悪くなっているのに、さらにアメリカの対日態度を険悪にすることになる。

ヒットラーは、ヨーロッパでイギリス、フランスなどを相手に戦争をはじめてから、ますます日本を誘惑して、軍事同盟締結を成功させようとして、スターマー（独駐日大使）を暗躍させる。そんなのにつりこまれたら、国を危うくするに決まっているんだ。日華事変も抜きさしならない状態になっているのに、アメリカなどと事を構えるようなことをしてはいかん。どう考えても日本の利益にならんことだった。

海軍部内もだいたい反対だったし、米内はもちろん反対のしどおしだった。平沼内閣はこの問題で数十回も閣議をやったそうだが、閣内でも有田八郎、石渡荘太郎などが熱心に反対していた。そのうちに、ドイツはソ連と不可侵条約を結んだ。平沼は国際関係は複雑怪奇だ、という言葉を残してやめてしまい、それから阿部内閣になってもけりがつかず、米内が首相になったので、三国同盟をくいとめることが出来るだろうと思っていたら、果たして米内は一応これを御破算にした。なんでも陛下は、「海軍がよくやってくれたおかげで、日本の国は救われた」とおよろこびの言葉を米内に下さったと聞いている。

山本五十六も当時海軍次官で熱心な反対派だった。陸軍のうちには、山本はけしからん、あんなやつがおるから同盟が成立しないんだ、というんで、暗殺されそうな気配がある。それで山本をどこかわからぬところへ隠しておけ、といって水交社にカン詰めにしたんだそうだ。山本は退屈だものだから、ブリッジばかりしていたというんだが、陸軍がねらっているなら海軍でも、いざというとき防ぐ用意をしようと、装甲車に陸戦隊を乗せて繰りだす手はずまでととのえる騒ぎだった。

三国同盟ついに成立

同盟条約の話は、米内に押えられてしまったけれど、すぐぶり返し、それでも吉田善吾が海軍大臣だったときまでは、反対しつづけた。だいたい戦争というものは、日本がこのままでは国として立ってゆけないというときに、勝てるというはっきりした計算があって、はじめて起こすならともかく、見通しもあやふやなのに、ことさら軍備のある国を刺激するのは、あぶないことだ。困ったことに、海軍部内にも、戦争を辞せん、というような威勢のいいことをいう人間が、いかにもりっぱなように見える傾向があった。若いものの間にも、アメリカでもなんでも恐るるに足らん、といった無分別な元気を出すものがいたようだ。吉田は反対したが、結局神経衰弱ということでやめてしまい、及川古志郎が大臣になって、まもなくとうとう条約は成立してしまった。

松岡洋右などが、この同盟は決してアメリカと戦争しようというものではない、としきりに海軍をまるめようとし、それに海軍は、同盟を結ぶと、かりにアメリカがドイツ側に対戦する場合、日本は自動的にアメリカに宣戦しなければならんからだめだ、といって反対していたんだけれど、これはむしろアメリカと戦争を起こさないためのもので、この同盟をしておけば、かえって戦争の起こる危険はなくなる、というふうに持ってこられたらしい。だから反対をする理由がなくなってしまったんだ、というものもいる。

これが日本の分かれ道だった。日本はかつて英米と軍縮条約を結んだりしたが、これはどちらかというと、英米とはなるべく提携してやっていこうとする考えから出ている。日独伊三国同盟のために、日本は道をかえて、ドイツやイタリアと結んで、英米を相手にすることになった。心ある海軍の先輩たちは、嘆いたものだった。このとき天皇陛下は、近衛をお召しになって、こうおっしゃったそうだ。

「この条約は、非常に重大な条約で、このためアメリカは日本に対してすぐにも石油や屑鉄の輸出を停止するだろう。そうなったら、日本の自立はどうなるか。このの ち長年月にわたって、たいへんな苦境と暗黒のうちにおかれることになるかもしれない。その覚悟がおまえにあるか」

と前途を案じられたので、近衛は、恐れいって、これからさきの粉骨砕身をお誓いしたということだった。

近衛は、同盟は結んだが、これはアメリカをヨーロッパ戦争に介入させないためで、日本はなるべくアメリカと手を握っていようという気はあって、日米交渉には真剣になって当たっていた。わたしも、せめてその成り行きに望みをかけていた。ところが松岡外相の存在は、アメリカとの交渉に邪魔になるので、彼をやめさせるために総辞職して、第三次近衛内閣をつくったが、交渉はうまくいかない。豊田貞次郎を外相にして、アメリカに対する平和的な態度を見せようとしたが、先方には通じなかったらしい。

一方では陸軍が、無鉄砲な仏印進駐をやって、ますますアメリカを硬化させる。とうとうどうにもならなくなって、近衛は内閣を投げだした。

陛下が御心配になったとおり、アメリカは石油をよこさなくなっていた。あれほど太平洋戦争に反対していた海軍部内でも、石油のストックは二年しかない。戦争をやるなら早くしないと、手も足も出なくなってしまう、という議論も現れる。もう危機が近づいてきたという感じだった。近衛が総辞職をやって、後任をだれにするかについて、重臣会議が開かれたが、このとき木戸内大臣が、東条英機を推薦し、阿部がこれに同調した。木戸は、この際陸軍を押えられるのは東条のほかに適当な人物が見当たらない、といっていた。アメリカは、中国から手を引けといっている。どうせ日華事変は失敗なんだから、その始末をせねばならんので、陸軍をまとめる人物は必要だった。木戸は日米交渉の出来る人間だといって東条をおすので、重臣の間には、その賛成の色も見えなかったけれど、結局これに落ちつき、東条に組閣の大命が降下した。

わたしは、東条は、顔くらいは見知っていたが、話をしたこともなく、どんな性質の男か、まるで知らなかった。木戸の話を聞いても、不安のような気がして、東条案にも心配な点がある、と言っておいた。重臣会議というのは、決議機関ではなく、内大臣の参考までに意見を述べあう程度のものなんだが、こうして開戦の責任者たる東条が出現したわけだ。

海軍側にも開戦論現れる

東条が首相になって、十一月二十九日には全重臣が御陪食を賜わり、その後で時局について意見を申し上げたが、その前に政府と重臣との懇談があった。都合のいいことに、わたしの首相時代に秘書官だった迫水がそのころは企画院の一部一課長だった。そこは総合政策をやるところなんだが、戦争資材その他についてのいろんな資料がある。非常に詳しいものだ。その資料をこっそりわたしのところへもってきてくれた。

　わたしは、その数字を頭の中へ入れておいて懇談会に出たが、政府側の説明役は企画院総裁鈴木貞一で、うそばっかり言うんだ。もし戦争をはじめるとして一ヵ月の間にどれくらいの船舶の損耗があるかということなんか、十分の一くらいに割り引きしていう。ちゃんと資料を見ているわたしには、東条も相当に掛け値してものを言っているんだな、とわかっていた。重臣たちに問いつめられて政府も苦しい答弁をし、ずいぶん時間がかかったものだが、とにかく物資の補給能力の点で、アメリカと戦争などやれるものでないことは、はっきりしていた。東条はアメリカが経済封鎖を行っている今日、石油などの貯蔵もだんだん残り少なくなって、戦力がなくなり国家の生存を危うくしつつあるといったのに対して、米内は御前に出てから、ジリ貧を避けようとしてドカ貧になってはいけない、といったが、わたしとしても日本のほしいのは資源ではなく物資だ。その物資が一ぺんになくなってしまうようなことをしてはどうにもならんではないか、といった。若槻さんも大東亜共栄圏の確立とか、そういった理想にとらわれて国力を使うのは危険だという、筋の通ったいい意見だった。若槻の『古風庵回顧録』には、このとき東条がタイ国との密約のことを述べたように書いてあるが、わたしはそのような話はなかったと思う。

　うまくいくよう期待していた日米交渉は、十一月末になって米国側が急に強硬になった。それにアメリカの艦隊が真珠湾にいることに刺激されて、開戦の気構えも強くなる。無理なことだったかもしれないが、アメリカ艦隊が本国にいたら日本を戦争回避のほうへもってゆくのに都合がよいなあと空頼みにしていたものだ。そのころのことだ、外務大臣東郷茂徳の使いだといって加藤という男がやってきた。東郷からの伝言というのは、……アメリカとの危機を避けるために努力しているが、このごろ海軍の様子は困ったことになってきた。さきごろまでは、海軍側は、アメリカとの戦争には反対だったようで、これなら戦争も起こるまい、と思っていたところ、だんだん強硬な意見が強くなって、陸軍の主戦論に同調してきている。このままでは開戦になるおそれがあるから、ひとつ海軍の長老として、海軍側の意見を緩和し、戦争をさせないよう骨を折ってほしい、とわたしに頼んできたわけなんだ。

それで小林躋造や豊田貞次郎を電話で呼び、その加藤を入れて相談し、とりあえず小林から海軍大臣島田繁太郎に言うことにした。その後小林から知らせてきたところによると、小林は海軍省へいってみても、官邸へいってみても島田に会えんものだから、島田と同期生の堀中将と相談し、吉田善吾から島田海相へわたしの意向を伝えさせたということだった。

軍令部総長の永野修身は、すこしどうかしていた。陛下から、

「アメリカと戦争をやって勝つことが出来ると思うか」

と御下問があったので、

「勝つことはとてもおぼつかないと存じます」とお答えしながら、しかも「戦争はやらなければならぬと思います」と申し上げている。負けるけれどやらなければならん、という、理屈にあわんことをいって陛下からお叱りをこうむっているくせに、閣議でも、その他の場合でも、強硬論をふりまわし、開戦になってしまった。

山本は連合艦隊司令長官として深刻に悩んでいたらしい。「戦争をやるならハワイをやらなければならない。それは研究している。しかし、日米戦は決してやらぬよう中央に進言するんだが、希望どおりにはいかない」と開戦には反対していた。山本が「戦争になったら一年くらいは大いにあばれて見せる」といったのは、やればこんなふうには出来るといったまでで、そういったときは、山本の力では、どうすることも出来ないところへ来てしまっていた。

山本は、このうえは、陛下のお力で開戦を阻止するほかはないと思い、基地出港を待っていた。ところが、陛下には何事も申し上げずにやったのだから、とうとう山本もハワイへいかなければならなくなった。あれだけの人物は当時の海軍にはいなかったよ。山本を連合艦隊司令長官にしたのがいけなかったんだ。だいじなときにガダルカナルみたいなところへいっていて、あまりに早く死んでしまった。海軍大臣にしておけば大いによかったのに、と思っている。

陛下も、開戦のことをお知りになったのは、十二月八日だろうと思う。わたしらとほとんど同じだよ。その前の二日に、詔勅には御署名になったと思うが、詔勅は以前からのしきたりで、あらかじめ御署名をいただいておくことになっている。しかし、お書きになるときだって、戦争をはじめるとはお考えになっていなかっただろう。なぜなら、日米交渉成立に際しての詔書も、同時に御用意なさっていたくらいだ。開戦の詔書の案には、特におんみずから「豈《あに》朕が志ならんや」の句をお入れになったと承っておる。おそれ多いことながら、何も知らされずにおかれたもうたわけだ。

東条とのたたかい

まず東条内閣打倒へ

さて、太平洋戦争は突然はじまってしまった。はじめのうちは勢いがよかった。一気にマレー、フィリピン、ビルマ、オランダ領東インドまでも占領し、国民を一応ほっとさせはした。シンガポールを日本がとったとき、英国が和平交渉を持ちこんできたとか、このごろでもそんな話をする人がいるが、根も葉もないことだ。英国がそんなばかげたことをするはずもない。わたしは、不安ながら成り行きを傍観していた。無理な戦争でも、勝てればいい。勝てればそれに越したことはないんだが、しかし、だんだん無理の結果が現れてきた。ガダルカナルにアメリカが上陸して、日本はソロモンをめぐる一年の戦争でたいへんな消耗をしてしまった。わたしがいても立ってもおられなくなったのはそのころからだ。

これでもう、勝負はついたと思わざるを得なかった。すでに重要な攻撃兵器である飛行機は質・量ともに優劣が決定的となり、電探（レーダー）の登場によって日本海軍は得意の夜戦が出来なくなっている。潜水艦は補給戦につかわれて壊滅してしまい、潜水作戦もやれない。

もともと、日本には英米を相手に戦争するような国力のないことはわかっている。生産力だっておよびもつかないんだ。戦争は個人の勝負ごととは違う。全国民の運命をかけなければならん。かりそめにも、やってみたら、先はなんとか道がひらけるだろうくらいの気持ではじめるべきではない。とことんまで考えて、勝てる見込みがつかぬ限り、避けなければならんことで、無理な戦争をしちゃいかん。としきりに言っていたのはそのためだが、前線の海軍の連中の間でも、もう戦争は敗けだ、という悲痛な空気のあることがわかった。

しかし、中央の強がりをいう連中には、まだこのことがピーンときていないらしかった。現代の戦争は生産戦で、こうも決定的な差がついた以上、このさき戦勢を盛り返す望みはまるでない。

わたくしごとを言うようだが、わたしの長男の貞外茂は軍令部一部一課で作戦のことをやっているし、二・二六事件のとき、わたしとまちがえられた義弟の松尾の娘婿で瀬島龍三というのが陸軍の参謀本部に中佐でいる。それに企画院にいる迫水、これだけの縁つづきのものが、戦争の中心で動いていたわけだが、ひと月に一ぺんくらいわたしのところに集まって食事をすることがある。そんなときに、詳しい戦争の進行状態が手にとるようにわかるんだ。政府が高官にまで隠している損害もわかってしまう。これがわたしの情報網だったんだが、貞外茂が十九年の十二月戦死し、瀬島が二十年七月に敗戦思想があるというんで満州へやられてしまうまで、こんな会合がつづいた。

そのほか、海軍関係の連中からいろいろな情報を聞けば聞くほど、じっとしておれなくなった。このまま戦争をつづけてゆけば、日本は国力の最後まで使いはたし、徹底的に破壊されて、無残な滅び方をしなければならない。勝負がはっきりついたからには、一刻も早く終結させる道を考えたほうがよい。せっかくここまで築き上げた国が、不名誉なことになるのはいたし方ないとしても、今のうちにでも救えるものなら、なんらかの手を打たなくちゃならん。ただ滅びるにまかせては不忠のいたりだ。

どうすれば適当な方法で戦争を終結させるか、ということをわたしは真剣に考えた。最後の働きのつもりで知能をしぼり、方策を立ててみた。しかし終戦ということは、戦争をはじめた内閣には出来ないことだ。しかも東条のやり方を見ていると、口では戦争の終結を考えなければならんといいながら、まるで策を立てようとせず、戦争一本やりで、つっ走っているばかりだ。戦争をやめる方向へもっていくには、まずこの東条内閣を倒すのが第一歩だ、ということに思い当たって、わたしは、決心を固めた。東条をやめさせるところへどういうふうにもっていくか。それについて思案をめぐらしている際、わたしにたいへんいい方法を見つけさせたのは木戸のいった言葉だった。

木戸に会いに行ったのは、わたし自身ではなく、迫水に旨をふくめて使いに出した。そのときわたしが考えていたのは、……東条だって、むざむざ内閣を投げだすような男ではあるまい。今の時局に倒閣運動をやっても、成功することはあり得ないんだから、東条が面目をそこなわずに、首相の地位を去るようにしたほうが上策だ。この方法はたった一つしかない。東条が参謀総長に転出するように、とりはからうことだ。

それで、それとなく東条の推薦者である木戸を動かしてみようというわけで、迫水をやった。迫水はじかに面会をもとめるのもよろしくなかろうと思って、有馬頼寧伯に手びきしてもらい、九月のある日（木戸日記によれば十八年八月八日〈日〉）わたしの使いであることを、あからさまに見せぬため美濃部洋次という友人といっしょに荻窪の有馬邸を訪れ、木戸と昼食をともにすることになった。

その席上で迫水は、わたしに言いふくめられていたことを言ったわけだ。いろいろと東条内閣の批評をやったあげく、戦局がますます重大になってきた今日、もっとも重大なことは国内の政治よりむしろ軍の作戦指導である。極端にいうと首相はだれでもよいが、参謀総長にはりっぱな人がならなければならぬ。だからこの際、東条を参謀総長に転任させて、戦争のことを専門にやってもらい、国内政治は適当な人を首相にしてやらせることにしてはどうだろうか、ときりだしてみた。

木戸は、「内大臣というものは鏡のようなものであって、つまり世論や世間の情勢をうつして、そのまま陛下にお目にかける役目をするものだ。自分自身の意見で動いてはならんし、世論を自分の感情でゆがめて、陛下にお伝えするのもつつしみたい。だから東条の件についても、その意見はよくわかるが、個人的な意見だけでは自分にはどうにもならない。もし世論が、東条内閣に反対だということになったら、そのときは陛下におとりつぎする。自分はあくまでも東条内閣を支持するつもりはない」といったそうだ。

そこで、迫水がつっこんだわけだ。でも世論というものはどんなものなのか、と。もし新聞の論調が世論だとするならば、新聞は検閲制度で口を封じられている際、正確な世論の反映とはいえないし、議会だって今は翼賛政治だ。たとえ内心東条に反対しているものがいても、表に出せる状態ではない。そうすると形の上で世論というものは現れてこない。国民の心の中に、いわず語らずのうちに湧きあがっている気持をとりあげて、世論と見なすわけにはいかないか、といったところ、「世論というのは、そういう形の上のものばかりでもあるまい。たとえば、重臣たちが、一致してあることを考えたとする、それもひとつの世論ではないか」と木戸が、なかなか味のある言葉を出した。

帰ってきた迫水からこの話を聞いて、これはいい暗示だと思った。重臣の意見をまとめることが一つの世論をつくることになるとすれば、東条を退かせる道は今の場合これがもっとも有力で、かつ手近なことだ。わたしは、まずこの方法を押していってみよう、とひそかに考え、準備にとりかかった。

慰労名義で東条を呼ぶ

それまで重臣が会同するといえば、政府側から招待されるとか、内閣更迭のときにお召しを受けて参集するときだけで、重臣が自分たちのほうから集まろうといいだすことはなかった。そこでわたしは国家多難の折から、重臣もたまには集まって意見を交換し、同時に政府に対しても思う存分いってみてはどうか、と近衛や平沼男にはかり、この三人の思いつきということにして重臣一同に相談したところ、みんな賛成した。第一回の会合には、日夜苦労している東条を呼んで、首相の戦局に対する考えを聞くことに話をまとめて平沼、近衛にわたしの三人の連名で招待状を出したわけだ。

近衛やそのほかの人たちも、東条に遠慮のないところを言ってやろうという気持はもっていたらしいので、いい機会だと喜んだ。十月のことだ。会場を華族会館に決めて、迫水に招待状を持たせてやった。東条への口上はこうなんだ。「これまでは、いつも総理大臣の招待にあずかり、ごちそうになっているが、こちらから総理大臣をよんで、労をねぎらうということのなかったのは残念である。それでお返しの意味で、一席招きかたがた御意見を承ろう」と。これに対して、東条は、喜んで出席する、と返事したんだが、やっぱり相手もなかなかのものだった。
出るといっておいて、しかし自分一人では、御意見を聞いたり話をしたりするのにさしつかえるから、すくなくとも大本営、政府連絡会議に出席する閣僚たちを同伴して、うかがうといってきた。それでは東条をまんなかにすえておいて、大いに言ってやろうと思っていた計画がくずれてしまう。そこで、そう大勢こられてはなかなか打ちとけた意見の交換も出来かねるから、総理ひとりで来てもらえんか、と再三申し入れをし、近衛なども、それは困る、どうしても東条を一人きりにしなければならぬと主張していたが、東条の側では、たって一人でこいということならば出席をことわるといってきたので、やむを得ない、またの機会を待つことにして、このときは東条が手兵を率いて出席し、たれもお座なりに終わってしまった。大いに当てがはずれた気持だったよ。

しかし機会はいつかは来る、とわたしは考え、あせっては事を仕損じると、気長に待つことにした。その次の月には、東条がお返しだといって重臣を招待して、閣僚たちととりとめのない話をし、それからというものはひと月おきに重臣が主催したり、東条側が主催したりして、懇談会をつづけていたが、待てば、やっぱり機会はくるものだ。事を計画して五ヵ月目、年が明けて十九年の二月に重臣側が招待したとき、東条は一人でやってきた。

毎月同じことをくりかえしているうちに気楽に出てきたんだね。

その間、わたしは他に若槻さんや平沼、近衛などとしばしば会同して、意見や情報の交換をしていたんだが、東条にまかせておいては、国の前途はたいへんなことになる、と意見が一致してきていた。こうして、やっと東条ひとりをみんなでとりかこむ好機をつかまえた。これを逃がしてはならん、というので、そのときは、手きびしく東条をやった。言葉こそおだやかであったが、その気持を表現するなら、みんなで匕首《あいくち》を東条に突きつけた、ともいえるだろう。

みんなそれぞれものを言ったが、若槻さんが一番痛烈だった。若槻さんの東条に対する追及は理路整然たるもので、政府は口では必勝をとなえているようだが、戦線の事実はこれと相反している。今は引き分けという形で戦争がすめば、むしろいいほうではないか、ところがそれもあぶない。こうなれば一刻も早く平和を考えなければならんはずだが、むやみに強がりばかりいって、戦争終結の策を立てようともしない。どうするつもりか、とつっこんでいた。和平の糸口を見つける手段について若槻さんは、戦争と関係のない国へしかるべき人をやっておくことを説いていたが、東条は、さんざんみんなにやられたものだから苦い顔をして、「そんな手だてはない」と答えていた。

この会合は、相当の効果があった。近衛は席上の様子を会う人に吹聴する。独善的な東条に、反感を持つ人たちは日ましにふえていたのだから、東条が重臣にいじめられたという話は、だれでもうれしがって聞く。それからそれへと伝わって、とうとう議会のうちにもいわず語らずのうちに反東条の空気が濃くなった。議会へ東条が登壇すれば、拍手で迎えていたものだが、こんどは東条が重々しく現れても、手ひとつ鳴らないということになった。

東条もこの状態を察したらしく内閣の補強をやりだした。まず国防と統帥との緊密化をはかるといって、自ら参謀総長をかねて首相、陸相と三者を一身に集め、独裁体制を完全に確立してしまった。東条を参謀総長にして、首相の地位から退かせようとしたわたしの案は、思わぬ形で実現したわけだ。これについては有馬伯も迫水に向かって、「君の案は妙なふうに実現したね」と苦笑しながら言っていたそうだが、もちろん東条がわたしの意向を見抜いて、そうしたんだとは思えない。

米内・末次の協調実現

そのころすでにアメリカ軍はソロモンを越えて、マーシャルを制圧し、クェゼリンやルオットの日本軍が全滅したばかりか、トラック島まで機動部隊の大襲撃をうけて、日本は破局に近づいていた。

このうえは、一刻もじっとしていることは出来ない。そこで第二段の策を立てた。それは島田海軍大臣をやめさせることだ。島田も東条にならって軍令部総長を兼ねていたが、こういうことは海軍のすじみちに反することで、だれもよくいわない。島田は兵学校ではよく出来たそうだが、あんまり東条に同調しすぎた。海軍は陸軍とならぶ存在なんだから、海軍の運営については海軍大臣として部内の意見を代表して動くべきなんだが、なにからなにまで、東条のいいなりになる。そのためすっかり部内の信望をなくしていて「島田副官」というあだなさえついていた。つまり、東条の副官にすぎんという意味なんだ。

島田が鈴木貫太郎に会って、「山本は戦死しました」と報告したとき、鈴木が驚いて「それはいつのことだ？」と思わずきいた。すると、島田は「軍の機密に属することですからお話できません」という。鈴木が「おれは帝国の海軍大将だ」といっておこり、よっぽど腹が立ったとみえて、たびたび「けしからんやつだ」と話していた。

島田が閣内にいては、海軍が独自の立場から、事に処していくことは出来ない。同時に島田を海軍大臣の地位から退かせることは、東条の独裁体制をくずすことにもなる。後任海軍大臣の任命について、海軍が、東条内閣へ不協力態度をとれば、内閣は更迭せざるを得なくなるかもしれないし、後任を出しても、海軍大臣が、軍令部総長を兼任することは、その機会に改めることが出来るから、陸軍側の東条だって、自分だけ兼任しているわけにはいくまい。

その用意として、わたしは米内を現役に復帰させておくことを考えた。今のところ海軍を率いて、難局に対応し、内閣のいく方向を正しくする人としては米内が最適任者だ。そこで米内のことを伏見宮殿下にお願いしておいたんだが、海軍には米内の流れと末次の系統とがあって、米内を現役に復帰させるなら、末次も現役に帰したほうがよいというものが出てきた。つまり米内を海相に、末次を軍令部総長にせよ、というのだ。

末次はどうでもよかったが、米内を円満に現役に復帰させるために必要なら、それもよかろう、とわたしは思った。ところが困ったことに、米内と末次とは仲が悪かった。会っても口をきかないくらいなんだ。二人を現役に復帰させて要職につかせるには、どうしても仲直りさせなければ、はなはだ具合が悪い。それでとにかく三人で会う機会をつくろうと思い、ひそかに使いをはしらせた。ことはすべて秘密を要した。東条は、この時局に倒閣を策すのは、敗戦主義者であるとして、実に熱心に、そして意のままに憲兵をつかって、わたしらの動きを見まもっている。うかつなことは出来ないんだ。それで米内系の矢牧章と高木惣吉、末次系の石川信吾、わたしには迫水がついて、その四人がいろいろ打ち合わせて、間をとりもつことにし、六月二日、三人で会談する運びになった。藤山愛一郎が、なみなみならぬ好意を見せてくれて、その邸宅を提供するといったので、三人はそれぞれ別々の時間に、藤山邸からほど遠いところで車を降り、憲兵の目にふれぬようにして、落ちあったわけだ。

藤山が席をはずしてから、わたしは米内と末次に向かい、「この際、日本のために仲直りしてくれんか。今やもう非常な事態にたちいたっているんだ」といったところ、ふたりとも国を救うため一個の感情などどうでもよい、いっしょに力をつくそうといってくれた。それはありがたい、とわたしもよろこんで、記念に寄せ書きなどして、その日は別れた。

島田をやめさせるについては、まず伏見宮殿下のお力を借りることにしたが、それはわたしも殿下には日ごろ親しく願っていたし、また殿下は島田を以前から可愛がっておいでだった。島田は殿下の寵児だ、といわれているくらいなので、殿下の御同意を得たうえで、ことを運んだほうがいいと思ったからだ。

殿下のところへうかがい、「今はもう島田がやめて、海軍の空気を一新すべき時にたちいたっているように思われますが……」と申し上げたところ、殿下は「そうもあろう。わたしから島田にいうことにする」とおっしゃった。一方木戸にも会ってわたしの考えを述べたところ、木戸は一応東条の耳にも入れておこうといって赤松秘書官をよんで伝えさせた。赤松は、東条のきげんのよいときに言おうと思って、とうとう言わずじまいになったらしい。殿下が御同意になったので、わたしは、じかに島田に会った。六月十六日のことだった。わたしが「米内と末次を現役に復帰させる。同時に海軍大臣と総長の兼任をといて、海軍大臣は、後任にゆずってはどうだ」と説いた。島田は「今海軍大臣をやめるのは内閣をつぶす結果になる」といい、言を左右にしてことわる。その日はもの別れになって帰ったが、島田は、このことをすぐ東条に知らせたんだね。あくる日、東条からわたしに、会いたいから首相官邸まで出向いてほしい、といってきた。

ついに東条と対決

とうとう東条と対決するときがきたわけだ。東条にしても、わたしがいろいろ動いていることはとっくに感づいていたにちがいないが、島田の一件が起こったので、腹を立てて、もうじっとしておれなくなったんだろうと思う。どういうことが起こるかわからないので、わたしの身辺にいる連中はみな心配そうな顔をした。東条と会ったら、どんな態度に出てやろうか、とぼけてやろうか、とも考えたが、向こうだって、もうわかっていることだし、こちらもはっきりしていたほうがいいだろうと思い、ひとりで官邸へ出かけていった。

おもしろいことに、その日は島田も伏見宮殿下のお呼び出しがあって宮邸へおもむき、殿下から「もうお前も海軍大臣をやめては……」という意味のお言葉をうけている。わたしが首相官邸につくと、すぐ閣議室の隣にある応接室に通された。果し合いにのぞむような気持だった。わたしと向かい合ってすわった東条は、心の中はどうだったか知らんが、言葉はすこぶるおだやかで、ていねいに「閣下」と呼びかけた。

「閣下は海軍大臣に辞職を勧告されたそうですが、そういうことは総理にあらかじめ了解をもとめて下さるのが穏当と存じます。内閣に対して遺憾なことだったと思われますが……」

と、たしかこうきりだしてきたとおぼえている。

わたしは、

「いや、言葉を返すようだが、わたしは閣下にことわりなしに勧告した覚えはありません。さきに木戸内大臣に会見の際、内大臣から閣下の秘書官赤松大佐にも伝え、総理の耳にいれておくよう話をしてあるはずです」

と答えた。東条は意外そうな顔をした。たぶんあとで赤松が困ったことだろうと思う。東条はさらに追及してきた。

「この多難な時局に際して、そういうことをなされては、内閣に動揺をきたすことになるので、はなはだ困ります」

そこでわたしは、

「こういう際だから、島田海軍大臣がその職にとどまっていることは国のためによろしくないと考え、そのような勧告をしたわけです。とにかく島田ではもう海軍部内はおさまらぬ。今の状態では、ますます悪くなるばかりです。閣下もよくお考え願いたい。わたしは政府のためになるようにやっているのです」

東条は重ねて、「ではなぜ、宮殿下までわずらわすようなことをするのか」といったよ。

結局、東条は、

「海軍大臣を更迭させることは内閣を不安定にする結果となります。重大な時期に政変があっては、国家のためによろしくありません」

と強引に出てきた。わたしが、戦局に対応するためには、海軍大臣の更迭はぜひ必要だといっても、東条はどこまでもわたしの動きを難じ、おつつしみにならないと、お困りになるような結果を見ますよ、と暗にわたしをおどかした。そこでわたしは、

「それは意見の相違である。わたしはわたしの考えを捨てない」

と言いきった。

会見は三十分もかかったか。そのときの東条の言い分では、今にも戦局を盛り返して五分五分のところへもってゆくような様子だったが、そういわれては、これ以上いうもむだだと思いながらも、玄関へ出るまでわたしは海軍大臣更迭の必要を説いた。しかしついにもの別れだった。あとで伝え聞いたところによると、わたしをその場から憲兵隊へ拘引しようと考えていたものも東条の周囲にはいたらしい。


一方、伏見宮殿下から勧告された島田は、即座におことわり申しあげて、引き下がったそうだが、あくる日になって、また宮邸へおもむき、

「殿下がここにいらっしゃると政治問題に利用されることになって、おもしろからざることになります。しばらく熱海の御別邸へおいでになっていていただきたい」

と、熱海にお引きこもりになることを勧告申し上げたそうだ。やむなく殿下は東京をおた

ちになる前に、わざわざわたしのところへ中根事務官を使いによこされて、こういうお言葉があった。

「しばらく会うこともないだろうが、もしなにか連絡したいことがあったら中根を仲介にしてくれ」

と。そして殿下は熱海へお引きこもりになった。わたしは島田の不遜の態度を憤らざるを得なかった。

わたしは、島田更迭について、陛下にも申し上げたいと思っていた。しかし陛下は、国務については責任者以外のものの意見をお聞きにならないというお心構えをもっておられる。わたしのような責任外のものがとやかく申し上げるのはおそれおおいので、伏見宮殿下に島田の更迭を御相談申し上げた折、陛下へしかるべく申し上げるよう、お願いしたことがあった。そのとき殿下は、

「陛下に拝謁を願いたいんだけれど、このごろ陛下はわたしがお目にかかっても椅子も賜わらぬほどだから、拝謁を願ってもお許しがあるかしら」

とおっしゃるので、わたしは木戸にこの旨伝えて、殿下が拝謁されるようとりはからってほしいと頼んだ。木戸のはからいで殿下は陛下にお目にかかり、海軍大臣の件について、言上なさったとのことだが、この模様はついに承る機会がなかった。殿下はさらにこういうお言葉を中根に託されていた。「お前の国に対する忠節は、自分も決して忘れないだろ

う」と。わたしはそのお言葉をありがたく聞くとともに国の前途を思って暗然となった。

そのころアメリカ軍はすでにサイパンに上陸して、日本軍の死闘がつづいていた。東条はわたしと会見の際、サイパン戦はいまのところ五分五分だといっていたが、これはなにも知らされていない、素人へ言うのならともかく、すでにマリアナ沖海戦では、海軍は大事な空母を失うなどの大きな犠牲を払っている。その犠牲のあまりにも大きいのは、ソロモン攻防戦の損耗で、艦隊編成も不完全な形になっていたためだ。

絶対防衛線も壊滅

絶対防衛線だといわれていたサイパンの線まで危機にひんしながら、東条がむなしい強がりを言っていることは、悲しむべきことだった。

もしサイパンがおちたら、本土が爆撃機にふみにじられてしまうのは明らかだ。局面を収拾する人物の出現は、一刻も早ければ早いほど日本のためだ、と考え、わたしが、とるべき手段を練り、とにかく島田の更迭が手っとり早い道筋なので、こまめに動きまわった。鈴木貫太郎にも会って話してみた。鈴木もこれには賛成で、ひとつ高松宮殿下に申し上げようじゃないかと誘われ、宮邸へうかがった。

高松宮殿下は、ひとの意見をお聞きになるときは一応、その意見と反対の見方からかなりつっこんだ御質問をなさって、よく事情を了解なさるという慎重な方のように思われる。

このときも、いろいろ情勢についてきわめて詳細な御質問をうけて、こちらも種々御説明申し上げげた。戦局はどうかというと、サイパンの日本軍は苦闘の末についに敗れて、日本本土を護るべき絶対抵抗線はアメリカの手に握られてしまった。トラックは連合艦隊の根拠地だったが、すでにそこは大襲撃をうけて、機能を失っていた。そのうえサイパンまでとられては、残存艦艇は、瀬戸内海にでも息をひそめていなければならん。

今でも思いだすことだが、サイパン戦がたけなわだったころ、鹿児島の出身で神《かみ》という大佐がぜひわたしに聞いてもらいたいといってたずねてきたことがある。神はこういうんだ。サイパンをとられてはおしまいだ。海軍がいつまでも「武蔵」「大和」のような大艦を保存していてもしようがない。いよいよというときは、サイパンに近接するまでは護衛機のかさをかぶせて、両艦を出動させ、形勢転換をはかる。やむを得なければ、両巨艦を浅瀬に乗りあげて砲台の代わりにしてもいいから、ものすごい威力ある主砲を撃ちこむことは考えられんものか、としきりにわたしに説くんだ。

せめて今、サイパンを守りおおせたら、しばらくはゆとりが出るから、その間に、あとの作戦も練ることが出来よう、といい、わたしからぜひ軍令部へ進言してほしい、と熱心に話す。サイパンの防衛がいかに大切であるかは、ソロモンで敗れたころから軍首脳部でもしきりに論議されていたのに、マーシャル、ギルバートをとられても、なお具体的にどうしようということもなくぐずぐずしている間にこの始末となったのだから、もうどうにもならん。東条は参謀総長として、インパール作戦というあきれた作戦をむり押しに現地軍に押しつけて、統帥の首脳としての頭の狂いを現し、陸軍部内でも信望をなくしていた。

それはともかくとして、神の熱心さにほだされて、わたしは軍令部にこの話をとりついでおいたが、結局日本海軍が後生大事にしていた「大和」などは、沖縄で特攻作戦に使ってしまった。そのころ島田は、海軍の現役、予備の大将会の席上、サイパンを失ってのちの作戦について質問をされても答えられない。陸軍側でも、いよいよ東条ではどうにもならん、との声があちこちに起こって、ただならぬ空気が濃くなっている。内外ともに東条には不利だ。

そこで東条は島田と相談のうえ、内閣強化をはかって、反対空気に対抗する気だったんだろう。七月十三日に木戸内大臣をたずねて、強化策について相談し、力を借りようとしたらしい。そのときの木戸の言葉は、東条の予期に反するものだった。木戸は、あべこべに、総長と大臣とを切りはなして統帥を確立させる、海軍大臣を更迭させる、重臣を入閣させて挙国一致内閣をつくる、という三条件を示した。案に相違して東条は、「いったいそれはだれの案であるか」と反問したら、木戸は「陛下の御意志によるものだ」と答えたという。東条はそれでもまだ信じなかったのか、あくる日拝謁の際、陛下にうかがってみると、全く陛下はそうお考えになっておられた。東条もこれでどうすることも出来なくなったわけだ。

こうして島田はやめなければならなくなった。そこで島田は後任大臣に沢本をと考えて、自分が伏見宮殿下に熱海引こもりを強要したのも忘れ、殿下を訪問して、御同意を得ようとしたが、おことわりをうけた。しかたがないから野村直邦を呉から呼んで、後任に推薦したわけだ。

内閣補強策の裏をかく

一方、東条は重臣を入閣させて、内閣を補強しようとしている様子だ。これこそわたしらが待ち望んでいた好機だった。ここにおいてわたしは、大いに思案したわけなんだが、重臣を入閣させるとすれば、閣僚の空席をつくらなければならん。つまり、閣僚のうちのだれかが辞表を出すこととなる。東条はいったいだれをやめさせようとするだろうか。そのへんの事情につき、いろいろ情報を集めてみると、東条はこれまでも閣僚の入れかえをやっているが、それには星野直樹のいうことをよくとりあげているようだ。星野は、自分の気にいらぬものをつぎつぎにやめさせるようにしている形跡がある。鈴木貞一のやめたのも、賀屋がやめたのも、星野の考えから出たものらしい。

つぎにそういうことが起こるとすればたれだろうか、と迫水に聞くと、岸国務大臣だろうということになった。岸信介は、わたしはよく知らないが迫水がよく知っている。さっそく迫水に行ってもらった。その帰っての話によると、……迫水は、岸に向かって、東条はどうしても閣僚の空席をつくらねばならんはずだから、きっと君のところへやめてくれといってくる。岡田も君のがんばりに期待しているし、ひとつ力になってくれ。辞表を出せといってきてもことわれ、といったところ、岸も東条にはあきたらない思いをもっていたようであるが、「やめさせられる理由はどこにもない、もし辞表を出すようにいってきてもことわる」とはっきりいったそうだ。

果たしてあくる日、そのとおりのことが起こった。深夜、岸のところへ東条の使いとして星野が現れ、内閣を強化するため退いてくれ、といってきた。岸は「返事は直接総理にする」と星野を帰して首相官邸へ行き、東条に対してきっぱり辞職勧告をことわってしまった。東条は困っただろうと思う。四方とかいう憲兵などがやってきて、なかばおどかし、なかばすかして岸をやめさせようとしたが、岸も強硬に承知しない。

東条の改造策は、これで行き詰まってしまった。閣内でも重光葵や内田信也などから、改造よりも、もう総辞職をしたがよいという意見が現れるようになり、今や四面楚歌の格好になった。東京の事情にうとい野村直邦は、後任海軍大臣の交渉をうけ、東条にだまされたような形で七月十七日親任式にのぞんだが、その日平沼の邸では重臣が集まり、重臣は一人も入閣しないことに決め、東条内閣不信任の態度をはっきりと表明した。たいへん暑い日で、若槻さんが伊東から出てくるし、近衛、広田、米内、阿部、わたしに主人側の平沼の七人が顔をそろえ、密議のはじまったのは午後四時ごろだった。

会談の座長をつとめた若槻さんは、

「東条内閣は、もう信望を失っていると思われるが、それについて今日はみなの意見をうかがいたい」

とまず切りだした。

そのときの空気は、もうはじめから東条は退陣してしかるべきだ、という結論が出ているようなものだった。ただ阿部はすこし考えがちがっていて、一応東条のいうことも聞いて警告しよう、それでもだめだったら総辞職をうながしたほうがいいというのであったが、米内は東条から入閣の交渉をうけたが、拒絶したという話をして、「今や内閣そのものの更迭が必要なのである」とはっきりした態度を見せるし、若槻さんも今さら東条に警告することもあるまい。東条ではとてもだめだという結論が出ているから退いてもらうのであって、阿部が個人的に東条に話をするのなら勝手であるが、重臣のみんなの考えとして東条に忠告する必要はないときっぱりしたものだった。

米内のところには、岡軍務局長がやってきて、海軍全体の希望だからぜひ国務大臣として東条内閣にはいってほしい、との話だったそうだ。広田にもこれは入閣の交渉だったたかどうか、あるいはそんなはっきりしたものではなかったかもしらんが、援助をもとめてきたというんだ。しかし広田も入閣の意志などさらになく、こうして一同の申合せははっきりした形で決まり、「この際、内閣改造ということは、多難な時局の前途に対してなんの効果もない。国民全部の心をつかんで、道を切りひらいてゆく強力な挙国一致内閣の登場が必要である」ということをていねいな文書にして、九時すぎ会議は終わった。

わたしは、この申合せを書いたのをもって平沼邸を出て赤坂にある木戸の私邸をたずねた。木戸にさきほどの集まりの模様を話すと、木戸は内閣の更迭についてはちっとも反対しなかった。わたしのもっていった申合せは、上奏されることになるだろう、と考えられたので、二人で、もう一度文案を練り直して渡してきた。かつて木戸の言ったいわゆる「世論」は、こうやって実現したわけだ。東条を退陣させて、国難に新局面を開こうと決心してから一年あまりかかったことになる。

東条は、あれほどほしいままに憲兵をつかって、自分に不利なことをしようとする人たちの動きを監視していたのに、この日の重臣の集まりをまるで知らなかったらしい。重臣がこんな申合せをして木戸のところへもっていったことが東条の耳にはいったのは、十八日の夜明け方だったようだ。さしもの東条もこれで身動きがとれなくなって、ついに総辞職を決意した。わたしは初めのころは米内が海軍大臣として入閣し、局面打開の役目をすることを期待して、そのほうへ力を入れたりしたが、東条のほうから内閣改造をはかってくるにおよんで、みるみるうちにその総辞職にまで事が運んだ。

小磯が後継首相に

東条はその朝総辞職を言上するため拝謁を願い出たが、木戸に会った際、後継内閣についてなにか考えはないかと聞かれて、

「こんどの政変は重臣の動いた結果であるから、重臣に聞いてみたがよかろう」

と言ったそうだ。重臣会議は夕方ひらかれた。わたしは陛下のお気持をもっともよく現せる内閣がいいと考え、いつも側近にいる内大臣を首班にしてはどうかとの意見をもちだしてみたが、だいたいにおいてまず原則を決めようということになり、つまり陸軍の系統から出すか、海軍のほうから出すか……、やっぱり陸軍の系統から出すことにして、いろいろ候補者が出た。近衛もなかなかよくものを言った。日華事変以来のややいい加減なところのあった自分の政治やその結果について、いろいろと考えたにちがいないんだ。時局の収拾について真剣になっている様子がわかった。結局こういう順序で候補者があげられ、第一に寺内寿一大将、第二に畑俊六大将だが、二人とも現役で、重要な責務を負っているから、念のために予備のほうから考え、第三に小磯国昭朝鮮総督があげられた。小磯がもし具合が悪いときは、海軍のほうから出そうというので米内があげられたが、現役の二人は、この際現地からつれてくることは出来ないというので、三番目の小磯に大命が降下することになった。

わたしは東条以外のものが出てくれば、おのずから戦争に対する批判も生まれてくるだろうと思っていたが、小磯も有頂天になっただけだった。ただそのときは内閣首班は小磯だったが、大命は小磯と米内の二人に降下する形となっていた。米内を考えたのは木戸あたりから出たんだと思うが、米内はすでに心の中で、終戦を考えていたように感じられる。米内の現役復帰はこのとき実現したんだが、末次のほうの話はついにそれっきりだった。握りつぶされたようだね。軍令部なら召集官でもなれるんだから、末次を召集の形で連れてきてはと米内にすすめるものもいたらしいが、米内は応じなかったようだ。末次のような性格の男がいては、自分の考えている戦局の収拾がうまくいかんと思ったのではないかね。

そのころソ連へ特使を派遣しようという論が一部にあった。九月ごろのことだ。それは終戦へもっていくという考えから起こったものではなしに、ソ連がいつ参戦するかわからんから、そうならんようにしておこうというのが理由だったらしいが、あわよくばアメリカやイギリスとの間をソ連に斡旋させようとの気持もいくらかあっただろう。外務省が反対するのを小磯が押し切って、駐ソ大使の佐藤尚武へ電報を打ったわけだ。それにしたがって佐藤はモロトフに会い、日本からソ連へ特使を派遣したいが、とさぐりを入れてみた。モロトフは、

「貴国とわが国との間には特使の派遣をうけるような事態はない。本官は貴官を信用し、

貴国の外務大臣はマリクを信用しているじゃないか」

と言下にことわり、別れぎわに佐藤に向かってこう言ったそうだ。

「今、自分はギリシャの哲学者の言葉を思い出した。万物は変わる、という……」

終戦に努力した人々

沖縄戦の最中に総辞職

サイパンをアメリカにとられてから、戦局は急速に悪くなった。そこにB29の基地が出来たら、日本本土は毎日のように爆撃されるにきまっている。東京の町では、必死になって防空壕をつくっているし、女子供はどんどん疎開する。戦争はいよいよ末期に近づいたわけだ。そのころわたしの胸に去来していたのは、陛下の御事だった。重臣が陛下にお目にかかる機会というものはほとんどない。陛下も、内閣や軍の責任者以外のものの意見をお聞きになることはないわけで、これはさきにも話したように、陛下が政治上、軍事上のことについてはその責任者の申し上げることだけをお聞きになるというお心構えにもよることながら、こんな非常の事態になっている際、わたしはやはり重臣の考えていることもお耳に入れたい、と思い、木戸にこのことを相談してみた。

木戸も同意して、斡旋を引き受け、こうして異例の単独拝謁が行われた。たしか一番はじめにお目にかかったのは若槻さんだったと思う。そのつぎが近衛だったとおぼえているが、わたしが拝謁したのはだいたいみんなが済んでからだ。国土が徹底的に破壊されないうちに戦争をやめることが、残されたせめてもの手段である。ということは、重臣のほとんどが心の中にもっていたことで、わたしはそれとなく、戦争の終結について申し上げた。

　昭和十九年の十月にはじまったフィリピン戦は年が明けて、ルソン島までアメリカが上陸してきてもう絶望的となり、B29の本土爆撃も猛烈になってくる。家を焼かれてさまよう国民は数多くなる。二月十九日には硫黄島、四月一日には沖縄本島とアメリカの進攻作戦はすすみ、その間たいした施策もなくて小磯内閣が総辞職したのは、沖縄戦が始まってから五日目の四月五日だった。これは小磯が、現役に復帰して陸軍大臣を兼任しようと考えたことに起こっている。陸軍は、戦争の様子について、ほんとうのことを小磯にいわなかったらしい。情報がとれないものだから、戦争に対する施策も出来ない、と考えて兼任を思いついたという話だった。

　もっとも米内も小磯といっしょでは、とてもだめだと思っていたようだが、小磯が陸軍大臣になることを陸軍に要求したら、ことわられた。ことわられたばかりではなく、陸相だった杉山元が、第一総軍司令官になるから、といって辞表を出し、後任陸相は推薦しないからといってきたため、たちどころに内閣はくずれてしまったわけだ。

鈴木貫太郎の出馬

わたしはこんどは、是非とも鈴木貫太郎を出して、いよいよ最後の決断をしてもらおう、と思った。東条内閣がやめたとき、わたしは後任に鈴木を考えたことはあった。それで鈴木に内々話してみたんだが、どうしても引き受けなかった。鈴木は前に海軍次官をやったことがあり、そのときから自分は政治はとてもいやだ、と思いこんでいる。なかなかのことでは出てくるまい、相変わらず「自分は政治には関係したくない。今までも海軍大臣になろうとすればいくらでも機会はあったが、自分の性にあわないことを自分でもよく知っていたんだ」と言っているらしいが、いくらか気持は変わって、こういう際だから、どうしても出なくちゃならんというのであれば、出なければなるまい、という気分になっている様子だった。そこでわたしは、重臣会議の席上すぐ鈴木を推薦した。平沼がこれまた鈴木をしきりと推す。ほかの人たちも同調して、これに決まり、大命は鈴木に降下した。ところが困ったことに鈴木は、そういったまるで政治に関心のうすい男だったから、どういうふうにして組閣をするか、事務的なことも一切知らない様子だった。いきなりわたしに電話をかけてきて、「軍需大臣になってもらいたい」というんだ。わたしを軍需大臣にしようなんて考えるようでは、これはどうにもならん。どんな内閣をつくるかわからんぞ、と心配になってきて、すぐ組閣本部へ行ってみた。

行ってみると、電話のかけ方にもなれていないものしか周囲にはおらん状態だから、迫水を呼び寄せて手伝わせた。迫水を書記官長にしようというのはわたしの考えだった。大命が下る前、すでに竹内という人が、こんどはあなたが首班になるだろうから、といって鈴木のところへ自分を書記官長に擬し、閣僚の候補者名簿までつくってもってきてあったそうだ。竹内は平沼系として有名な人物だ。

平沼は平沼で、「こんどの内閣にはお互いに側近者を出さんようにしようじゃないか」と、暗に迫水のことをわたしに思いとどまらせようとする。わたしは「それは鈴木が決めたことで自分は知らない」と言っておいたが、米内も迫水には反対だったようだ。陸相になった阿南が交渉をうけると、まっさきに「書記官長はたれがなるんだ」とききき、鈴木が「迫水」だと答えたところ、「いいだろう。もしそれ以外の人が話に出てきた場合、あらかじめ陸軍の同意を得てほしい」といったそうで、これで迫水に決まってしまった。そういったことから、新聞にも鈴木内閣すなわち岡田内閣である、と書かれたものだ。

鈴木がぜひ閣僚に、といったのは下村海南、米内、阿南で、大蔵大臣に勝田主計をもってこようとしたそうだが、さすがに本人がことわって、婿の広瀬豊作を推薦した。鈴木は外務大臣には広田を望んでいたが、広田は東郷を推薦した。東郷は鈴木に戦争をやめる決心があることが明らかにならなければ承諾しないとがんばっていたそうだが、結局鈴木を信頼して承諾した。

陸軍の一般の空気は鈴木内閣に反対だった。というのは鈴木はそれまで全く陸軍と縁がない。ただ阿南だけは侍従武官として宮中にいた際、侍従長だった鈴木を知っているので、信頼していたらしい。

さて鈴木は内閣成立と同時に、詳細にかつ正確に事情を知るために、いろいろの資料を集めた。これには総合計画局長官の秋永中将がたいへん骨を折ったようで、こうしてうとかった事情に通じるにしたがって、戦争をやめようとの考えはますますはっきりして、四月の末ごろから、その機会をねらいだしたらしい。

鈴木内閣が出来てから、それまで我意を通そうとしてばかりいた陸軍が、急におとなしくなったのは案外だった。しかしよく考えてみると案外でもなんでもない。陸軍もほんとうのところ自信をなくしていたと思うんだ。沖縄戦は、どうにもならなくなった。残るものは本土決戦だ。それについても掛け値のないところ自信はなく、ただ絶対負けられん、という一点でがんばっているだけだ。だから鈴木に反対してみたって、局面をまとめてやっていくのは、おぼつかない。そんなことからおとなしくなっていたんだろうと思う。

和平への方向きまる

四月十三日の明け方、わたしの家も焼けた。深夜の大空襲で、四谷一帯は火の海となり、蔵の中の待避所から出てきてみると、角筈もあぶなくなっていた。淀橋警察署のものがすぐ自動車を出してくれて、新宿御苑にひとまず避難し、さらに千駄ヶ谷の松平邸に行ったが、これでわたしも自分のからだひとつのほか一切空に帰したわけだ。夜が明けてみると、どこもかしこも避難民でいっぱいだった。

国民あっての国家であり、生活があっての国民なんだ。それを思うと、いうべき言葉もなかった。ただわたしの場合は、まだしもしあわせだった。山崎栄二という同郷の知りあいがいた。震災記念日に、貧しい人たちに金品を贈っていた人で、首相時代にその話を聞いて知りあいになったんだが、世田谷に家を持っていて、そこを貸すという。さっそく住む家だけ見つかった。その日以来空襲は激しくなる一方だった。国土が寸断されても行政に支障がないようにと地方別に総監部が設けられ、本土決戦のために、といって義勇隊まで出来た。つまり民兵だね。

この義勇隊は小磯内閣の置き土産だが、鈴木はこれをつくるのはいやだったらしい。もともと鈴木は大政翼賛会というようなものがきらいで、近衛以来その総裁には首相がなることになっていたのに、御免こうむっていた。義勇隊は、その翼賛会を解消して、それに代わる組織として考えられたものだが、いったい義勇隊にどんな武器をもたせるつもりか、ひとつ見せてくれというんで、陸軍がいろいろなものを首相官邸に持ち込んできて陳列会を開いたが、これがたいへんな逆効果を生んだ。まず鉄砲、それが先込めのやつなんだ。

鉄砲のつつの先から小さい袋に包んだ火薬を入れる。つぎに鉛か鉄の丸い捧を、あめみたいにぶつ切りにした一片を詰める。それをドンとやるという仕掛けだ。それから竹やり、さすまた、弓……その弓の説明には、「射程距離おおむね三十メートル、的中率は中等射手において六割」と書いてあったんだそうだ。ほかに手榴弾といったものもあったようだが、閣僚一同は、この品々を見て、ただただ、あぜんとなった。こりゃいかん、もう絶対に戦争はやめなければならん、という気持が非常にはっきりしたらしい。

国内がだんだん混乱状態になってくるので、議会を開くこともむずかしくなる。そこで政府に全権を任せることにしなければならん、ということになったが、その方法に二つある。憲法第十三条によって、天皇の非常大権を発動させてやるか、あるいは議会を開いて、議会が政府に一切を委任するという形をとるかのどっちかだが、十三条によることになると、すべてが天皇の御責任になる。それで無理をして臨時議会を開くことになった。

米内には、米内らしい考えがあって、議会へ出ると、政府は、国民の士気を落とさないためにどうしても強がりをいわなければならん。強がりをいってますます引っこみがつかなくなっては困ると言っていたそうだ。

ところが臨時議会に臨むにさきだって、大本営最高戦争指導会議が開かれた。その決議文で政府と陸軍とが大いにもめた。皇土を保衛し、国体を護持し、もって大東亜戦争を完遂す、といった趣旨なんだが、陸軍の強がりをいう連中が、絶対に戦争を継続する、和平を考えないという文句を入れろ、といったらしい。政府としても正面きって和平をいうわけにはいかないけれど、すこしはふくみを残しておきたい。それやこれやで、結局皇土が保衛せられ、国体が護持される限りにおいては大東亜戦争は完遂されたことになると解釈される文案に落ちついた。これが御前会議で決められたわけだが、その際いろいろの状況についての参考として読みあげられたのは、これではとても戦争は出来ない、という印象を与えるような資料だったとか。

そこで陛下は、六月二十二日、最高戦争指導会議の構成員をお呼びになって、

「いま本土決戦の準備をしているようだが、それはあくまでもやらなければならぬだろうけれど、一方戦争を早くやめる工夫をせよ」

とおっしゃったという。これを聞いて、ああありがたい、わしらが言わんとして、どうしても言うことをはばかるようなことを陛下はおっしゃって下さった。これで鈴木もやりやすくなるだろう、と思った次第だった。こうして和平への方向は決まった。

御前会議で最後決定

和平の方法には四つぐらいあった。第一は近衛をソ連へ派遣して斡旋を頼むこと、第二は直接アメリカに交渉する、第三には皇室から英国の王室へ親電をうつ、第四が蔣介石を

仲介にするというんだが、東郷はソ連を仲介にするのはいやだ、いっそはっきりアメリカへ当たったほうがいいといっている。しかしまずソ連に斡旋させることにしたところ、近衛は躊躇した。それで陛下は近衛をお召しになり、三国同盟を結ぶときに、近衛がお誓いしたことを陛下はおっしゃったので、近衛もはじめてソ連へゆく決心をした。そこでソ連へ特使派遣を交渉しているうちにポツダム会議がはじまり、ソ連側は会議がすんだら返事をするといい、政府も様子を見ているうちにポツダム宣言が発表された。

ポツダム宣言が出たとき、これにはちゃんと日本というものを認めている。これならば、また日本の新しく生きる道もおのずから出るだろうと感じられたが、閣僚の中にも、わたしの考えと同じようなことを言っているものがいたらしい。

ソ連はあれっきり返事をよこさず、そのうち八月六日、広島に原子爆弾が落ちた。陸軍は、原子爆弾ではないと否定しようとしていたが、事実はどこまでも事実だった。

それとほとんど同時にソ連が日本へ宣戦布告をしたことを知った。もうこれでおしまいなんだな、と思わざるを得ない。鈴木はかねてからの決心を実行にうつす時がきたわけだ。九日には鈴木が朝早く参内して、思召しを承り、つづいて官邸で閣議が開かれ、さらに深夜の十一時五十五分からは、宮中の地下室で御前会議が開かれるという。

会議に出るのは、鈴木をはじめ米内海軍、阿南陸軍、東郷外務の各大臣や梅津参謀総長、豊田軍令部総長の最高戦争指導会議の構成員に平沼枢密院議長や吉積、保科の陸・海軍軍務局長、池田内閣総合計画局長官、迫水など……わたしはその成り行きが不安でならなかった。陸軍の中にも戦争の前途に自信をなくしているものは多いようだが、本土決戦をとなえてやけくそのいくさをつづけようとしているものがいっぱいいる。終戦の時期はきているが、これをやりとげるのはなみたいていのことではない。

ひとり座敷にすわって、わたしは迫水からの知らせを待っていた。会議はどういう結論を出したんだろう、そう思って床にもはいらなかった。夜はだいぶ更けて、もう明け方に近く、表に自動車の音がして、迫水が玄関に現れた。ついに終戦に決まったという。逐一報告を聞いているうちにかつてないほど涙がとめどなく出てきた。陛下もおつらいことであっただろう。そのお心持をお察しするだけでも涙をせき止めることは出来ない。ありがたい御決断だった。これで国は救われる。東郷、平沼、米内の和平論と梅津、豊田（副武）、阿南などの戦争継続論との対立はかなり鋭いものがあったようだが、陛下は、信念に生きられた。

阿南は、決して主戦一方の男ではなかったんだ。その心のうちでは鈴木の終戦説にしたがっていたようにも思われるけれど、主戦論の強い陸軍を代表する大臣として陸軍を混乱に陥れずに終戦にもっていくため、心ならずも戦争継続を論じなければならない立場だったんだろう。心中また察してやりたかった。

こうしてポツダム宣言を受諾する用意がある旨、スイスなどの中立国を通じて連合国に発せられた。すべては終わったわけだ。ただ日本がポツダム宣言を受諾するといったのは、国体は変革されないという条件づきだったわけだが、これに対して向こうからは、

「日本国最終の政治形態は日本国民の自由に表現せられたる意志により決定する」

と回答してきた。これでだいたい納得出来るんだが、平沼などは天皇の御地位は神ながらのものであって、国民の意志によってきまる御地位ではないということに固執して、鈴木や東郷を弱らせていたようだ。しかし陛下の御決心があったうえは、もう心配はいらない。十二日には重臣が内閣に集められて、わたしも出た。鈴木から説明をうけ、さらに御前にまかり出た。

この会議には東条、小磯も出ていて、二人とも戦争をやめることについて多少の異見があったらしいが、陛下からの強いお言葉があって、納得したようだった。考えてみると、東条も野心だけの人物ではあるまい、自己陶酔におちいって冷静な判断が出来なかったんだ。勝つはずはない、と考えなかったのが悲しまれる。好ききらいの強い人間だったようで、きらいなものを極端に排斥する性格というものは戦争をはじめる危険が非常にあるわけだ。会議のはじめに陛下は、

「自分はどうなってもかまわない」

ともったいないお言葉があり、

「国民にこれ以上の苦しみをさせるに忍びないから、ポツダム宣言を受けいれるように決定した」

とおっしゃって、ひとりひとりに意見をおもとめになった。わたしは、ただ謹しんで御決断に同意申し上げた次第だったが、これからどのような御苦労が前途にあるだろうか、と思えば、わたしらのいたらなかったことを責められる心持ちだった。

平和で清い日本に

陛下の御人格は、今あらためて申し上げることもあるまい。好ききらいということのないお方だ。欲望というものをおもちなのか、われわれにはわからないほど、清純不偏なお人柄だ。終戦後ある侍従が陛下に、「もしあのとき鈴木内閣が戦争継続ときめて、御裁可を願ったら陛下はどうなさいましたか」とうかがったところ、陛下は「それは自分の気持とはちがっていても、そのまま裁可したろう」とおおせられたといううわさを聞いたことがある。責任内閣の決定はこれ御尊重になるお立場であろう。それにしても鈴木もいうとおり、開戦のとき東条が陛下の思召しを体してやっておれば、日本の歴史は全く別の道をたどっていただろう。

八月十三日、連合国側から正式の回答があって終日閣議を開いたが、陸軍が終戦の決定をひっくり返そうと必死になってきたためまとまらない。それで全く前例のないお召しによる会議を十四日宮中で開くことになった。全閣僚に両総長、平沼枢府議長が御前に参集した。阿南、梅津、豊田から、このままポツダム宣言を受諾するのは早計であるとの意見が出たが、ふたたび陛下のきっぱりしたお言葉で、戦争継続論は押えられたという。陛下は白いお手袋で、頬のあたりをおぬぐいになっていたそうだ。詔書は十日の夜から案を練っていたらしい。八月十四日午後十一時というのが詔書公布の正式の時間で、戦争はこのとき終了したことになる。十五日正午、座敷に家族一同を集め畳に両手をついて玉音の放送を聞き、また落涙した。

十五日は朝から町で主戦論者の猛烈な反対運動が起こった。銀座にも「バドリオを倒せ」という貼り紙が現れたそうだし、海軍の飛行機もビラをまいた。鈴木や近衛、わたしなどのようなバドリオを殺せと書いてあったそうだ。それより前夜明け方には暴徒が首相官邸を襲い、そこに鈴木がいないとわかると、小石川の丸山町にあった私邸へ押しかけていった。鈴木は官邸からの急報で、一足ちがいにそこを出ていたので別条なかったが、家に火をつけられてしまった。おそれ多いと思ったのは、宮中に前夜半来、いつわりの指令に動かされた軍隊がはいって、玉音の録音盤を奪おうとしていたことだ。

わたしの家には警察官が三十人ばかりも詰めかけて警戒していた。しかしそういった連中には、わたしがこんなところに移り住んでいることがわからなかったらしい。そのせいかどうかしらんが、ついにどうということもなく世の中は落ちついた。

陛下にはその後公式の拝謁があるときのほかお目にかかることもないが、新聞などでお元気な御様子を見るのが今のわたしにとってせめてもの楽しみだ。終戦の翌年、迫水が単独拝謁して、あのときの思い出話などを申し上げた際、「岡田は元気でいるか」とのお言葉があったそうだ。昭和二十年に鳩杖をちょうだいした。天長節などにこれをもって参内するのが至極うれしい。なにしろ大きいので、旗差物をもってお目通りするような気持なんだ。

こうして今、むかしをふり返ってみると、ただただ非力だったことを思うだけだ。世の中のことはすべて因縁の和合に発する。一人や二人の力でどうなるものでもない。なるようにしかならん、という意味にとってもよかろう。無理をしてはいかん、というのがわたしの信条だった。自分がこうやろうと思ったことでも、無理押しはしない。やれる機運が出来てくるにつれて、自分の考えをやっていく。そういうわけなんだ。しかし、わたしのこんなやり方は、世の批判をうけなければならないだろう。わたしは青年のころから橋本左内を尊敬していた。自分の身を処するについて、大いに学びたいと思い、また知らず知らずのうちに、その影響をうけているかもしれない。しかし、自分のむかしをふりかえることは決して愉快でないんだ。

組閣当時、だんだん日本が危うい方向へいこうとしているから、うまくまとめてやるようにと西園寺さんから期待され、さてやりだしてみたけれど、軍の政治勢力はますます強くなる。これと大きな衝突を起こさないで、まるくまとめながら自分の考えているところへもっていこうとしたが、かえって自分のほうが押しきられてしまう格好になった。アメリカと戦争しては勝てないぞ、と思いながらもこれを止めることは出来なかった。側近にあって国を憂えていたものは、だれしも開戦を阻止するためには生命を投げだす気でいたと思うんだが、重臣とはいえ、実際にはなんの権限のない身では内閣のすることを見ているほかはない。われながら歯がゆいことではあった。しかし弁解するわけではないが、開戦前に非常に力のつよい政治家がいて、軍を押えつけようとしたら、軍は天皇の廃立さえ考えたかもしれない。そうなったら国はまっ二つになる。今敗れながらも一つにまとまった国であるのは、せめてものことだ。

ただ鈴木や米内たちの努力で終戦を見たときは、国土は見るかげもなくこわされていたのを嘆息するのみだ。老衰の身はむなしくかえらぬことをかこっている。

今の日本をどう思うか、というのか。それはよそう。わたしは陛下のお人柄のような平和で清い国柄になることを念じている。

〈了〉

あとがき

毎日新聞に連載された『岡田啓介秘話』（昭和25年8月21日〜10月20日）はたいそう好評を呼んだ。本書はその新聞にのった記事を骨子として、それにかなりの分量のものをつけ加え、また整理の手を入れて出来あがったのである。新聞に掲載された最初から、本書が出来あがるまで、この仕事に当たったのは、新名丈夫、古波蔵保好の両記者と、岡田翁の二男貞寛、女婿迫水久常の両氏であって、文章にまとめあげたのは古波蔵君である。何分にも、もう記憶力がだいぶんうすらいだ八十三歳の老翁から、もっとも正確なことを、細かいところまで、掘り下げて聞き出そうとするのだから、これは容易なことではない。

いよいよきょうから回顧談をはじめるという第一日の朝、それは五月中旬のことであったが、古波蔵、新名の両君が「一番御記憶のはっきりしていると思われる二・二六事件から、だんだんお話をうかがっていくことにいたしましょう」といったら、「そんなことは日本の恥だよ、日本人がこんなことをしてきたということは国の恥だ。わたしはなんにも話したくない」と突っぱねるので、二人とも出鼻をくじかれた形で、茫然と顔を見合わせるばかりだった。この調子では回顧談はだめかなと思ったが、話題を変えて、あれやこれやと話をしているうちに、だんだん口を開いてくれるようになった。そんな調子だったので、新聞に連載されているうちは「いやだな、早くこのむかし話はおしまいにならないかな」と、毎日のように家族の人たちにもらしていたそうだ。それでも、自分の話したことが新聞に出ると、必ず読んで、筆者にいろいろ注意をしてくれた。一度、筆者が不覚にも草稿に「二月二十九日」と書いたら、「その年の二月には二十九日がないから、それは三月一日のまちがいだよ」と訂正したくらい、誤りには細かく気を配っていた。

翁のからだは、毎日午前中が調子がよいということだったから、話を聞くことは、午前十時から正午までときめられた。記者が、訪問すると、床の上に起きあがり、「またいじめに来たか」という。「ではきょうはこれまでにして失礼いたします」と挨拶すると、「それはありがたい」と無邪気に喜んで、床の上から不自由な足どりで、柱につかまりながら、玄関まで送ってくれるので、記者は恐縮したものだった。記憶がおそろしくはっきりしているる部分があるかと思うと、かなりうすらいでいるところもあり、そういう場合は、記者のほうであらゆる材料をそろえておいてそれを読んで聞かせ、連想作用で翁の記憶を呼びさましてくるようにした。そういう骨折りはなみ一通りのことではなかった。たいそう助かったのは、翁自身が、丹念に書きとどめたメモを持っていたことで、そういうメモが見つかったときは、子供のように喜んで、「さあなんでも聞いてくれ、みな知っているぞ」と記者をからかったりする。

この仕事をしあげる過程で、岡田翁に親しく接した私たち関係者が、翁の人格の立派さに打たれることはたびたびであった。構想を変えたら、人間岡田啓介についてのおもしろい別の一書が出来るであろう。岡田家は現在でも経済的には決して恵まれていない。とくに、戦災で、角筈の私邸が焼けてから後の、世田谷区若林町の今の住まいには、ほとんど調度らしい調度もなく、思い切った簡易生活である。もっとも、岡田提督の貧乏ぐらしは、むかしから有名なもので、一夕、私たちが翁を囲んで夕食を共にした席上、令息貞寛氏はこんな話をした。——連合艦隊司令長官時代、まだ幼かった貞寛氏が、夜中にふと目をさますと、隣室で話しあっている父母の声が聞こえる。なんとなしに聞いていると、母が、生活はいよいよ行き詰まって来たが、どうして切り抜けていったらいいんでしょうか、と訴えている。すると父の声で、「そんなに金がないのか、それではこれからおかゆを食うことにするさ」と言っている。幼心に「家はよっぽど貧乏なんだな」と思ったという。連合艦隊司令長官といえば、たいへんな高給であったに相違ないが、それをほとんど他人のために使い果たしていたらしい。

二・二六事件の犠牲者にたいする気持は、家族でも胸を打たれるものがあるという。松尾氏や殉職警官たちの位牌は、家のなかにまつってあるし、毎年の命日には、墓参をかかさない。これだけはうるさいくらい気を遣っている、というのが家族の話だった。今も時おり、痛烈な人物評論をおこなうが、そのなかから察せられるのは、翁の尊敬しているのが西園寺公望と加藤友三郎、特に信をおいているのが米内光政、そして今も昔も少しも変わりなく、一貫して翁の心に流れているのは天皇に対する敬愛である。

昭和二十五年十二月

毎日新聞出版局長　森　正蔵

ロンドン軍縮問題日記

凡例

一、校訂にあたっては原文尊重を前提として、旧かなづかいや旧漢字の用法、及び特殊と思われる表記はできるだけ現代国語表記に改めた。
二、外国固有名詞・外来語等を除く片かなは平がなに統一した。
三、句読点を付け、会話体の個所は「『』」の形で校訂者の判断により適宜括弧を付けた。
四、明白な誤字は正し、筆者の慣用的表現にはその右側に（ママ）と注記した。また読解に困難と見られる叙述部分のみ、校訂者が適宜〈主語〉などを本文に挿入した。
五、「日記」の上部欄外には、当時の追記（鉛筆がき）と、戦後の極東軍事裁判法廷に備えて書かれた追記とがある。前者は本文に組み入れ、後者は〈覚え書〉として適切と思われる文末に挿入・収録した。また軍事参議官会議などにおける人物配置を示す略図は、これを省略した。

〔備考〕

大正十年華府《ワシントン》会議後、華府条約以外の艦種に関する制限協定を議するため、昭和二年寿府《ジュネーブ》に日英米三国会議を開きたるも、意見一致せず失敗に終わりしにより、英米は更に軍備縮小の必要を強調し互いに協議の上、軍備制限会議の招請を昭和四年十月七日英外相の名をもって日米仏伊の四国に発送せり。帝国政府は十月十六日、会議参加を英国に回答す。帝国全権はこれが対策攻究の上、十一月二十六日の閣議を経て出発に先だち左の大綱を発表す。

一、国際平和の確保、国民負担の軽減を目標とし、軍備制限より一歩を進めて軍備縮小の達成に努む。

二、無脅威、不侵略の軍備を鉄則とす。

三、左記三大原則を主張す。

(イ)　水上補助艦総屯《トン》数対米七割

(ロ)　大型巡洋艦対米七割

(ハ)　潜水艦自主的保有量七万八千屯

帝国全権の一行は十一月三十日東京を発し米国を経て倫敦《ロンドン》に向かう。

昭和五年（一九三〇年）

一月二十八日
午前九時半内大臣を官邸に訪問し、軍縮見込みにつき御話す。内大臣は日本の故に決裂となるを困ると言われたり。
一月二十九日
十時東京駅発特急にて静岡に向かう。午後一時五十分静岡着。県庁自動車にて興津、西園寺公訪問。軍縮見込みお話し、三時四十五分辞去、帰東す。
西園寺公は予が帰らんとする時戸口にて、「最後は高所大所より決するのですね」と言われたり。
また原田に、「岡田は月並の事をのみ話し失望せる」旨洩らされたる由。
三月十五日
歯痛甚だし。座敷に臥す。庭を歩む足音頭にひびく。午後六時、三沢の電話にて海軍省より帰京すべき通知あり。午後八時、次官より帰京せられたき旨の電報到着す。

三月十六日

八時二十一分平塚発汽車にて帰京す。歯痛甚だし。付近の歯科医にて注射、家に帰る。海軍省副官に帰着の旨通知す。午後四時軍令部長加藤寛治大将来る。「全権より来りし請訓につき潜水艦は約六万屯として、不足は飛行機にて補わんとせしも、艦政本部においても製艦能力維持上困難あり、また配備上よりするも困難あり、ただし最後は、あるいは請訓の如き所になるやも知れざれども、八吋《インチ》巡洋艦及び潜水艦は譲り難し、なお一押しせざるべからず」と。予もこれに同意す。

午後六時頃野村〈吉三郎〉来る。軍縮問題につき意見交換、九時頃帰る。

三月十七日

午前九時、山梨次官来る。請訓の内容及び艦政本部並びに軍令部内の模様を話し、最後を如何《いか》にすべきやの相談あり。依って「止むを得ざる場合最後には此儘《このまま》を丸呑みにするより致方なし。保有量この程度ならば国防はやり様あり、決裂せしむべからず、ただしなお一押しも二押しもすべし、またこの際海軍大臣の意見は那辺《なへん》にあるや電報にて問合せを要す」と注意す。十一時半帰る。

三月十八日

午前十時、原田来る。

三月十九日

午後四時、内田信也来る。

三月二十日

午前八時半、山梨次官来る。「大臣の意志問合せに外務大臣難色あり、軍令部長の硬論と外務大臣の意見との間に相当の距離あり、なにとぞ極秘に外務大臣と会合せられたく、本日午後一時より大臣官邸にて会合せられるよう準備す」と。予諾す。

午前九時、自動車にて上野に「海と空博覧会」に列席。正午海軍省に出頭、次官と打合せ、食事後大臣官邸にて外相を待つ。

午後一時半、幣原外相来る。請訓書を示し、若槻、財部、松平、永井松三駐白《ベルギー》大使四全権署名のものなるを力説し、また「若槻よりこの上の尽力は出来難き旨申し来れり、政府としてこれを更に押すことは困難なり」と言う。予は、「最後にはあるいは止むを得ざるべし、ただし八吋《インチ》巡洋艦は対米七割を絶対必要なりとし、また潜水艦は五万二千屯にては配備困難なり」と言えば、「これを多少緩和する方法を講じ、なお飛行機その他制限外艦艇にて国防の不足を補うこととすれば、最後にはあるいは止むを得ざるべし、決裂は不可なりと考う、ただし現在の軍令部の意見とこの案とは非常に開きあり、あたかも断崖より飛び下りよと言うに等し、断崖より降下し得る途を作らざるべからず、これを攻究せられたし」と。また「海軍大臣より省部に対し、請訓につき何等意志表示なし、山梨をして問い合わすこと認められたし」と。三時、会談を終わる。この会見は極秘とすべしと約し、幣原帰去す。次官に会談の要点を話し、四時大臣邸を出て帰る。

三月二十一日

午前八時、次官より電話あり。八時半原田より電話あり。いずれも斎藤総督に在京を懇願すべしとの依頼なり。依って総督邸に電話にて都合を問い合わせ、午後三時四谷の邸に訪問して、「私は別に総督に何かして下さいとは申さぬが、何となく今度はただは治まらず、見苦しき場面を生ずる如き予感あり、故に今暫く滞京せられたき」旨懇願し、また軍縮に関し予の意見を述ぶ。総督も「その外に途なし、それにて進まれよ、予は本夕出発のことにし、すべて準備を終了したれば、今更変更するはかえって宜しからず」と。依って今後も助力せられたき旨懇願、辞去す。

三月二十二日

午後四時、金子副官来る。来る二十四日軍事参議官集合の件なり。午後七時半山梨次官来り、「軍事参議官会合はなるべく避けたきも、軍令部長の請求に止むを得ず集合のことにしたるも、当日は決議等のことは避け、単に経過を報告に止めたく、右は軍令部長にも話しおきたるも、なお貴官より加藤大将に話し置かれたし」とのことなり。十時山梨帰る。

三月二十三日

午前八時半、加藤を私宅に訪問す。加藤、軍服帯勲にて応接間に在り。「いずれに赴くや」と問いたるに、「これより内大臣及び侍従長にわが配備を説明し、米案の不可なるを説明に赴かんとす、ただし書類に不備の点あれば末次の来るを待つなり」と。依って予は「よほど心して余裕を後日に残すよう説明せよ」と忠言し、なお二十四日の参議官会合には単に経過報告に止むべきを忠言せるに、加藤はこれを諾し、「山梨の希望もあり、経過の報告に止むべし」と。

午後一時、伏見宮邸に参上。「明日軍事参議官の集合あれども、私はこの際大臣の意志明らかならずして意見を述べ難きにより、ただ経過を聞くに止めたし」と申し上ぐ。殿下よりは、「財部の意志は明瞭なり、彼出発前予に向かい二度までも、今度の会議においてわが三大原則は一歩も退かざる旨明言せり、大臣の意志を問い合わす必要なし」とて幣原外交の軟弱なるを嘆ぜらる。「もしこの際一歩を退かんか国家の前途知るべからず、いよいよとならば予は拝謁を願い、主上に申し上げんと決心しておる」と。依ってその重大事なるを申し上げ、事前に山梨にお知らせあらんことをお願いし、なお政府と海軍と戦う如きは避くべき理由を申し上げたるに、殿下は「それはいずれも重大なることだから秤《はかり》にかけて定めなければならぬが、さていずれが重きかなかなかむつかしきことなり」とお笑いあり。一時五十分退出。

午後二時、東郷元帥邸に元帥を訪問し、同主旨の事を申したるに、元帥は今回の請訓については大いに不満足なる意を洩らされたり。午後七時野村来訪す。依って山梨の来邸を求め協議す。九時いずれも辞去す。

三月二十四日

午前九時半、自動車にて大臣官邸に赴く。集合するもの、伏見宮、東郷元帥、予、加藤軍令部長、山梨海軍次官、末次次長、堀軍務局長出席。先ず軍令部長より経過報告及び意見を陳述し、次に次官より、海軍省より外務省に送付したる回訓案の説明あり。各参議官の同意を得たり。その後雑談に移り、次官より政府の意向、元老の意のあるところ、新聞社幹部の意見、実業家の意見等につき探り得たるところを説明し、予は「この内閣はとうてい会議を決裂に導くことは出来ざるものなり、その際には政府・海軍の戦闘となるべく、その結果の重大なる」旨を力説す。十一時半散開《（ママ）》。

予は山梨と午餐を共にし、大臣に打電すべき本日の状況の電案を協議して午後一時帰る。

午後八時、鈴木侍従長を官邸に訪問し、十一時帰る。

三月二十五日

午前十時、大臣官邸に赴く。予、加藤軍令部長、山梨、末次、小林、堀参集。左近司より大臣の意志を通知し来る。すなわち「米案にては不満足なり、されども全権としては署名せり、新事態の起こるを望む、目下苦慮中」とのことなり。山梨より中間案につき相談ありたれどもなんら纏《まと》まらず。午餐を共にし午後一時半帰る。

三時、三土〈忠造〉来る。「もし決裂とならば大なる予算を要すべし、とうてい金は出ぬ」旨の話あり。三時半帰る。四時、内田信也来る。

三月二十六日

午前九時発、宮城前復興祭場に出頭。復興祭場にて山路〈一善〉より、「会議は纏むべきも、もう一押しすべし」と進言あり。更に加藤より、「山本伯より更に押さざるべからざる旨申されたり」との話ありたり。

十一時、海軍大臣官邸に到り、堀及び古賀に会し、「すでに大臣の意志明らかなる上は省部合体、大臣の意のあるところに動かざるべからず」と言い、十一時半日比谷会場、午餐に赴く。

午後一時大臣官邸に帰り、中間案を出すには決意を付するを要す、しこうして中間案を出すことを山梨より総理に進言の件を協議す。山梨より「今や海軍は重大なる時機に会せり、この際海軍の高官が総理に意見を申し出されざるはいかがのものにや、一つ総理に遇って下さい」との依頼あり。依って「加藤と同行し得れば遇っても宜し」と申したるに、「しからば明日午後三時頃より如何《いかん》、宜しければ総理の都合を聞く」とのことなり。「しかるべく願う」旨答え、二時半帰る。

三月二十七日

午前八時、加藤を訪問す。(昨日午後電話にて問い合わせたるも、昨日は帰り遅くなるとのことにつき本朝としたるなり。)しかして浜口の処に同行、意見を述ぶべきを約す。

八時半原田来る。九時半山梨来る。山梨と同車、十時大臣官邸に赴く。財部大臣より浜口総理大臣及び幣原外務大臣に「回訓案は中間案にて決意を付されたき」意見電報来る。依って加藤軍令部長、山梨次官と会合、「大臣の意志も明瞭となりたれば、軍令部より中間案を出すよう尽力せられたき」旨忠告す。

浜口総理の意志明瞭となる。すなわち「現内閣はこの会議を決裂せしむる能わず、中間案も決意を付するならば考慮し難し」と。

午後三時、総理官邸に浜口総理を訪問す、予に少しく後れて加藤来り、「総理より来れとのことなれば来ました」と言いたるに、鈴木書記官長は「そうではありません、貴方より来るとのことなれば、総理は待っておられるのです」とのことなりし。

三時五分頃、総理、私室において予と加藤に遇う。加藤より海軍の三大原則につき詳説し、予より「海軍大臣の意志明らかとなりたる以上これを尊重せられたく、しからざるにおいては事態甚だ重大となるべき」を申し述ぶ。総理は「回訓も永引き二週間を越えたり、もはや何とかせざるべからず、海軍の事情につき詳細聞きたれば、この上は言分において何とか決定すべし」と、四時加藤と共に辞去す。

加藤は浜口に「閣議の席に軍令部長を出席せしめられたし」と言いたるに、浜口は「右は先例なし、お断りす、ただし君は閣僚とは皆親密なれば、各自に君の意見を申さるるは勝手なり」と言えり。

加藤の言

この時私の腹は決まりました。結局飛行機に重点をおけば国防は持てる。ただ軍令部・艦政本部に、潜水艦につき問題あり。軍は配置、艦は技術、これには致し方あり。毎年数隻分の材料を準備、技術の方は最もむつかしきところだけ数隻分を造るなり。

三月二十八日

午前九時半、電話にて次官の来邸を求む。次官と協議す。すなわち「請訓丸呑みの外、途なし、ただし右米案の兵力量にては配備にも不足を感ずるにつき、政府にこれが補充を約束せしむべし、閣議覚書としてこれを承認せしめざるべからず、また元帥参議官会議は、もしこれを開き政府反対のこととなれば、重大事となる、開くべからず」と注意す。

午後四時、加藤軍令部長来訪、元帥参議官会議を開くべきを力説す。予その不可なるを話す。また加藤はこの場合、軍令部長として上奏せざるべからざることを力説せるにつき、これも今はその時機にあらざる旨話し置けり。

三月二十九日

午前八時、伏見宮邸より電話あり、来邸を求めらる。九時半参殿、伺候す。殿下は「回訓が出るまでは強硬に押せ、しかれども既に決定せば、これに従わざるべからず、加藤の如く強いばかりでも困る、また元帥参議官会議は開くべからず、この問題は請訓の如く決すれば加藤は辞めると言うだろうが、辞めさせざる方が良いが」と申さる。依って「殿下のお考えは私の考えと全然一致しております」と申し上げたるに、「予は今夕出発、兵学校卒業式、おわって大阪において癌研究会の総会に出席すれば、当分不在となる、もしその間に参議官の集まりあらば適当の機会にこの意志を発表せよ」と。退出、直ちに大臣官邸に至り次官と会合、右の話をなし喜び合えり。直ちに軍令部長を訪い、「元帥軍事参議官会議は開くべからざる旨」また上奏案を内示せられたるにより、最後になおよく研究致しますとの意味を加え、また「時機は回訓の前は不可なり」と申し述ぶ。官邸において昼食。閣議提出兵力量補充の覚書を協議。二時退出。

殿下お言葉要点

一、海軍の主張は正当なれば最後まで変せざるは宜しきも、もし政府が米案に定めることに決すれば、屈伏と言うては語弊あるも、これに従うのは外なし。往年の二個師団の如きはなすべからず。

二、元帥軍事参議官会議は開かざるを可とす。

三、加藤は罷《や》めると言うだろうが、そう言うことをせずにすますことは出来ぬか。

三月三十日

午前九時半、太刀川又八郎来る。午後一時、井上清純男来る。

午後六時、山梨次官来る。「補充覚書は総理、外務両大臣の承認を得たり、ただし大蔵大臣の承認を経おけとのことなりし」と言う。ただし、この覚書は、海軍省、軍令部、艦政本部協議済みのもの。

三月三十一日

午前七時半、内田信也来る。午前十時半、大臣官邸に赴く。山梨より大蔵大臣も今朝同意せられたる旨の話あり。加藤軍令部長と応接室に会し、伏見宮殿下の御意志を伝う。官邸には野村、小林、大角等あり。

午後三時東郷元帥邸に至り、元帥に伏見宮殿下の御意志を伝え、三時三十分辞去す。大臣官邸に帰り、夕刻加藤軍令部長を部長室に訪い、「明朝浜口は回訓案を説明する趣なり、その際君はこの案を閣議に付せらるれば止むを得ず、ただし海軍は三大原則を捨てるものにあらざるも、閣議にて決定すればそれに対し善処すべしくらいのことは言われんか」と申したるに、「それにては米案を承認したようになるからなあ」と言う。依って予は「しからばその意味のことを予より言うべし、君はだまって居ってくれぬか」と申したるに、「そうしよう」と言いたるにつき辞去。山梨に、その意味の案を堀に起草せしむ。ただし小官は責任ある位置にあらざれば、野村、大角等の意見もあり、善処するよう努力しますの句を加う。

吉田外務次官来る。山梨と共に別室にて面会す。吉田より、小生よりも財部に回訓案に同意すべき電報を発せんことを乞う。ただし右は、山梨の電報の末尾に「岡田大将も同意見なり」の句を加うることとし、別電は発せざることとす。本朝加藤と会合の節、加藤は悲壮の様子にて、「予も処決を覚悟し居る」との意味を洩らせり。大角、山梨と相談し、今夜大角をして加藤邸を訪問せしめ、それとなく短気なことをなさざるよう慰撫せしむることとす。

午後六時官邸退出。八時頃大角より加藤邸訪問の状況を電話通知す。加藤は「明朝浜口と会見にはだまっておれと言うが、欠席しようかなあ」と言いたる由なり。

今夜官邸にては軍令部・海軍省（部長を除く）と外務省との打合会ありたるはずなり。

四月一日

午前八時半、総理官邸に来邸を求めらる。同時刻官邸に到る。山梨、加藤相次いで来る。閣議室の次の応接室において加藤、山梨と共に総理に面会す。

浜口総理より外交・内政・財政の事情を書類にて説明あり。回訓案の内容に及び、「海軍の事情も充分説明を受け、充分参酌してこの如く致したり、これより閣議に謀り決定せんとす、これを諒とせられたし」とのことなり。依って予は「この回訓案を閣議に上程せらるるは止むを得ず、ただし海軍は三大原則は捨てませぬ、海軍の事情は閣議席上次官をして充分述べしめられたく、閣議決定の上はこれに善処するよう努力すべし」と申し述ぶ。加藤は「米国案の如くにては、用兵作戦上軍令部長として責任は取れません」と言明し、山梨は「その回訓案はこれより海軍主脳部に謀りたく、閣議上程はその後にせられたき」旨希望し、総理より回訓案を受け取る。これにて会見を終わり、大臣官邸に集合す。官邸には小林、野村、大角、末次、堀会合しあり。予、加藤、大角を加えて回訓案につき山梨より説明し、小林、末次より意見出て三点ほど修正す。

十時頃、加藤より「本日上奏を宮中に願いおきたるも、側近者の阻止に遇う恐れあり、君侍従長にその辺の消息を聞き合わせくれぬか」と、依って十時半侍従長を官邸に訪問し聞き合わせたるに、「本日は御日程すでに一杯なれば、あるいはむつかしからんも、上奏を阻止する等のことなし」とのことなれば、その旨加藤に伝う。

十一時、回訓案の修正を終わり、山梨より本日閣議の席上説明すべき案文及び閣議覚書を読み、これを謀る。異議を申し立つる者なし。ここにおいて山梨は右を携え総理官邸に向かう。

予及び加藤は自動車を共にし東郷元帥〈邸〉に向かい、十一時半到着。主として予より総理会見の次第をお話し、正午官邸に帰り昼食。

午後三時、山梨帰来す。海軍の修正は外務大臣よりまた少しく修正されたるも、大体海軍希望の如く決定す。

三時半、予は先に「攻究」の字句を終わりに入れしめたるも、何となく不安につき、大角をして軍令部長室に部長を訪問せしめ上奏案を内覧せしめ、字句修正を忠言せしむ。加藤は快く承諾したる由なり。四時、大臣官邸を退去す。

四月二日

午前七時半、加藤軍令部長来訪。加藤いわく「かくなりては軍令部長を辞職せざるべからず、予の男の立つよう考慮しくれ」と。予「辞職は止むを得ざるべし、ただしその時期が大切なり、その時期については予に考慮せしめよ」と。八時帰り去る。十一時古賀来る。

十一時半、末次軍令部次長来る。軍令部長辞職の件なり。予は「辞職はあるいは止むを得ざるべし、ただし時期を選ばざるべからず、また軍令部長すべての軍職を辞すると言うやも知れず、しかれども目下の時局に当たり、部長の如き有能の士を海軍より失うべからず、この点は阻止せざるべからず」と申し置けり。

午後三時半、軍令部鹿目副官来る。部長今朝上奏せり。これは黒潮会に発表の案なり。予は「この程度ならば差し支えなからん」と申し置く。同時に来りし夕刊にはすでに出ておれり。また今朝、末次黒潮会に多少不穏の文書を発表せんとし、海軍省の知るところとなり、未然に抑えたりと、後に知りたり。

午後七時、内田信也来る。

四月三日

午後三時、矢吹政務次官来る。

四月七日

午後八時、矢吹政務次官来る。「先に末次次長はこの重大なる時局に際し不謹慎なる意見を発表し、政府部内の物議を醸《かも》し、続いて更に軍令部より刷り物にて意見を黒潮会に示し、これを発表せんとし、海軍省の知るところとなり、わずかに表面に顕われずして止みたり、本月二日予〈注・矢吹〉と末次と総理大臣に呼ばれ、総理より『既に回訓を出したる今日、これに善処するよう努力ありたき』旨申し述べたるに、末次はこれを承諾し、更に直立不動の姿勢にて、『先に不謹慎なる意見を発表したるは全く自分一己《いっこ》の所為にして、甚だ悪かりし、自分は謹慎すべきなれども目下事務多端なれば毎日出勤しおれり、なにとぞしかるべき御処分を乞う』旨述べたり、しかるに一昨五日、貴族院議員会合の席上にて又々不穏当なる問答をなし、これを議員の某筆記し諸方に配布したり、総理はこれについて甚だ快からず思いおれり、なにとぞ貴官よりこの如きことなきよう注意ありたし」と。

予これを承諾す。

四月八日

午前九時、自動車にて海軍省に到り次官に遇い、末次の失言の状況を聴取し、十時伏見宮に参上、御玄関にて加藤軍令部長に会す。依って「また次長失言したる由、この如きは害のみありて何等益するところなし、将来部外に対しみだりに意見発表は慎むよう次長に注意せられたし」と言いたるに、部長も「実は困っておる、皆によく注意し置きたるも遺憾なり、将来なお注意すべし」と。

殿下に伺候し、先日お話の御意志表示の次第は既に軍事参議官に通したる旨を申し上げ、「なお先日殿下は財部帰来すれば直ちに辞職するを可とすと申され、私もこれに賛成を致しましたが、退いて考えまするに右はしかるべからずと思います、財部辞すればいかなる方法を採るも世間は海軍挙げて財部に詰腹を切らせたりと思うべし、また財部辞すれば現内閣は崩れ政変起こるべく、海軍は政党の一方より永く怨まるべし、これ海軍のために謀るに良策ならず、故に私は、財部帰来すれば辞職すべからずという考えとなりました」と申し上げたるに、「うん、詰腹を切らせたとなっては困るねえ」と仰せられたり。「まことに軽率のことを申し上げ悪くござりました」と申し上げたるに、殿下は「いやお前のは正論だ、ただし世の中のことは正論で押し通せんこともある、時の状況により多少の変更は止むを得ず、誤《ママ》りてはおらぬ」と仰せられたり。右にて辞去す。

十一時海軍省に到り次長室にて次長に面談、将来部外に意見発表を止めるべく懇談せるに、「五日のことの如きは、全く問いつめられて止むを得ずあるところまで話をなしたれども、将来は意見は他に発表せざるべし」と明言せり。次に次官室にて次官と会す。次官より、「政府は末次を処分せざれば収まらず、また法務局長も末次の所為は不穏当なり」と言いおる由を聞き、事件をなるべく小さくするよう申し置き、帰る。

午後一時半、軍令部長使いとして吉田善吾来る。

三時、内田信也来る。

四月九日

午後四時、山梨次官来る。「末次失言事件は政府部内にも大いに議論あり、依って部長・次長には右事情を懇話しおきたり、浜口総理は右に対し甚だ不快を感じおれり、総理は『現内閣は官紀を厳粛ならしめ〈ん〉とす。軍紀の厳なるべき軍部の、しかも最高幹部において官紀を乱るが如きことあるは小事にあらず、巡洋艦二隻よりはこの方が重大問題にあらずや、財部の不在中に予は事務管理として、この如き事件を惹き起こしたるを遺憾とす』とて甚だ強硬なり、近き将来次長の位置を退かしむるべく何等か方法を採るやも知れず、また海軍の法務官中にも、『五日の問答は度を超えたり、公開の席上政治を談じたりと言い得』とて、相当に強き議論ありて甚だ困却せり、何としても今のままにては遂に末次に傷の付くこととなるを恐る、ついては小生〈注・山梨〉も、大臣帰朝せらるれば次官の位置を退くべきにつき、末次も今より直ちに病気引入りということとし、その結果次長の位置を退くこととせば最良ならんと思う、依って末次には自分より説くべきも、先ず軍令部長の同意を得たく、貴官〈岡田〉より加藤軍令部長に話されたし」と。予は「加藤は承諾せざるべきも外に方法なし、加藤に話してみん」とて次官を帰せり。

午後六時半加藤邸訪問。「この際末次病気引入りをなす方万事に好都合なり、貴官より勧告を乞う」の旨申し入れたるに、加藤は「末次の五日の言の如きは実は自分の考えと同一の事を言いたるまでにて、自分としては病気にもあらざる者を引入りを勧告する能わず」と。依って予は「末次の言は少しく範囲を脱せり、この際末次を傷つけざるよう小さく片付けるを良策とす」と言えるに対し、加藤も反対せず。「末次に引入りの勧告は予

〈注・岡田〉が明日次長と懇談するが如何《いかん》」と言いたるに、「それは止めてくれ」とて聞かず。七時半辞去、大要を山梨に電話す。

この日加藤より辞職問題も出て〈い〉たるように思う。予は「君の辞職もあるいは止むを得ざるべし、ただし今（大臣不在中）事務管理である人に重大なる人事をなさしむるは悪例を残す、辞職は大臣帰朝後にせられたし、なおその時機は予に考〈え〉せしめられよ」と申したり。

四月十日

午前九時、山梨来訪せり。依って昨日加藤と会見の状況を話し、「法務局長と相談し、なるべく事件を小にして収めざるべからず」と申しおけり。

四月十一日

午前九時、山梨来る。法務局長と相談せるに、法務局長は「軍令部長より書面にて戒告するより他に方法なし」と。依って法務局長をして加藤軍令部長を説かしめたるに承諾せり。依って総理を説きたるに、「それにて海軍は治まるか」と言われたから、「その点は心配なし、保証する」旨明確に答えおけり。その時総理は、「末次は何としても次長の職のみは退かしめざるべからず」とのことなりしかば、「それは財部大臣帰朝の後にせられたし」と申したるに、「しからばそれを前程として戒告という事にて差し支えなし」とのことなりしと。

四月十四日
山梨次官来る。「何としても末次はこの際引入りを可とす、しかしてその結果として次長の職を退く方可ならん、小官も大臣帰朝せらるれば直ちに退くにつき小官より懇談せんとす、なお法務局長にも説明せしむれば末次も承諾すべしと思う」と、小生も可ならんと答えおけり。十時、原田男来る。
四月十七日
午前十時、野村来る。十一時半帰る。
四月十八日
午前十時、内田信也来る。平沼の帰りなりと言う。
四月二十一日
午後六時、山梨次官来り、「本日軍令部より機密番号を付し軍令部の官印を捺し、『ロンドン条約の兵力量にては軍令部は同意せず』との書面来る、すでに回訓の出でたる今日かくの如き書面は取り扱い難し、これを事務管理に取り次げば又々問題を起こすべし、撤回するよう軍令部にお話を願う」と、書面を残し帰れり。依って加藤邸に電話し面会を求めたるに不在なり。帰り遅しと言う。依って明朝八時訪問することとす。
四月二十二日
午前八時加藤訪問、「例の書類は様式も変なり、また山梨として取扱いに困るべし、右書類を事務管理に差し出せば大問題となるべし、いかにする考えなるや」を問う。加藤いわく、「事務管理に示す考えなし、ただ海軍省にて極秘に保管し置かるれば宜し」と。予「左様なものならば、撤回せらるるを宜しと思う、財部大臣に示すものなれば何も改まって書類とせざるも、口頭にて申し述ぶれば可ならずや」加藤いわく、「この際事を明確にしおく必要あり、なおロンドン条約署名日（回訓を出したる時にあらず）の前日に海軍省に廻したるなり、これは大事の事なり、ただし財部大臣帰朝まではだれにも示さず海軍省金庫に収め置き、大臣帰朝の節直ちに示さるれば可なり、それならば何も支障なきにあらずや、軍令部長と大臣の間なり、何をなしても可なるにあらずや」予「しからば大臣帰朝の節貴官より手渡する方なお可ならずや」と。しかるに加藤、「今撤回することは出来難し、ただ副官部の金庫に収めおくだけならば何も差支えなきにあらずや」と。この上争うも無益と考え辞去す。

午前九時三十分、山梨来る。依って加藤軍令部長と会見要領を語り、書類を渡す。四十五分辞去す。

四月二十七日

午前九時、古賀副官来る。大臣に会合のためハルビンに行く件なり。古賀に対し、「軍令部長は大臣帰朝と同時に辞職するに至ることあるべし、その心組みせられたし」と伝言を依頼せり。

四月二十八日

午後四時より工業倶楽部において近藤記念財団評議員会に出席。大久保侯等に軍縮の問題の話をなす。

五月一日

午後二時、竹下〈勇〉大将来訪。軍縮につき今までの経過を話し、竹下より朝鮮総督の意見を聞く。

五月二日

加藤軍令部長より書面来る。幣原の演説の件なり。

午前十一時山梨来る。幣原演説の件なり。貴族院において演説を聴きその行き過ぎたるを感じ抗議したるに、「すでに貴族院において演説を了したる上はもはや変更し難し、衆議院において同様の演説をなさざるべからず、ただし今後は山梨の説に従い注意すべし」となり。予も「少しく行き過ぎたり、将来物議起こるべし」と申しおけり。

本夕伏見宮家より電話あり、明日参殿すべしとのことなり。十時参殿すべく申し上ぐ。依って、

五月三日

午前十時参殿。直ちに殿下に拝謁す。殿下は「先日浜口来りたるに依り、『何故回訓案を発送当日の朝初めて海軍に示し、海軍をして審議の余地を与えざりしや』と言いたるに、

『案は数日前に出来おりたるも、軍令部の反対強硬なれば示し兼ねたる』旨申したる」由にて、殿下は、「浜口は大変海軍を恐れおりたるなり」と笑われたり。また「幣原の議会における演説はもっての外なり、また兵力量は政府が定める等の如き、言語道断なり、一体山梨は軍服を着ておるのか、政府が勝手のことを言うのにこれが走狗となりおるはけしからん、次官を止めた方が良きにあらずや」と申されたるにより、「幣原の演説は外務大臣としては少しく行き過ぎました、ただし山梨の立場は大いに見てやらねばなりませぬ、浜口は海軍大臣事務管理でありまして、山梨はその下にある次官でありますから、海軍と政府との間にあって苦しき立場におります、すでに『次官を罷《や》めたし』と申しておりますが、今罷める訳にもまいらず、大臣の帰朝を待ちおるのであります」と申し上げたるに、「岡田は山梨を良く見ておるねえ」と申されたり。また「お前は最近侍従長に遇ったか」と仰せありたれば、「四月三十日市政会館において遇いたれども、話は致します機会はありませんでした」とお答え申し上げたるに、殿下は「鈴木より三月末拝謁を求めたるもその日差支えありたるにより断りたるに、押して拝謁を求め、前軍令部長ならばともかく侍従長として来り、『潜水艦は主力艦減少の今日さほど入用ならず』とか、『駆逐艦の方宜し』とか、『今回のロンドン条約の兵力量にて差支えなし』とか、何だか軍令部長の言うようなことを申し、また『殿下は陛下に申し上げらるるとのことなるも、もって〈の〉外なり』とか、『元帥軍事参〈議〉官会議を奏請してもお許しはない』とか、いろいろ穏やかならぬことを言うから、予は『陛下に申し上げると言うたのは、お前等が陛下に奏上する時は直立不動にて申し上げるから意を尽くさざることあるべし、予は雑談的に申し上げることを得れば意を尽くすを得ればなり、取り違えては迷惑なり』と申したり」と仰せられたり。十一時退出。大臣官邸に至り次官と昼食を共にして、幣原演説に至るまでの事情を詳細に聴取し、一時十五分帰る。

五月四日

午前十時、内田信也来る。

五月五日

午前、加藤軍令部長書状来る。

五月六日

午前八時十五分、山梨次官来訪。人事局長を京城に赴かしめ大臣に会せしむる件なり。

五月七日

午前八時、山本英輔中将来る。大臣帰朝と同時に辞職すべしとの件なり。予その不可なるを力説す。九時小川医務局長来る。別室にて会見、大臣病気の件なり。直ちに辞去す。十時山本中将辞去す。

十時十五分、人事局長来る。京城に大臣に会合の件なり。十一時辞去す。午前十一時半海軍省に出頭、次官に面会。次に軍令部長室において加藤大将に面会す。

加藤大将書面をしたためおれり。依って「何なるや」と問いたるに、「今人事局長に託して財部に書類を送らんとす、兵力量は政府にてその不足を補充するとすれば、軍令部も実行不能の補充案を出すものにあらず、今現に実行可能の案を作りおれり、ただし統帥大権の問題は重大事なり、元帥軍事参議官会議を開き、政府の誤りを正さざるべからず」と。依って予は「その問題は、大臣さえ統帥権を尊重し、これを擁護する精神なれば、軍部大臣、武官たる間は心配なかるべし、また当の責任者たる大臣不在中、元帥参議官会議を開くとも何の詮《せん》なかるべし、大臣も近く帰朝することなれば、大臣帰朝の上とくとその意見を聴きたる後にせざるべからず」と。部長いわく、「今の内閣は左傾なり、海軍部内においても、この問題ははっきりせざれば重大事起こるべし」と。予は「内閣はいかなる考えを有するも大臣さえしっかりしおれば何の心配もなしと思う、また現内閣は左傾なり等の言は慎まれよ、浜口より直接聞かれたるならばとにかく、又聴《また ぎ》きにていろいろに批評するのは誤りなり、また海軍部内にも二、三変なことをする者はなしとは言い得ざるも、長年先輩の努力により軍紀を保ち来りたる海軍に、この問題のため重大事件起こるとは考えず」と申したるも、部長は「君は何にも知らんのだ、それは大変なことになっておる」と言えり。予は「君や我々がいてそんなことをさしてはいかんではないか」と言いたるに、「我々では抑えられぬ」と言う。正午辞去。大臣室にて昼食をなし、食後次官、人事局長と面談。予人事局長に「ただいまの加藤の話にては、加藤を急に止むる必要なきやに思わる、財部に伝言を望む」旨申しおき一時半帰る。軍令部長は遂に人事局長には書類を託せざりし由。

五月八日

午前九時、小林艦政本部長来る。今後の工業能力維持につき話す。午後六時原田男邸、近衛公と共に晩餐に招かる。

五月九日

午前八時半、竹下邸において竹下と会談。海軍の予後備の大将も重大問題ある場合には、海軍はその力をかる必要あれば、なるべく軽挙せられざるよう注意方希望し帰る。

五月十日

午後二時、大臣官邸において国際通信の岩永よりロンドンにおける状況を聴取す。午後五時帰る。

五月十一日

午前十時、伏見宮邸に参殿、直ちに拝謁。「先日殿下より申されましたる議会における幣原の演説につき真相取り調べましたるに、外務省にも海軍省にも相当の申し分がありま す、それは演説の前日総理官邸におきまして総理、外務両大臣、吉田次官、その他と山梨、堀等相会しまして、ロンドン条約の逐条審議を行いました、正午総理は他に用事ありとて辞去しましたる後、明日議会における演説草案なりとて一文を外務大臣自ら朗読しました、その際余りに不都合と認めましたる字句一、二を堀の注意にて修正しました、それで外務省では右演説案は海軍に示し海軍の承認を得たるものなりと申します、ただし海軍にては承認を求められたるものとは思いませず、ただ読まれたる点にて気の付きたる所を修正したるのみにて、更に海軍に送り来り熟読の機会を与えらるるものと考えおりましたるに、翌日貴族院にて演説されたるを聞くに、この条約にて満足なり、国防に不安なしと海軍は喜びおるようのことを述べましたから、山梨は大いに驚き『この如き演説にては海軍は収まらず、改められたし』と申し述べましたるに、『将来は注意すべし、されどもすでに貴族院にて演説を了したる後なれば、衆議院においてのみこの字句を変ずることは出来ず』と、遂に彼《か》の演説となったのであります、すなわち両者共に落度があります、将来は注意すべしとのことになっております、先日は事情をつまびらかに致しておりませんでありましたから、よく事情をしらべまして本日右ご報告申します」と申し上ぐ。十一時退出。午後六時山梨次官来る。古賀より電報の件なり。財部辞職せざるよう決心せしむることにつき協議す。

五月十二日

午前十時半、山本悌二郎来る。いわく、「先に海軍は、三大原則は国防の最小限にして一歩も退くべか〈ら〉ずと力説せり、しかるに今回のロンドン条約の如きものにて宜しとすれば、海軍の最小限は二つありたることとなり、国民は爾後《じご》海軍を信ぜざることとなり、海軍は信を国民に失うこととなるべし、政友会は多年海軍の為に力を尽くし来りたれども、もし最小限が数個あると言うが如き不信の行為あるにおいて、将来海軍の予算も協賛せざることとなるを恐る、如何」と。予いわく、「三大原則は国防の最小限なること真実なり、国防上支障なき点まで経費を最小にし艦数を減ずるなれば最小限なり、しかれども不幸この主張を通すを得ざりしといえども、総括的七割は得たるなり、すなわち八吋《インチ》巡洋艦にて失うところは駆逐艦にて増しておるので、また潜水艦は三国同等なり。また潜水艦の不足及び八吋巡洋艦の劣勢は飛行機及び制限外艦艇にて補う方法もあるべし、また海軍は三大原則の主張を捨てたるものにあらず」山本いわく、「日本外交はいつでも退くから不可なり、もし三大原則最良ならばあくまでこれにて押し切り、ロンドン条約は批准せられざるを可とせずや、この如くして始めて国民も海軍を信ずべく、何も不満足なる条約を結ばざるべからざる理由なし」予「もし批准せられずば補充費に莫大の額を要すべし、しかしてもしその費用を得るあたわずば、何故に批准せられざりしか訳の分からぬことになるべし」と。山本いわく、「経費の点は君等憂うるなかれ、いくらでも出す途あり、国民をして国防危うしと思わしむるが如きに至らば国家の大事なり、国家として頼むべきは国防なり、これあるに依り世界に伍するを得るなり、君深思せよ」と。正午少しく過ぎ帰る。

五月十三日

山本悌二郎君より出信（ママ）あり。「信を国民に失わざるよう深思せよ」と。予「信を国民に失うは大事なれども決裂後の跡始末工夫つかず、この問題は財部帰来後その詳報を得ざれば、いずれとも決し難し、諒とせよ」と。

五月十四日

午後七時、矢吹政務次官来る。「大臣をして辞職等のことなからしむるため樺山資英を馬関まで出迎えにやりたし、明日樺山と大臣官邸にて会見せられたし」との件なり。

五月十五日

午前九時野村来る。軍縮につき種々協議し十一時半帰る。午後二時半、大臣官邸にて樺山資英に面会、財部大臣の辞職すべからざる理由を説明す。樺山「馬関辺まで行っても宜し」と言う。依って行かれたき旨希望しおきたるも樺山は遂に赴かざりし。四時次官と面会、樺山と会談の要点を話しおけり。

五月十六日

午後四時、井上清純来る。軍縮につき種々質問をなす。予いわく、「国防も国家ありての国防なり、国家を破滅せしめてはいかに国防を完全にするも詮なし、ただし経済の状況国家を破滅せしむる如きや否や、当局の説明を聴かざるべからず、もし国家経済の状況にて、いにしえの如くならば、国防もある点までは忍ばざるべからず、また今日の軍縮問題についても直接全権たる財部に詳細の状況を聞きたる上にあらざれば何とも判断し難し、また統帥権問題の如きは大臣の決心如何によるのみ、他に何ものも要せず」と。

五月十七日

午前十一時半、原田来る。

五月十八日

十一時半、山梨来る。「大臣帰来せば直ちに次官の職を辞したし、止めて下さるな」と、予「止むを得ざるべし」と答う。

五月十九日

午前八時二十分東京駅、財部全権到着、出迎え盛んなり。九時帰る。午後五時大臣官邸、加藤軍令部長、大臣と会談中なり。別室にて終わるを待つ。六時十分加藤退出、直ちに大臣に面会、不在中の事を話す。大臣いわく、「今加藤より上奏書の取次ぎを託せられたるも文面甚だ穏やかならず、この如きものはいかんとも取り扱い難し、撤回を希望す」と。

五月二十日

午前十時海軍省に出頭、山梨、左近司、古賀と協議す。十時軍令部長に面会、「昨日大臣の話に君は上奏書の取次ぎを依頼したる由、予は能《よ》くも聴かざりしも文意は現内閣の弾劾の如しという、果たしてしからば右を大臣に取り次げというは無理ならん、また右の如き事を書面にて差し出すはしかるべからず、撤回しては如何」加藤いわく、「これは大事の事なり、大臣取り次げぬと言うならば予直ちに上奏すべし、もし回訓当時予が事前に上奏をなし、また軍事参議官会議を開く等適当の処置を採れば、すでに善良の結果を得たるならんも、予の補翼足らず遂にかくのごときに至りしは、聖上に対し申し訳なし、よりて骸骨を乞うなり、この書面を宮中に残し置くを望むなり」と。依って予は「事前に尽くすべき事ありしというも、そのいずれも行うべからず、また実際行う能わざりしにあらずや、また君は兵力量の問題は末なり、統帥権の問題が大事なりと言うにあらずや、統帥権問題ならば解決の方法ありと思う、この書面上奏を必要とせず、またこの如き書面は将来君の立場を困難ならしむることあるべし、撤回せよ」加藤いわく、「君のは私情なり、予は将来これにより苦しむことは覚悟の上なり、国家の大事に私情は不可なり」と。予はその不可なるを説き再考を望み正午帰る。

五月二十一日

午前九時、山梨次官来る。「大臣は加藤に上奏書撤回せしむべく、山下〈源太郎、元軍事参議官〉大将に勧告を依頼せらるる腹なり」と言う、予「それもよろしからん」と言う。十時帰る。

午前十時山下大将来訪せらる。予は財部よりの依頼ありたるに依り、加藤勧告に赴かるるにつき予に意見を聴かるるなりと考え、最近の状況を話したるに、山下大将いわく、「財部は辞職せざるべからず、先日有馬〈良橘〉来り、いろいろの事を言いたれども予は健康勝れず、夜中外出を避けおれり、故に水交社の会合にも出席せず、また財部に辞職勧告のため下関まで行けとのことなれども断りたり」依って予は今辞職のしかるべからざる所以《ゆえん》を話したるに、「今は不可ならん、それは予も同意なり。またこの条約は御批准しかるべく、すなわち御批准の時が財部の辞職すべき時なり、これ財部を話す所以なり《ママ》」と、十一時帰らる。午後二時海軍省、大臣次官に面会、山下大将と〈の〉会談の要点を話す。三時大臣官邸、大角及び山梨と今後のことを協議す。五時帰る。七時半、内田信也、原田熊雄来る。八時半帰る。

五月二十二日

午前十時半、佐々木□《不明》次来る。十一時半帰る。一時半海軍省に出頭、大臣、軍令部長共に出勤せず、風邪なり。山梨、小林及び左近司と協議し、井出〈謙治〉大将をして加藤を説かしむることとす。午後六時原田来る。

五月二十三日

午前八時、内田信也来る。八時半、久原房之助来る。久原いわく、「海軍にて国防不安なりと言い得ずや」と。予「今回の条約は満足なるものにあらず、三大原則の通りとならば最も可なれども、今回の条約にても政府がある補充をなせば国防不安なりとは言い得ず」、久原いわく、「東郷元帥は強硬の意見を有せらるるという、果たしてしからばその結果如何」と、予「東郷元帥も本条約には不満なるべきも、国防不安なりと言い切らるることなかるべく、結局政府において相当に補充に考慮すれば、国防はもって行けるということになるべし」と、九時半帰る。

午前十時山本英輔来る。統帥権問題の解決案を書しこれを示す。二案あり、一案は実行不能なり、一案はほぼ予の案に同じ、依って先ず財部大臣の同意を求め、しかる後加藤に話すべしと談合、十一時帰る。午後一時野村来る、二時帰る。

五月二十四日

午前十時、大臣官邸において大臣と会談、午餐を共にし午後二時帰る。上奏書の件なり。更に撤回勧告すれども聞かざれば握るのみ。

五月二十五日

午前八時、加藤軍令部長邸に至り、加藤に面会し上奏書撤回を勧告し、「昨日これを熟読したるに文章も穏やかならず、またあの文面にては現内閣が悪いという外に更にその上に行くを恐る」と。加藤いわく、「それにて良きなり、聖上の誤りは臣下これを正さざるべからず、側近者宜しからず、すなわち予正しき事を申し上げざれば数年後国防危うきに至り、何をなすもすでに遅る、すなわち今実情を上聞に達すること必要なりと思う」予そのしかるべか〈ら〉ざるを力説し再考を求む。彼考えようと言い、意大いに撤回に傾きたるようなるも、「まあ待ってくれ、私もよく考えてみるから」とのことなれば九時半帰る。

山本英輔、予が宅に予が帰りを待ちおれり。統帥権問題の件なり。「大臣の同意を得たり、この問題は全海軍新聞記事のみにより、大いに不安を感ず、永くこのままとなし置くべからず、速やかに解決するを可とす、今より加藤大将を勧告に赴く」と。十時十五分帰る。

午前十一時、久原房之助来る、いわく、「海軍にて国防不安なりと言えばこれ条約は批准せられざることとなる、この条約を批准せざるも来年は華府《ワシントン》条約により軍縮会議を開かざるべからず、また外交上よりも米国に手を廻して直ちに軍縮会議を開く方法もあるべし、不満の条約を結ぶよりも、この際国防不安にて行方明瞭にして、国家のためにも宜しきにあらず」と。予いわく、「この条約は不満なれども国防不安なりとは言い得ず、また批准せずして別に軍縮会議を開く方法を講ずるも右の如くして果たしてこの条約よりも満足すべき結果を得るや否や不明なり、もしなお不満足のものとなるか、また会議甚だ永引くにおいては甚だおもしろからず」と。正午帰る。

午後一時半大臣官邸、大臣に面会、統帥権問題及び上奏書問題につき協議、午後二時帰る。大臣本日官邸に末次を招き懇談するはずなり。午後四時原田来る。十五分にして帰る。

五月二十六日
午前八時、内田信也来る。午前九時、山本英輔来る。統帥権問題なり。

五月二十九日
午前八時古賀副官来る。本日官邸に軍事参議官集合、統帥権問題につき審議の件なり。

軍令部案と海軍省案につき協議す。十時四十分官邸において大臣と協議す。十一時元帥・軍事参議官集合。大臣より「兵力量の決定には軍令部長の意見を尊重し、大臣、部長能く協調すべき前例」を説明し、海軍大臣は兵力量の決定に当たり軍令部長と意見一致すべきものなりとの原案を示し同意を求む。午餐後加藤軍令部長より回訓当時の事及び議会における答弁等を詳述し軍令部案を出す。予は「軍令部案にては意味不明の点あり、海軍省案甚だ明瞭なり、これに決せられたき」旨申し述ぶ、ただし海軍省案では前文として条例互渉内規等を引用し、従来となんら異なるところなき旨の文句あり、加藤よりこの前文につき修正意見出たるにつき、「前文は大した関係なきものなればその字句は適当に修正然るべし」と。元帥、参議官別に異議なし。加藤より「もしこの如く決すれば政府の回訓当時のやり方は誤りなれば、これをなんらかの方法により正さざるべからず」予は「その必要なし、これは海軍限りのことにして政府に関係なし、この如く海軍にて定めおけばそれにて可なり」と申し述べたり。午後四時二十分会合終わり帰宅。六時、内田信也来る。「本日右会合を終わり、原案の字句を修正し大臣軍令部長室に至り同意を求めたるに、部長はちょっと待ってくれと言い、他に三ヵ条ほどの書付けを出し大臣に署名を求む、大臣無意識に署名したる」由なり。

五月三十日

午前十時半、古賀副官来る、統帥権覚書の件なり。予は前文の修正に同意したれども本文修正の意味に非ずと、当時の状況詳述し海軍省の改正に同意す。正午帰る。

午後七時、古賀副官来る。「大臣改正案をもって伏見宮及び東郷元帥邸に至る。いずれも、海軍大臣は、を削除しては如何とのことなりしも、字句は改正しませんとて同意を得たり」とのことなり。

五月三十一日

午前十時、森恪来る。いわく、「内田信也、岡田大将を振り廻す、用心せよ」と。また軍縮の落ち付く途を問う。予大体の説明をなす。

午後二時、山本英輔来る。「統帥権問題は海軍省も軍令部も精神上には全然一致すれども字句の末にて争いおるなり、海軍のため速やかに解決を必要とす」と。予いわく、「すでに先般軍事参議官の集まりにて大体決定しおり、字句も海軍省案の方はっきりなしおり、今更変更に賛成し難し」と。山本いわく、「すでに精神上において一致しおるものを字句にて争うは愚なり、何とか解決の法ありと思う、依って海軍省、軍令部の間に周旋したし」と。これより加藤大将邸に赴くとて辞去す。

五時山本来り、「加藤大将の意見を聴きたるに、精神上にはなんら不一致なし、ただ現文句にては人変わりたる際誤解の恐れありと言うに過ぎず、また今軍令部長交替するようにては海軍部内に動揺を免れず、この問題解決すれば大臣、軍令部長の間の問題無くなり、いずれも交替等のことなく、海軍も収まるべしと思う、依って大角とも相談し解決策を講じたしと思う、如何」と、予は「大臣同意すれば別に異存なし、ただしこの問題は海軍省、軍令部の問題なることを考えにおかれたし」と。六時辞去す。

六月一日

午前九時、原田来る。十時帰る。

十一時、山梨次官来る。次官、次長は近く交替せざるべからず、部長も交替する方部長のため利益なりと。正午帰る。

六月二日

午前九時半大臣官邸、大臣と会談。次官、次長、部長の件なり。十一時軍令部長室にて部長と面談、統帥権問題も、「山本も骨を折りおれば満足に解決すべし」と言いたるに、「政府はどうするか」との話なりしかば、「政府の問題は海軍としては何ともならず、しかし枢密院ありて詳細に検討すれば政府のことは何ともせずして可なり、海軍として適当の方法にて上奏も可なるべく、一般に知らしむる方法を採れば可なるべし」と。また「政府はこれに同意するか」と、予は「同意も不同意もなし、従来の慣行となんら変せざるものなれば、政府は不可なりとは謂《い》いあたわざるべし」と、「しからば回訓当時のことは何とするか」と、予「それは我等の知ったことにあらず、政府にて何とかするならん」と、部長「政府は世間に謝せざるべからず、これにて統帥権も片付けば、予は大臣と両立しあたわずと言えず、しかれども予は男の面目上辞職せざるべからず」と、予「あるいはしからん、しかれどもその時期は世間をさわがさざる時を選ばざるべからず、暫く時を待て」と、部長「予もそれを考えておる、無茶なことはせぬ」と、予「どうぞそうしてくれ」と申し辞去。古賀と会談、大臣に部長会談の要点を話し、一時帰る。
一時半、内田信也来る。
午後七時、山本英輔来る。「大角と協議し字句を修正し、海軍省・軍令部にも不同意なし、大臣も同意せり」と。依って予は、この問題は伏見宮、東郷元帥の同意をも得おくべきを話し、そうしますとて七時半辞去す。
六月三日
午後二時半、東京駅、陛下奉送、加藤に会し山本の案にて解決したる由立話したるに、「統帥権は解決せり、君にもいろいろ話があるが」と言いたり。
午後三時半原田来る、四時帰る。
六月五日
午後七時、古賀副官来る、次長の件なり、八時辞去す。
六月六日
午後三時半、松下元〈人事局長〉来る、次官、次長交代の件なり、四時帰る。五時半原田来る、六時帰る。
六月七日
午前八時四十分山梨来る。一昨日末次は御前講演の際、憲法十一条、十二条、統帥権問題を進講したる由、講義了《おわ》って、武官長は右は末次一個人の意見として御聴取を願いたく申し上げたる由なり。

九時山梨と同乗、大臣官邸。大臣と会談す。部長辞表、上奏書の件なり。十一時軍令部長室に部長に面会、上奏書撤回を申し入れたるに、部長は「統帥権問題も山本、大角の周旋にて一致点を見出したるに、大臣はこれを進捗《しんちょく》せず、大臣の意のあるところを知るに苦しむ、また君は辞表を撤回しておれにどうせいと言うか」と。依って「辞職は止むを得ざるべきも、補充案でも出来た後にして如何」と。部長いわく、「補充案はすでに出来おれり、軍令部は最悪の場合を予想して用意しあり」「しからば世間を騒がさざる時期まで待て」と。部長いわく、「君の謂《い》うことは始終変わるから困る」と。「また財部取り次がざれば予直接上奏す」と。予はその穏やかならざるを説き、よく考えるよう頼み退出。大臣にその要点を話す。大臣いわく「風邪にて二、三日引き入りおり、また本日東郷元帥に電話にて問い合わせたるにご病気にて都合悪しとのことなるにより未だ遇わざれども故意あるにあらず」と。依って正午更に軍令部長に「大臣も進捗せしむるに努力中」なるを告げ、零時半帰る。

午後七時大臣より電話あり、「東郷邸に電話にて伺いたる〈に〉、ご都合悪く本日は遇えざりし、明日ご都合を問い合わせご同意を得るべく務むるにつきこの旨加藤に通しおかれたし」と。

六月八日

午前九時、内田信也来る。

午後三時加藤邸訪問、留守なり、依って名刺に財部よりの依頼の趣を記し置けり。

六月九日

午後二時海軍省より電話、官邸に来邸を望まる。三時半官邸にて大臣に面会、軍令部長問題にて協議し四時半帰る。当分軍令部長はそのままの意味なり、午後五時内田信也来る、八時井出大将来る。

六月十日

午後三時大臣官邸より電話あり、四時官邸にて大臣、山梨、小林、松下、古賀と会す。本日午前加藤軍令部長、今秋の大演習の件につき拝謁を願い出《い》ず。武官長侍立したるに、大演習の上奏終わるや直ちに先に大臣に差し出しおきたると同一の辞表を読み上奏したり。侍従長より古賀に通知あり、古賀は総理官邸にて午後一時大臣に報告したりと。しかして大臣は「宮中に召されまさに参内せんとす、いかにすべきや」と。「事ここに至り如何ともすべからず、すなわち谷口と交代しかるべし、しかして加藤は軍事参議官とすべし」と。大臣四時半参内、松下を伴う。五時半官邸に帰来せらる。陛下は大臣を召され、加藤の上奏書を下げ渡され、加藤の処分は大臣に任せらるる旨仰せられる。依って大臣より谷口を軍令部長に、加藤を軍事参議官に奏請し、御嘉納あらせられたる由なり。六時辞去す。

午後七時半、原田来る。この日次官、次長の交代発表せらる。

六月十一日
午後三時半、古賀来る。本日軍令部長交代発表せらる。四時半古賀帰る。五時半原田来る。
六月十二日
午前九時野村来る、呉鎮長官として赴任するためなり。九時半山梨来る、次官交代を了したる故なり。十一時藤田〈尚徳〉来る、艦政本部長として着任したるためなり。
午後一時、小泉栄太郎来訪、ロンドン条約は批准はせざるべからず、ただし不満足なりと言わざるべからずと、予海軍の意また然りと答えおけり、二時帰る。
六月十三日
午前十時矢吹次官来る。正午加藤大将来る。軍令部長交代したる故なり。
六月十四日
午前十時谷口来る。明日八時半水交社において、詳細に回訓当時の事情を話すべきにつき永野も来会せしめられたき旨約す。午後二時半小林次官来る。
六月十五日
午前八時半、水交社において谷口、永野に回訓当時よりの状況を話し、午食《(ママ)》を共にし一時半帰る。
六月十七日

午前九時、内田信也来る。

六月十八日

午前九時東京駅、若槻全権を迎う、出迎え盛んなり。午後五時半大臣官邸、加藤、谷口、末次、小林、永野、藤田、安東と晩餐、九時散開。

六月十九日

午前九時鈴木喜三郎、山本悌二郎来訪。鈴木いわく、「伊東は枢密院においては統帥権問題の如きけちな問題には触れぬ、ただ海軍が国防不安なりといえば御批准あるべからずと答申出来ると言うが、如何」と。予は兵力量の内容を説明し、「ロンドン条約は不満足なりとは言い得るも国防不安なりとは言い得ず」と。鈴木君また「殿下及び東郷元帥は非常に強硬なるご意見なりというが如何」と、予「殿下及び東郷元帥も本条約にご不満なるは明瞭なれども、すでに軍令部においては加藤軍令〈部〉長の時より最悪の場合を予想してこれが対策を研究しおり、新軍令部長もこの方針に依りて計画を建て、政府にして兵力量補充の途を講ずるにおいては、先ず国防は危うからずというところに落ち付くべし、しかして兵力補充の問題も可能の程度ならん」、山本いわく、「海軍の若手連、特に軍令部はそれにては治まらざるにあらずや」と、予「多少何事かあるかも知れぬが海軍が動揺することなかるべし、中堅どころはそれにて止むを得ざるをよく承知しおれり」、山本いわく、「しからば今度のロンドン条約はセコンドベストということになるか」、予いわく、「その通りなり」、山本いわく、「回訓当時の政府の処置不当なりというにあらずや」と、予いわく、「これは両方に手落ちあり、政府としては充分とは言い難きも一応の手順を踏みおるなり、すなわち回訓案は閣議前山梨の手に渡し、大臣官邸において海軍首脳部に示し協議せしめたるに、加藤、末次それに異議を申し立てざりし、思うに加藤はすでに、浜口に『米国案の如くにては軍令部長として責任を持ち得ず』と明言しあれば、この場合は何も言うに及ばずと考えたるならん」山本いわく、「我々にもよくあることとなり、怒って知らん顔して横向いておったのだなあ、そうすると枢密院で問題となるも政府は頰かむりして通れるなあ」、鈴木いわく、「しかられたら『私は同意を得たと思いました、悪ければ次から気を付けます』とあやまればすむねえ、伊東はこの前枢密院が下手人となったが、今度は海軍だと言っていたがいかんなあ」と。十時両人辞去す。

午前十一時大臣官邸、元帥、軍事参議官集合、特命検閲御沙汰書案につきて協議、異議なく十一時半終了、殿下、東郷元帥退去せらる。大臣、加藤、谷口、永野、小林、吉田、堀と午餐を共にし午後一時帰る。

六月二十日

午後、永野中将来る。

六月二十一日

午後六時十五分、古賀副官来る、統帥権問題御允裁《ごいんさい》を乞う件なり。七時帰る。

六月二十二日

午前九時山本英輔来り、「大臣の評判甚だ宜しからず、昨夜興津庵に長官、司令官等集まりたるに、いずれも『大臣は速やかに辞職せざるべからず』と言う、また軍令部長のみを止めて大臣その職に留まるは大臣の将来のためにもよろしからざるにあらずや」と。予はそのしからざる旨を力説しおけり。

午後二時、大角来る。また大臣の不評を語る。午後四時原啓二郎来り、また大臣辞職すべきを言う。予「大臣辞職せざれば海軍治まらず等の説をなすが、これおのれの面に唾《つば》するに同じ、上級の者はしかざるよう努むべし」と、原いわく、「充分努めおれり、しかも及ばざる時は如何」と、「その時来らば考うべし」。五時辞去す。

六月二十三日

午前九時四十分大臣官邸、加藤大将、谷口軍令部長と共に大臣より統帥権覚書允裁案を示さる。いずれもこれに同意す。大臣は「御允裁を得ればこれを政府に書面にて渡し、また海軍部内には内令として発布する予定なり」と言う、これに同意す。十時半参内、宮中東一の間において大臣は覚書允裁案を東郷元帥に示され、同意を求められ、元帥同意せらる。十時五十分殿下参内せらる。大臣また允裁案の同意を求められたるに、殿下は「先に山本等の案として内見したるものと字句相違せり」とて、「これはすでに允裁を得たるものなるや」とお尋ねあり、大臣より、「これより御允裁を願うものなり」とお答え申し上げたるに、「しからばこの字句の相違は如何」とお責めあり、堀軍務局長より前のにては主格明らかならざるようなるにつき海軍の文字を加えたり。意味は変わりなき旨申し上げ、殿下は御不満のよう拝せられたれども同意せられたり。

午前十一時より東郷元帥議長として軍事参議官会議を東二の間に開かる。特命検閲につき軍令部長、吉田二班長の説明あり。質問に移る、加藤大将より、回訓当時の政府の誤れる処置より統帥大権に関して疑惑を生じ、青年将校は不安を感じおれり、速やかにこれを明確にせざれば、あるいは恐る、大切の特命検閲になんらか不祥事の惹起するなからんを、との意味を書付けにしたるを読したり。これに対し財部大臣は「この会議は御前会議と心得厳粛に申し上ぐ、右問題は御允裁を仰ぎこれを政府に示し、また部内には内令にて発布すれば疑惑を生せずと考うる」旨簡単に答えられ他に異議なし。原案可決、議長より上奏せられ、午餐を賜わり午後一時退出す。午食前大臣は東一の間において加藤に、「宮中の軍事参議官会議は御前会議と見做しなんらの問題なきを例とす、それ故あらかじめ官邸においで打合会を催すなり、意見あらば何故その時述べられざりしや」と責められたり、加藤黙して答えず。

帰途海軍省に立ち寄り谷口に会談、ロンドン条約に対する意見を確かむ、谷口いわく、「自分の考えとしてはロンドン条約の兵力量にて国防は安全なり、また条約は批准せられざるべからず、なれども今は軍令部長なり、軍令部の立場を考慮せざるべからず」と、予いわく、「良し、君の一己の考えを聞けば足る、またなんらの事あるも辞職すべからず」と、谷口は「それは場合による、みだりに辞職はせぬ」と、予「それにて安心なり」と辞去す。

六月二十四日

午前十時四十分参内、十一時拝謁、聖上陛下より御沙汰書を賜わる。退下、武官長と談、末次の御前講演及び加藤上奏の模様を知る。予は「財部部内に不評なり、あるいは恐るその辞職勧告は予の役廻りにあらざるやを」と、十一時半宮中退出。海軍省に出頭、検閲使付の伺候を受く。後軍令部長と協議す、早く兵力補充の計画を定め、殿下及び東郷元帥は責任者たる大臣、軍令部長より極力了解を願わざるべからざるを説く。谷口は「極力勉める、大臣に君より言え」とのことなり。午後一時半大臣と面談、殿下・元帥の了解に努められたき旨進言、二時帰る。午後四時半、原田来る。

六月二十五日

午後一時参内、特命検閲施行方及び予定に付奏上。

六月二十六日

午後六時より水交社において新旧軍令部長の晩餐あり、久邇宮台臨せらる。

六月二十七日

軍令部長より電話あり、午前十時半部長室において部長及び小林次官と面談す。部長は

「殿下及び元帥に『すでに軍令部に兵力量補充案出来たり、加藤前軍令部長の時の案と同一なり、ロンドン条約は不満足なれども政府にして補充をなせばほぼ国防を完《まっと》うし得る』と、殿下は『批准はせざるべからず』と仰せられほぼ了解を得たれども、東郷元帥は『予が実戦経験よりするも今回の条約の兵力量にては不足なり、駆逐艦、潜水艦の如き奇襲部隊は別として巡洋艦は主力艦六割の今日八割を要すと思うも、それが七割にもならんのでは不可なり、すでに不可なりとせば別に補充案など不用にあらずや、上陸下に対しては率直に国防上不足なりと申し上げれば宜し』と、また『御批准無き方良し、もし予に意見を徴せらるれば右の如く申し上げる考えなり』と申され、『右にては軍令部長の職責を尽くさざることとなり、軍令部長は辞職せざるべからず、私如きの辞職如何はどうでも宜しとするも海軍に大動揺を来すべし』と申し上げたる」由なるも、「元帥は『一時はそうなろう、しかれども将来の国防危くなるに比すれば何でもない、今姑息《こそく》の事をなしおき将来取り返しのつかざることとするは大不忠なり、一九三五年の会議を云々《うんぬん》するも今達せられざるものが何で将来達せられよう、今一歩を退くはこれ真に退却せるものにて危険限りなし』と、軍令部長は情義を尽くして説きたれども聞かれざりし」由。軍令部長は更に殿下に伺候し元帥の聴かれざる次第をお話し、「模様によりては殿下より元帥を御説得を願われまじきやを伺いたるに殿下は『必要の場合には説得すべし』と諾せられたり」とのことなり。

小林よりは海軍予後備将校の消息及び大臣小笠原訪問等の話あり。

午食後部長室において部長と協議す。殿下をして元帥を説くはしかるべからず。無策に似たれども大臣、軍令部長にて更に説明するを可とすとし、午後二時帰る。
六月二十九日
午後三時、鈴木侍従長来訪せらる。財部辞職の勧告を小生よりなすべからずと言い、四時帰る。
六月三十日
八時より特命検閲開始。
午後四時十五分大臣官邸にて大臣に面会、検閲状況を報告。
七月一日
平塚海軍火薬廠検閲。四時半水交社に帰着し谷口と会合、局面打開につき協議し、六時半帰る。
七月二日
午前七時半、水交社において谷口と協議す。谷口いわく、「もはや策の施すべきものなし、ただ加藤と懇談の一事あるのみ」と、予これに同意す。水路部、軍医学校の検閲を終わり、午後四時水交社に帰着、谷口と協議し夕食後帰宅す。
七月三日
午前七時半、水交社にて谷口と協議す。技術研究所検閲了って、午後四時水交社にて谷口と協議す。谷口いわく、「加藤と懇談の結果、大臣をして辞職を決意せしむれば大いに望みあり、またこの重要なる軍縮の協議に、軍事参議官にして大将たる加藤を圏外におくはしかるべからず、何としても加藤を相談の内に入れ置かざるべからず、予は軍令部長なり、大臣の進退については口を開くを得ず、もし君にして大臣に辞職を勧告するを諾すれば、加藤は『水交社に来りて予等と懇談すべし』と言うも、『大臣辞職せざる限りはこの問題打開の途なし』と言えり、如何」と。予大臣辞職の無意味なるを論ずれども、谷口は他に策なきを如何せんと言う。依って今夜考うることとし夕食後帰宅す。

七月四日

午前七時半、水交社において谷口と会し、予は「財部を辞職せしむることは本意にあらざるも、この場合いかに考うるも他に策なし、止むを得ず辞職勧告を引き受くべし」と。依って二時半より水交社において加藤と会合を取り計らうを依頼す。

経理学校検閲、午後一時水交社に帰来。二時谷口来り、二時半加藤来る。三人協議す。加藤いわく、「東郷元帥の意見は強固なり、『ロンドン条約は欠陥あり、御批准しかるべからず』との意見なり」予いわく、「御批准のことは枢密院あり、海軍の関するところにあらず、海軍としてはロンドン条約は欠陥あり、ただし飛行機その他条約外のものをもって補充すれば本条約期間は国防を持って行けると思うが、どうか、しこうしてその補充計画は君がこしらえたものにあらずや」と。加藤いわく、「ロンドン条約は兵力量に多大の欠陥あり」。予いわく、「多大とは穏当ならず」谷口いわく、「字句は予も考えおる、今日は意味だけにしよう」加藤いわく、「政府が誠意を以って補充するということになれば、国防は持てぬことはない」と。予いわく、「しからば予等と同意見にあらずや、これにて東郷元帥のご承諾を得るあたわずや」加藤いわく、「もし財部にして辞職すれば、あるいは承諾を得る望みなきにあらず、しかして財部に辞職を勧告するものは君の外になし」と。予は「財部に辞職せしむるは本心にあらず、実行不可能なればなり、ただし批准の後に辞職するということなれば予はこれを勧告せん、批准以前、すなわち今直ちに辞職せよというもこれ実行不可能なり」その所以《ゆえん》を力説す。加藤いわく、「止むを得ず、ただし批准ありても辞職せざる時は如何」と。予いわく、「勧告する以上は批准後なるべく速く辞せしむ、これはやる、ただし財部辞職を承諾すれば、君は予等と共に元帥、殿下にご説明しご承諾を得るに努力しくるるや」。加藤いわく、「尽力すべし」と、これにて協議を終わり、すなわち午後四時予は大臣官邸に赴き大臣に面会、「東郷元帥も殿下も大臣に好意を有しおられざるはご承知ならん、この場合局面打開の途は大臣辞職の一方法あるのみ、予は大臣に辞職すべからずと申し上げおきたるに今辞職を勧告するは、今の場合他に方策なきによる、願わくは批准ありたる後辞職するとの意志を殿下、元帥に明らかにせられたし」と。大臣いわく、「君は予が心事を知りおらるると思う、予は覚悟しおれり、しかれども腹を切るに何月何日切ると人に触れ歩くのはいかがのものにや、腹を切るに人に相談はせぬものなり」と。予いわく、「ごもっともなれどもこの場合はしからず、ただその一事に依って局面打開せらるるやも知れざるなり、ただしこれもそうと確定したものにはあらざれども、他に策なきを如何せん」と。大臣いわく、「そうだろう、加藤にしても辞職を声明すれば殿下、元帥は必ず承諾せらるると保証し得ざるべし、ともかく考えさしてくれ」と。予いわく、「今や局面は行きづまりて策の施すべきなし、批准後なるべく速やかに辞職するというに別段考慮を要せざるべし、これ大臣の素志と小生は了解しおれり、谷口は軍令部長の職にあり、大臣の進退については一言もせざれども、もし問わるれば相当に進言したき由なれば、今夜中に谷口を呼ばれその意見を徴せられよ、今はこれのみお願いす」と申し、辞して水交社に帰る。この時別室に江木鉄相おりたり。

水交社において谷口に不結果を語り、今夜君を呼ぶよう依頼しおきたる旨話し、訓示案の出来るを待つ。七時大臣外国人招待のため水交社に来る。依って更に今夜谷口と会見せられたき旨依頼しおけり。

午後九時半外人宴終わり、十時谷口官邸に呼ばる。十一時大臣官邸より電話あり、「直ちに来られたし」と、官邸に至り大臣、谷口と会談。大臣いわく、「辞職を決心せり、先ず予と谷口と明日東郷元帥及び殿下に伝えられたし」と。正子〈午前零時〉辞去す。

七月五日

午前七時半、水交社において谷口と協議し、東郷元帥のご都合を伺い、谷口は更に殿下拝謁をお願いし、八時半谷口と共に東郷元帥邸に赴く。予より「大臣批准と共に辞職を決心せられ予等に『先ず元帥に申し上ぐべし』とのことにつきお伺いせり」と申したるに、「それはよろしい、しかれども辞職と決心せるならば何故に今直ちに辞職せざるや、大臣一日その職に在ればそれだけ海軍の損失大なり」と。予「批准前に辞職すること不可能なるべし」と申したるに、元帥は「大臣さえ決心すれば出来ると思うが、あなたはどう考える」と。予は「甚だむつかしきことなり」と申し上げたり。なお谷口より「すでに補充計画も出来上がり、元帥の承認を得られざるにおいては軍令部長も辞職の止むを得ざる」旨を申し述べ、九時半辞去し、谷口は伏見宮邸に、予は水交社に帰る。午前十時より特命検閲訓示、十一時検閲使付と会食。午後三時半大臣官邸、大臣、予、加藤、谷口会合、谷口より、殿下・元帥共に大臣は直ちに辞職せらるるを可とするお言葉ありたる旨を述べ、大臣より「自分は帰った時よりすでに決心せるところあり、加藤大将にも申したことあり、知る人は知っておらるるつもりなりしが、いろいろ誤解せられたるは遺憾なり」と、予は「直ちに辞職不可能なる」を力説す、かつ「すでに補充計画も定まり省部の意見一致したる今日、東郷元帥の承認を得ざるべからず」と、谷口も、「元帥承認せられざれば辞職するの外なし、今一度加藤より元帥を説かれたし」と言う。皆同意す。加藤もこれを承諾し、夕食を共にし午後七時辞し帰る。

七月六日

午前十時半大臣官邸、大臣、予、加藤、谷口集合す。加藤より元帥との問答の状況を聞く。加藤も「ただ『欠陥あり』のみにては海軍として職責を尽くさざる恐れある」旨申したるも、元帥は「補充のことは今申し上ぐる必要なし」とて聞かれずとのことなり。昼食を共にし、食後元帥会議にすべきや軍事参議官会議にすべきやにつき協議し、前例により元帥会議しかるべきも、いずれにてもよろしというに一致す。また「大臣一日も早く辞職せざれば海軍にいかなる事が起こるも知れず」と加藤申し張り、谷口も「批准七月中にあれば良し、九月にもならば考えものなり」と言う。予は「海軍の軍紀はそんなものではなし、大臣の辞職が二、三ヵ月遅れるとて何事もなく、もしあればそれは我々が悪いからだ」と申しおけり。午後二時散開。

午後五時半、水交社において谷口と会し、予より谷口に「君はロンドン条約にては兵力量不足なりと考うるや」谷口いわく、「しからず」。予「君は国防不安なりと思うや」谷口いわく、「しからず」予いわく、「ロンドン条約は批准すべからずと考うるや」谷口いわく、「しからず、しかれども今この問題を纏《まと》めんとするには兵力量不足なり。これを補充して条約期間国防を危うからしめざるを得《とく》とせざるを得ざるなり」谷口なおいわく、「予は、兵力量は政府これを決定すべきものと信じおれり、ただしこれは今言い得ざるのみ」と。予いわく、「可なり、予は安んじて大湊の検閲に赴き得」と。六時半、相共に大臣私邸に赴く。晩餐を供せられ互いに協議す。大臣より、「元帥邸に赴き辞職の決意を語り、後任者もすでに承認を得おけり」と。江木鉄相来り、大臣別室に赴く。約三十分鉄相との会談を終わられ帰来せらる。予「大臣は後任者の承認を得られたるは早過ぎたり、将来あるいは困難あらん」と。十一時辞し帰る。

七月七日

午前八時、内田信也来る。

午後一時半大臣官邸、大臣と協議す。予いわく、「ここに至り策を弄すべからず、このまま押し進む外なし、軍事参議官会議となれば、海軍のみのものとせざるべからず、その場合には少数多数の両意見となるべし、枢密院はたぶん御批准しかるべしと決議すべく、もししからざれば政府の上奏となるべし」と。大臣いわく、「それは重大問題なり」と。午後二時半谷口、加藤来り、四人にて協議す。もはやこれにて進むより外に方法なし。御諮詢は先例により元帥府とし軍令部長は各方面と交渉を進むべしと。三時半会議終了。予のみ残り大臣、谷口と協議す。すなわち「予の不在中は陸軍との協議に費やさるることとなるべし」と。午後四時帰る。八時原田来る。

七月八日

午前十時東郷元帥邸、元帥に面会。予いわく、「先日大臣は直ちに辞職することは出来ぬかとのお尋ねあり、しこうして甚だむつかしき旨申し上げたるが、これは私は不可能と考えます、未だ枢密院にも掛からざる際、全権たる海軍大臣の辞職を政府はよろしいとは言い得ぬと思います、またこの際大臣を辞職せしむることは、海軍が政治問題の渦中に陥ることとなります、いかなる理由により大臣を止めても世間では海軍が大臣に詰腹を切らせたとしか見ません、しこうして海軍は一部人士より永く怨みを買います」と。元帥いわく、「それはそうではないでしょう、私も腹の中では早く大臣に止めてもらいたいと思っておりますけれども、口には何も言わんのです、私が辞職せよと言えばこれは政治に関係したことになりますが、大臣が自発的に止めるのに何が政治上の問題になりましょう、政府が止めさせられんとか申しますが、大臣又堅き決心にて辞職するのをだれがどうすることも出来ぬはずです、この頃私にいろんなことを言ってくるものがありますが、私はただ聞いているだけで一つも取り合いません、軍人が政治に関係してはなりませんからその点は私も大いに注意しております」と。予は自重せらるるを望み辞去す。

十一時伏見宮邸、直ちに拝謁、「大臣辞職はご批准後ならざるべからず、それもむつかしきことと今より頭を悩ましおります、今直ちに辞職ということは政治運動と見られ一部に怨みを買います」殿下は「そういう場合もあるべく、そうでない場合もあるべし、このたびのことは時を経るに従い世間に事情も分かり、海軍のために悪くはならんと思う、直ちに止める方を私はよろしいと考える」予なおご熟考を願いたるに、「これのみはお前の言うことがもっともとは言えぬ」と。十一時四十五分辞去。大臣官邸に至り谷口軍令部長と協議す。谷口いわく、「東郷元帥邸に至り、『御諮詢は先例は元帥府なり』と申したるに、元帥は『軍事参議院に御諮詢しかるべきにあらずや』と申されたるにつき、『軍事参議院ならば海軍のみとせざれば、何も関係なく事情を充分承知しおらざる多数の陸軍参議官を加うるは不可なり、しかるときは元帥の側は元帥議長とならるる結果、少数となるべし』と申し上げたるに、元帥は、『しからず、予も参議官として一票を有し、もし賛否同数なるときは議長として決定権を有す』と申されたる」由にて、谷口は、「充分調べます」と申しおきたりと言う。昼食をなす。零時四十分、大臣、閣議より帰来す。三人にて協議し、なお小林次官を呼び議長問題につき海軍省の取調べを聴きたるに、元帥の話の通りなりと言う。ただし殿下及び元帥も、元帥府にても軍事参議院にてもいずれでも可なりとのことなれば、元帥府ということとしその手続きを進めることとす。四時帰る。午後十時半上野駅発、青森に向かう。

七月十四日

午前七時上野駅着、直ちに大臣官邸、大臣、谷口と朝食を共にす。これより前、元帥府御諮詢については次長より参謀本部に内協議し、部長より参謀総長に協議したるに、「陸軍省とも協議の要あり」とて数日返事せず。そのうち差支えなしとのことにて東郷元帥に申し上げたるに、その翌朝早く水交社谷口に電話せられ、「これより面会に行く」とのことなりしも、谷口よりお伺いすることとし直ちに参邸したるに、元帥は、「元帥府御諮詢についてはは昨夜よく考えたるに、このたびの問題はなるべく多くの人の意見を聞くこと必要なりと思う、元帥府に御諮詢になれば、上原という一理屈言う男あり、甚だ面倒なり、軍事参議院に御諮詢ということに出来ぬや」と。谷口いわく、「軍事参議院とすれば海軍のみの軍事参議院となります、このことは陸軍でも望んでいることでありますから、元帥のお名を出さずにしてそうするよう取り計らいましょう」と。直ちに参謀総長私宅において会見依頼したるに、「陸軍省と協議して返答するが、私限りは差支えなしと思う」と言い、後「異議なし」と返答し来りし由なり。九時辞し帰る。午後二時十分軍令部長室にて部長と協議、このまま策を弄せず進むこととす。あるいは将来元帥を辞さるるようのことあるやも知れず。その場合はその時のこととす。二時半大臣官邸、大臣、加藤、谷口、と協議す。加藤は奉答文案を示すことを求む。谷口「今考え中なり」とて示さず。なお非公式参議官会議には国防計画補充案につき説明するを求む。これをなすこととす。午後五時帰る。

七月十五日

午前九時五十二分東京駅発、十一時逗子着、直ちに御用邸に参邸。十一時拝謁、特命検閲の復奏をなす。「ご苦労であった」とのお言葉あり。昼食を賜わる。食後、武官長、侍従長とロンドン条約の経過につき大体を説明す。一時十五分、陛下侍従長をお召しあり、経過及び奉答文の内容につき御聴取あり。「元帥はすべてにつき達観するを要す。また一九三五年の会議を拘束すべからず」等のお言葉ありし由なり。午後一時四十九分逗子発にて帰京。午後五時原田来る。

午後七時大臣官邸、本日谷口軽井沢に赴き、伏見宮殿下に拝謁して帰来す。大臣、加藤、谷口と共に夕食、食後協議す。谷口の談に依れば殿下は承認せられたる由なるも、「東郷元帥は時々時世に離れたる如きことを言うも、いずれも東郷元帥の言うところ最良なりし、今度のことも東郷の言うのがいいのではなきやと思う」と申されたる由、十一時半辞し帰る。

七月十六日

午前九時、内田信也来る。

七月十七日

午前九時半帰邸すれば、有馬大将待ちおらる。軍縮問題の経過につきお話し、「意見の一致のため尽力中」なるを申す。大将は「この際海軍の割れるのを心配せるが、君等が一致するよう努力中なるを聞き大いに安心せり」とて、十一時半帰らる。

七月十八日

午前九時、原田来る。九時十五分小林次官来り、原田帰る。来る二十一日参議官会議の件なり。十時小林次官帰る。午後四時半原田来る。

七月十九日

午前十一時半、内田信也来る。午後七時原田来る。

七月二十一日

午前八時半大臣官邸、非公式軍事参議官会議。東郷元帥、殿下、大臣、加藤、谷口集合。谷口より補充案及び防禦計画につき説明しおわって、御諮詢案及び奉答文案につき説明し、財部よりも一応の説明あり。予もまた「海軍として補充すれば国防は持ち得、また政府は補充するものと信ずる」旨を説明す。昼食を共にし、昼食後再び会議となる。殿下よりこの補充案につき、「大臣は出来る見込みなるや」お尋ねあり。大臣は「それは政府財政の都合によりますので海軍でこれだけ入用なりといっても財政の状況により全部実現するとは申し上げ兼ねる」との答弁あり。「さような頼りなきものにては不可なり」との議論起こる。谷口より「本日の会議はこの程度にて止められ、大臣より政府は誠意をもって欠陥補充をなすの意あるや否やを確かめられん」ことを請求し、三時散開す。予は大臣に、「あのような答弁にては困る、この補充案は海軍として是非ともなさざれば国防安全ならず、故に必ずやるという信念を言明されたし、信念堅ければ出来ざるはずなし、信念なり」と勧告す。谷口、加藤もまた同様のことを進言せり。

午後七時、内田信也来る。

七月二十二日

午前八時十五分大臣官邸。谷口いわく、「本日の会議は絶望なり、もししかる場合には多く議論せずして中止を求め、更に一日を延ばさん」と。予「そうでもあるまいが絶望と見る時は中止可なり」と申しおけり。大臣より本日の答弁を書き物にて用意せられ予に示さる。江木鉄相の草せるものならん。内に財政これを許さばの文句あり。予これを削る。予いわく、「目下の大問題は奉答文の可決せらるるや否やにあり、これに全力を注ぐべし、後のことは後にて考えて可なり、右の如き文句あらば『財政許さざる場合は如何』との反問あるべし、右の如きことは言うべからず」と。

八時半会議を開く。先ず大臣より、「政府は誠意をもって補充する旨、昨日浜口首相より言明ありたり」と書き物について説明し、東郷元帥より「兵力量に欠陥ありにて止めおきては如何、それにても御批准あらばその時補充の事を議すれば可ならずや、この補充案はなお研究を要するにあらずや」と申される。予「この補充案は加藤軍令部長の時の立案にてそのまま練り出来たるものなれば、屯数・艦型等に小変化はあらんも筋は変ぜざるものなり、なお『欠陥あり』のみにて補充案あるにこれを上奏せざれば軍部としてその職責を尽くさざるものとなる」旨力説す。谷口又これを補足し、加藤も「軍部としては補充し得るものはこれを付せざれば職責上欠くるところある」旨説明す。しこうして加藤は字句の修正案を出す。谷口「字句は練りに練りたるものなれば修正は困る」旨を説明し、東郷元帥「皆さんのご意見を伺い、私は原案に異議なし」と申され、殿下もまた賛成せられ、九時原案可決せらる。十時帰る。

谷口直ちに葉山御用邸に赴き、武官長の帰京となり、明日宮中に参議官会議召集となる。

午前十一時原田来り、十五分にして帰る。午後一時内田信也来る。三十分帰る。

七月二十三日

午前九時四十分宮城、十時より東二の間にて海軍軍事参議官会議。谷口より奉答文につき詳細の説明あり。質問に移り、加藤より字句につき質問あり。谷口これに答え異議なく可決。加藤より統帥権問題につき大臣に質問し、大臣簡単に答え、十時四十分会議を了る。十一時より特命検閲の報告をなす。予より詳細に報告し、二、三質問あり。十一時四十五分これを了る。午餐を賜る。午後東郷元帥、谷口軍令部長、葉山御用邸に向かわる。元帥は奉答文を上奏せられ、なおこの問題につき海軍の割れざるを念とせる旨言上せられたる由なり。予等午後一時宮城退出。

午後二時、内田信也来る。十五分帰る。

午後六時、海軍省副官より、午後四時上奏了る旨通知し来る。

七月二十九日

午前九時、古賀副官来る。枢密院における答弁の件なり。十時辞去す。

八月四日

午前九時半、海軍省大臣室にて大臣に面会し、「批准後大臣は辞職の場合は、後任者は安保〈清種〉の外なし、もし私が候補者の内にありとすればそれは現内閣の為におもしろからず、現内閣のため最良は安保を後任大臣にする〈に〉ある」旨進言。軍令部長と面談し正午退出。

八月九日

午前十時半、軍令部において谷口と後任大臣につき協議す。正午帰る。午後二時安保来訪す。予、安保に「辞職云々《うんぬん》は口にすべからず、大臣の後任は君より外なし、自重せよ」と。

八月二十七日

午前九時海軍省、小林次官、大臣に面会。枢府問題につき協議。軍令部長と大臣後任問題につき協議す。正午退出。

九月八日

午後一時十五分軍令部に出頭。谷口、安保、加藤と会し協議す。安保に「もし後任となる場合は辞すべからず」と勧告。おわって小林次官と会談。四時帰る。

九月十七日

ロンドン条約、枢府において満場一致可決せらる。

九月二十日

正午宮城に参内。零時半特命検閲使一行に御陪食。午後二時退出、大臣官邸。大臣より辞職の時機につき尋ねらる。予「御批准と同日に辞表呈出せらるべく、もしこの機会を失すれば遂に辞職しあたわざるに至らん」と。大臣これに同意し、後任は安保、大角の二人を指定し政府をしてそのいずれかを選ばしめんと。午後二時半、安保をその私邸に訪問し、大臣後任と指定せらるれば潔く受諾すべきを勧告し、兵力量問題につき問うところありたるに、予と全然同意見なり。会談十五分にて帰る。

九月二十三日

午前十時、軍令部に出頭、部長と会見。この際大臣候補者としては安保一人とすべしと協議し、枢密院会議の大臣の筆記しおかせたるものを読む。昼食後小林と会見、また「大臣の代わりは安保より外なし」とに意見一致し、午後一時大臣と会見、その旨進言し、更に軍令部長と協議し三時帰る。

九月二十六日

午後四時半、谷口来る。大臣交代問題につき協議し、五時半帰る。

九月二十七日

午前十時大臣官邸、大臣と会談。「代わり安保にあらざれば不可なり、現内閣のためを思うに安保以外にては不可なり」と進言。軍令部長室にて部長、加藤、安保と会談、正午帰る。

九月二十九日

田中前首相一周年祭、西本願寺。法要了って、午後三時海軍省に立ち寄り部長、大臣と面会。辞職交代問題につき協議す。午後八時加藤大将来訪、「大臣代り問題なり」予「大臣は確かに辞職す、ただし政府これを受け入るるや甚だ心配なり、もしむつかしくなりたる時は大臣を押して辞職に進ましむるより外に方法なし」と。九時半帰る。

十月一日

帝国ホテルにて伏見宮殿下より午餐を賜る。右了って、午後二時海軍省に立ち寄り軍令部長、大臣に面談し、なお小林と協議す。官房に原田男あり。依って相共に原田私邸に赴く。「安保の外に代わりの大臣なく安保最も安全」なる旨力説し、午後四時帰る。

十月二日

午後二時、内田信也来る。午後四時半、ロンドン条約批准せられたるの報あり。午後六時半大臣官邸、英大使〈ジョン・ティレー〉夫妻送別宴。別室にて「大臣の代わりは安保一点張りにて進まれよ、大角はよくこの状勢を知る故、もし命ぜんとするも受けざるべし、大角受けざる時、安保に持って行くにては大いにまずし、またこの問題はまさに外部に洩れんとす、注意せられよ」と。十時散開、帰る。

十月三日

午前八時伏見宮邸より参邸すべき電話あり。十時参邸、直ちに拝謁。殿下より「すでに条約も批准せられたり、財部の辞職は如何」と。予「財部の辞意は甚だ強きも、ただ政府これを受け入るるや否や懸念に堪えず、この上は、財部を助けて辞意を通さしむるより他に方法なき」旨申し上げおる際、加藤大将より電話あり。電話については「安保、大臣をお受けし、本日親任式あるはず」の旨通知あり。引き続き安保より同様の電話あり。依って殿下に申し上げたるに大いに安心せられたり。依って予は退出。直ちに大臣官邸に至れば、財部、安保共にあり。予は「今後は軍紀の伸張に務めざるべからず、しこうして最大の軍紀破壊者は予なり、大臣に辞職を勧むる如きは許し難きことなり」と申しおき、正午帰る。

十月十四日

午前大演習のため呉に向かう。途中神戸より伏見宮殿下御乗車あらせらる。殿下御室において補充案についてお話申し上ぐ。予いわく、「今回の補充案は五億余万円、大蔵省と協議中なるも、右の内には、雑船同様のものにて直接戦闘に縁遠きものあり、また単価も少しく高きやに考えられ、大蔵省の反問に遇いて説明に難きものあり。結局四億円強にて落ち付くにあらずやと考えらる、右の如くなれば、相当の減税も行い得て政府も面目を保ち得るならん」と申し上げたるに、殿下はうなずかれたり。呉にてお別れす。

十一月十日

午後二時大臣官邸、財部、加藤、谷口、予、大臣と会合、大臣より海軍予算につき説明せり。いずれも「止むを得ず」と承認の意を述ぶ。

〔備考〕

国際連盟は、軍備縮小につき軍備縮小準備委員会を設け、大正十五年以来、三十余ヵ国の代表を会し会議すること前後七回、四ヵ年の長日月を費やし、昭和五年十一月軍備条約案草案の結成を了し、昭和六年連盟の招請により、翌昭和七年二月二日本草案を議題の中心として一般的軍備制限縮小会議を開催せり。この会議は先ず議案を作成して、一般軍備、すなわち陸海空に亘《わた》り機材のみならず人的資材にまで及ぼしたることにして、その参加国五十有余に及び、会議は二ヵ年の長きを要したるも、会議の実際は堂々たる論争なく、小委員会又は内交渉的に終始し、最後に独乙《ドイツ》の軍備平等権の要求に依って会議は本筋より離れ、欧州主要国間の実際的軍備問題が焦点となり、昭和八年（一九三三）十一月の一般委員会を最後とし無期延期となる、前後八ヵ年。

我が全権は初め永野中将なりしが、昭和七年中途にて帰朝し、昭和八年四月長谷川清と交代す。

昭和六年（一九三一年）

二月二十三日

午前十時半海軍省に出頭、次官と会談す。「加藤大将、政教社〈国粋主義団体〉の者に第二次補充計画あること、その内容及び海軍は総理より一札取りあること、第二次計画完了せざれば奉答文に合致せざること等を話し、政教社はこれを謄写版として貴族院議員等に配付し問題となり困る」との話あり。昼食後軍令部長と協議し午後二時帰宅す。

午後三時加藤大将邸訪問、面会し、「倒閣連盟等に動かさるるべからず、また加藤を怒らして何事か言わしめんとするものありと聞く、要心してこれに乗るべからざる」旨忠言す。加藤いわく、「先日来いろいろの文書を送り来るものあれども、いずれもかかわり合わず、ただ先日政教社の者来り一問一答にて回答したるも、すでに大阪にて新聞記者に語りたる程度のことを話したるのみにて、これはすでに話したることなれば止むを得ず語りしのみ、他は一切関係せず」と。予は自重を依頼し辞去す。

三月十四日

午後四時、原田来る。軍縮経過報告のため、予は何時にて〈も〉西園寺公を訪問し得ることを話す。

三月十五日

原田より電話あり。「西園寺公、十七、十八、十九の内午前九時半より来るを待つ」と。予は十七日午前十時訪問すべく返事せり。

三月十六日

午前十一時、平出来る。小田急一番にて松田経由興津までの切符を買わしむ。午後一時海軍省、次官に面会、興津行を語り協議す。了《おわ》って軍令部長に面会、部長は「千慮の一失なり」と言う。かついわく、「必ず綱紀問題出づべし、大臣に遇え」と。予は「大臣に遇わざるを可とすと思う」と言いたるに、軍令部長は「ここに居る間に行くことだけを通知せよ」と。依って次官に通知せしめたるに、三時官邸に帰来し面会し、議会の状況及び綱紀問題につき協議し、四時半辞去す。

三月十七日

午前四時起床、五時十分新宿発小田急に乗車、代々木八幡を過ぐる頃より東方白み多摩川辺にて全く明けたり。霜白し。六時五十八分新松田着。松田駅にて七時四分の普通車に乗り九時三十九分興津に着。徒歩西園寺公邸を訪う。十時五分なり。ロンドン会議経過につき一通りお話しす。西園寺公は財部の東郷元帥に悪しき原因を問われたるにつき、「三大原則一歩にても退くようならば云々《うんぬん》の如く少しく言い過ぎのためならん、他に原因なし、人は取り止めなきことにて財部を悪し様に言うも、確かに海軍の一人物なり」と。また「加藤は時々ぐらつくに非ずや」と申されたるにつき、「加藤の意見も私と変わりなく、奉答文の如き意見なりしことは終始変せず、ただ熱血男児なれば自責の念強く、上奏等をなしたるも、普通のことを言いたるのみ、また怪文書の如きは問う者あらかじめ製造し来りて、問うて黙すれば是認したりとなしたるのみ、加藤は『これについては責任を採らず』と言いおれり、ただ条約の権利より算出したる隻数については『しかり』と答えたるのみなり」と。

また「国防の安固、六吋《（ママ）》砲のこと、潜水艦のこと、第二次計画は定められざること、米国の陣形により、飛行機搭載巡洋艦の如きものの形の異なりたるものを必要とするにあらずや、これらに応ずるため第二次のものを保存せるのみなり、また財部・予は来年、その他の大将は四年後には皆予備となるべきも、後より優秀の人材多く出ておれば当分海軍人無き患いなしと。また海軍全般は良く治まり軍紀志気共に緊張しあり、この点ご心配無用なり、大臣軍令部長共に特にこの点に注意す」

また「加藤、財部の如き性格の人は目下の海軍に入用なり」と。園公も「そういう人のおる方よろし」と言われたり。また園公より「怪文書に海軍大・中将の署名したるもの来る、甚だ変なり、右の如きものを普通の人見れば、かくの如き人にして心配することなれば真に心配すべきことならんと思うは当たり前なり、これは何とかならんものにや」と。依って「右は予後備の人ならん、大臣はこの事を患い、補充案の決定を見たる昨年暮より、よりよりこれらの人にも良く説明し、また貴族院の海軍議員にも良く説明、貴院予算分科会において速記を止めて多少機密に渉る点まで説明し、大体によく了解したるはずなり、ただしすべてを集むるというわけにも行かざれば、中にはなお心配しおる者もあらんが、大将級は良く了解せるはずなり、ただし現役の者は良く了解し、統率も良く採れおれば今後動揺する心配は全く無し」

（補足）園公は「陛下に海軍のことを申し上げる人あるか」予「あります、軍令部次長か御用掛にて毎月一回申し上げるはずです、以前は一週一回くらいでありました、安保は一班長として御用掛でありましたが、その後次長にとのことになり、野村、末次、永野となりました」園公「外国のことも申し上げるようにしたし」、予「申し上げおるはずです」、園公「御用掛は大所高所より物を見得る人なるを要す」予「海軍にてもそのつもりでおります、安保、野村、永野皆それであります」

十一時半辞し、帰り停車場との途中に新聞社員らしきもの三名打ち連れ来るに遇う。彼いわく、「岡田大将でしょう」と。予いわく、「ちがう」と。彼等予の後に従い来る。横町に入り彼をまき、自動車を雇い富士駅に出て、二時三十八分の普通車に乗り七時過ぎ帰宅す。雨なり。

三月十八日

午前九時十五分、内田信也来る。九時四十五分海軍省に出頭。大臣室にて大臣・次官に西園寺公訪問の要点を報告し、十時十五分おわり帰る。

三月十九日

午前八時四十五分、加藤大将邸訪問。西園寺公との談話につき大要左の如く話し、十時四十五分辞し帰る。

「昨日お尋ねする考えなりしも、来客あり遅くなりたれば今朝来りたり、実は一昨日西園寺公の所に行きたり、西公は昨年末より来るように言われおりたるも、いろいろ考え今まで行かずにおりたるも、別に拒絶するにも及ばぬ故、一昨日訪問し午前十時より約一時間話したり、始め園公は『軍縮ではいろいろご苦労でした』と言われたれば、ロンドン条約につき話したるに、これは園公よく知っておられ、『潜水艦は不足でしょう』と言われたれば、『七万八千屯でも充分ならざるに五万二千屯となりたれば大いに不足す、これがため海軍としてなるべく有効に使用し動かざるものを少なくするため損しやすきものの予備品を準備し、あるいは乗員を定員以上に養成する等の方法を講ぜんとす』と、園公『いろいろその工夫が出来るものですね、しかし向こうもそう致しましょう』と、予『しかり、ただ我は一歩進み一日の長たらんとす、これ海軍当局の日常努力する重点なり、これがため研究訓練の費用は充分なるを要す』と、また八吋《インチ》砲問題、射撃問題等出づ、射撃指揮の方法については興味をもって聴かれたり、また『先日この辺でも飛行機来たり、爆弾を落とすというので灯火を消したが、私には何も分からぬ』と言われ、飛行機の話となり、海軍として将来飛行機は重要なる役割をなすことを説明せり、最後に海軍大官の署名せる文書の話出でたれば、予は『それは予後備のものでしょう』と言いたるに、『そうだろう』と言われたり、依って『予後備の人は実際心配をしておったのでありますが、今はだんだん分かって来ました』と言いたるに、『今頃は来ないようですが、先日も謄写版云々』と言われたるにつき、『それは加藤大将が何か言ったことでしょう』と言いたるに、『そんなことだったようです』と言われたるにつき、『それは問う者が仕組んでしたことでありますから、加藤大将もその責任はとりません。ただし条約の権利を全部行使すれば何隻の軍艦を造るを要するとか、またこれを補充案より差し引けば何隻残るとかいうようのことは言ったと思います、これは条約により明瞭に分かることですから』、また回訓案当時の上奏、軍令部長として最後の上奏のことも進んで話し、『加藤は熱誠の男ですから自責の念にかられてなした』と言いたるに、『当たり前のことです、そういう人も入用です』と言われたり、これは君に関係あるからお話する」と。

加藤いわく、「財部大将は、『西園寺公も纏める方よろしと言われた』云々と言い、東郷元帥怒られたることあり、また小笠原が園公訪問のことを誤聞せられ誤解されたることあり、軍事参議官は帷幄《いあく》機関なれば誤解を恐る」と。予は「そう毛ぎらいせずとも可ならん、時々一般海軍のことをお話しするも可なり」と言い別れたり。

三月三十日

大臣官邸において非公式軍事参議官会議あり。本年特命検閲の件なり。午餐後大臣より仏伊軍縮協約につき説明あり。散開後大臣、財部及び予居残る。財部より、予西園寺公訪問につき説明を求めらる。予より概要を説明し、大臣より、予の報告を聞きたれども、「岡田個人の話としてただ聞き置きたるのみにて、別段報告すべき筋合いのものと考えおらず」と。予いわく、「『加藤特命検閲使になるということにつき』この頃海軍につきとかくのことを言う者ある由なれば、誤解を恐れそのしからざる旨を説明したるつもりなり」と言いたるに、財部いわく、「それは予後備がかれこれ言うのか」と。予いわく、「単に予後備というわけでもなし」と申しおけり。財部は「予も西園寺公を訪問すべきなれども何となく差し控えおれり」とのことなりしかば、予は「時々訪問せらるる方よろしかるべし」と申したり。

四月二十日

午前十時半頃、内田信也来訪。「昨日原田と会したり、その時原田より、『小林次官は内田は海軍より特別の材料の配付を受け、それにて種々なる質問をなす、実に不都合なり、海軍にては誰も相手にせぬと申しおる』とのことを聴けり、実に心外なり、予は海軍より特別に材料の配付受けたるは、減税委員会の時新艦廃艦の表を受けたる、それには内田のみの内覧としてくれとの付箋付しあり、故に予はこれを使用せず、大臣の口よりこれを言わしむる如くしたり、しこうして右の如くしたるは、民政党内にて内田のみに特別に配付するは不可なりとの議論起こりたればなり、また予と加藤経理局長と通謀云々と言うものあるよし、実に不都合なり、予は公人の立場より事柄を明白にせざるべからず、予は大臣・次官・経理局長に同席会見を申し込み、速記者及び黒潮会員を立ち会わしめ黒白を明らかにし、従って加藤の無実をも明らかにする考えあり、今日は貴君にただ単にそのことを報告に来りたるのみにて、貴君のお差図を受くる限りにあらず」と。予は「戦闘は何時でも出来る、私も小林に良く聞いてみるからそれまで待ってくれ」と。内田いわく、「小林にそんなことは言わんとは言わさぬ、何となれば原田も紳士なればなり」と。正午辞し去る。

午後零時四十五分、海軍省において大臣、小林、加藤経理局長と同席会見。内田の談話の概要を話し「この如きことを争うも何の益なし、故に何とかして笑ってすませんか」と。小林いわく、「この頃私は何とも言わぬが、議会当時私はそんなことを原田に言ったようなり」と、予「今それを洗い立つるも何の役にも立たざれば、なにとぞ内田と会合、快く別るるよう考えられたし」と申しおけり。

四月二十一日

八時半、内田邸訪問。「小林と話して聞いたが、それは議会当時のことにてその時はさよう考えたこともあれども、今はよく分かりたりとのことなれば、なにとぞ大臣・次官と会合懇談してくれ、戦闘はその後にしてくれ」と申したるに、「時のいかんは問題にあらず、次官ともあろう者が公人に対する礼を失せり、懇談は海軍には都合よろしからんも、予は懇談する如き暗きところなし、またすでに昨日秘書官に大臣・次官・経理局長と同席会見を申し込みたり、予は速記者と黒潮会とを立ち合わしめ事情を明瞭にせんと欲す」と。予は「速記者、黒潮会はその後にしてくれ、そんなことをしては内田が小さくなる」と。十時半辞去す。

午後三時、大臣官邸において安保と面会。本朝内田と会見の概要を話し、「彼を敵とするも海軍は得るところなければ、笑って納めること肝要なり、あまり遅くならず彼と会見せられたし、内田は次官、経理局長同席を希望す、それもよろしからん、小林が私も少し言い過ぎたよと内田の肩でもたたけば甚だ佳なり」と言いたるに、大臣は「小林にあやまらせることは出来ぬが、先ず私が明日でも遇ってみよう、しかして必要ならば小林を呼ぶことにする」予「内田のみならず貴族院議員、海軍の予後備将官とも時々一杯飲むことも必要なり、もしこの問題片付けば内田、小林、加藤、堀に大角を交じえ、山口あたりで一杯飲む会を催すべし」と。三時半辞し帰る。

四月二十三日

午前九時電話にて内田信也と話す。内田いわく、「一昨日小林副官より『大臣面会したし』との申込みあり、ただし予は『大臣に対し何も言うことなければ、別に面会の要なきも時間の繰り合わせつけば会見すべし、しかれども本明日は政務調査会ありて時間繰合せつかず』と言いおきたるに、また昨日小林より電話にて『外に話もあれば是非会いたし』とのことなれば、先輩に対する礼儀上本日十一時より会見することにせり」と。予は「どうか会ってくれ」と申したり。

十時原田より電話にて「実は先日犬養さんに頼まれて、『内田に忠告せよ』とのことなりしにより、『君は海軍にて得たる機密を利用し議会にて質問せるため、海軍の者は不快に思いおる』と言いたるに『だれがそんなことを言うか』と尋ねたるにつき、『小林次官などもそんなに思いおるようだ』と言いたるに、あの向こう張りの強き男なればいろいろご迷惑を掛けたる由、本朝も来りたれば、『君がそんなことをしても何の利するところなく、結局は君の損なれば止めろ』と言いたり、また『大臣が会いたしと言えば直ちに遇うべし。先輩に対して礼を失するようのことをしてはいかん』と申し帰したり、本日は一時の汽車にて興津に行く、いずれ帰りたらばお目にかかる」と。

四月二十四日

午後一時、小林次官と面会。昨日内田は午前十一時より零時半頃まで大臣と会談したる由にて、「始めは議会の話にて機嫌好かりしも、最後に『次官〈小林〉の原田に言いたり』

というも、『議会当時の気立ちたる時にて今は何でもなし』と言いおれば、『よろしきではなきや』と言いたるに、内田は『そうは出来ぬ』と聞かざりし由なり、実はその当時原田より『内田はこまる』と言いたるを、『そうだそうだ』と返答したる程度なり、原田より事起こりしなれば原田になだめしめん」と。予もこれに同意す。

四月二十五日

午後四時、原田来る。いわく、「実にご迷惑を掛け相済まず、犬養健を通じて『内田を少しく戒めてくれ』と犬養老より依頼せられ、小林からも聞きおるにつき、実は先日来りたる時、『君も注意せんといかん、海軍でも皆君が海軍よりも得たることを利用するとて、よくは思いおらず』と言いたるに、『だれか』と反問したるにより、『幹部なり。小林次官よりも聞いた』と言いたり、悪いことをした、西園寺公に話したるに、大いに笑い『岡田大将は迷惑したろう』と言われたり」と。予「内田は海軍のために尽くしおると考えおりたるところ、反対のことを聞きたる故かっとしたるなり、もはや大分緩和したりと思うから明日でも君行ってなだめたまえ、間に他の人を使うは不可なり、しこうして先ず小林、堀、加藤と食事でもすることにし、笑って済ますことにしたまえ、内田のために言うも、もう止める時機なり、この上がん張れば抜き差し出来ぬこととなるべし、内田もその辺はもう考える頃なれば、おおよそ好結果ならんも、もしむつかしきようなれば今一度私が出るべし」と。五時帰る。

四月二十九日

午後三時原田来る。いわく、「内田と懇談せり、すなわち『予は善意にて君に忠告せり、すなわち海軍において一般によく思いおらざるを告げたるにて、小林次官も同様なりと言いたれども、小林次官より具体的に聴きたるにあらず、大臣も岡田大将も心配しお（ら）るなれば、もう止めては如何』と。内田いわく、『そうはいかぬ、もう小林より何か言って来る頃と思う、前にも○○海軍中将より同じようのことを聴けり、同中将も小林次官なりと言えり、一体小林は、ロンドン会議の時左近司の処に行きおりたるに、小林次官来り、先ず運転手にだれか来りおりたるやを問いて入り来り、予を見て意外なる様子をなせり、運転手より予のおるを聞知し、しかしてそういう風をする、予が左近司等と親しくするを妨げんとする風あり、少したたいてやらんといかん』」と。原田いわく、「小林は英国風の紳士にして人にちやほやせず。そんなことでけんかしてもだれもほめず、君に損になるだけなればこの事は全部予に任せろ」と言いたるに、内田は「予は小林の面皮をはぎ快とするものにあらず、ただ公人としての名誉を傷つけられたるのみ、予は被害者なり、しかれども君が任せと言うならば任する」と言いたる由。原田いわく、「因《よ》って四、五日後にもし出来得れば堀軍務局長を同伴し、『小林次官も岡田大将には内田君のことも少し言い過ぎたと言っておるなれば、小林をして君に謝罪せしむることは出来難きも右にて承知せよ』と言いたし」と。予「小林同意ならば予に異存なし」と申したり。四時辞去す。

五月一日

午前十時原田より電話あり、午後二時原田来る。いわく、「一昨日内田より電話あり、『先日君に任したことはどう始末したか』と、依りて、『明日お話に行く』とて電話を切り、昨日海軍省にて大臣次官に面会したるに、次官は、『公人に対する礼を失する如き言をなしたるは悪かった、今は後悔しおると予が君に話したと内田に言って差支えなし、また堀を同道するはいかにも海軍省より差し向けたるようにておもしろからず、君一人にて内田に遇ってくれ』とのことなりしにより、予は直ちに内田に遇い、『次官は悪かったと言っておるのだから、また大臣、岡田大将も心配しておるのだからこの辺にてさっぱりとしては如何』と、内田いわく、『君は仲人口をきくのではなきか』と、依って原田は『予も紳士なり、失敬なことを言うなら予は手を引く』と言いたるに、内田は手を出し手を握りて『予も小林も遠慮なく物を言い過ぎたからこの如きこととなるなり、小林に注意するよう言われたし、これにてすべてを水に流さん』と、依って原田は『このことを他に言うべからず、また一辺飲み方を催したきも、他人が変に思うもいかがなれば当分なさず』と、内田いわく、『このことのために飲む会を催すことはおもしろからず、いずれ大角でも出て来る場合に、君今度の関係者を招きその席に列せしめくれ』と、右にて別れたり、この成行きを加藤経理局長に話したるに、加藤も大いに安心したり」と。二時半辞去す。

五月二日

午前九時、内田信也来る。いわく、「先日岡田大将来邸の翌日小林秘書官来り、大臣本日午後一時より官邸にて面会したしと言う、依って予は、『大臣に何も申すことなく、また本日は政務調査会あり請け合い難し』と返答し、その後雑談に移り、『予は大臣に遇うのはいやなり、あの顔でにやにやされると何も言えぬ、君の来たのは岡田大将よりならん』小林いわく、『しからず、大臣の使いなり』と、『そうかもしらんが、その裏には岡田大将ありて君の来たのと官邸で遇うというのはその差し金ならん、予は常に君が好きだと謂《い》っておるから君をよこしたのよ』と、小林大笑して帰る、その後電話にて『時間都合つかず』とて断りたるに、小林より電話にて、『外の話もあるから来てくれ』とのことなりしにより、『外の話なら私の方に来て下さいと言うても可なれども、大臣でもあり先輩でもあるから私の方から出ます』と、その翌日午前十一時官邸に出頭、大臣に面会す、大臣より種々議会中の話出て、『統帥権問題でも前議会では斟酌と言いおり、あのままでは困るのに、君の質問により海軍大臣、軍令部長は意見一致すべきものなりと、この点明瞭となり良かった、また第二次計画の如きも、君の質問により浜口が貴族院で明瞭に答弁することとなり、甚だよろし、また内田より減税委員会の質問の話出たるとき、実は質問の前には常に軍務局長、経理局長と打ち合わせ、内田君等の注文を心得おくこととしたるに、あの時はそれを聞かなかったので、休憩中これを耳にし早速九百五十万円を答辞《(マヽ)》したる次第にて、全く打合せの不備のため君を怒らした』と、右様の話にて正午となる、それより大臣『実は』と小林の話を持ち出したるにつき、内田は大臣に『面と向かっては話し難きにより横を向いて話す』とて庭を見て話したり、『一体軍人の名誉を重んずとは自分の名誉のみにあらざるべし、他人の名誉をも重んずべきはもちろんなり、次官の要職にありて公人の名誉を毀損することは、予は人の面皮を剝ぎて快とするものにあらざれども、予の名誉のためにはどこまでも争う』とて、正午も過ぎたれば帰りたり。

これより先この問題にては岡田大将、原田に迷惑の掛かるを知り、先ず岡田大将に断りおき、次に原田に遇い、『先日の君の忠言は有難う。それにつき君の名を借りるよ』と言いたるに、原田は『ああお易きご用だ。おれの名が要るならいくらでも使いたまえ』と、内田は依って好意を謝し、実は小林の失言に対し今後取るべき処置を述べたるに、『それは困る』と言いたれども、『このことにて迷惑するは君なり、故にわざわざ断りに来り、君の名を出すことの承諾を得たるなり』とて別れたり。

その後原田来り、『おれに任せろ』と言いたるにより、『任せもするが、ただ酒を飲みに行って笑って済ませよはいやなり、廉《かど》を立てよ』、この時も軍人の名誉論をなしたり。

内田はその後仙台の選挙応援に赴き昨日帰りたり、電話にて原田に『先日の事はどうなったか』と問いたるに、『実は予も興津に行きおり昨夜帰りたり、今より海軍省に行くところなり』と、その後来訪し、『小林次官も今はその誤りなりしを了解しおり、岡田大将にも公人に対しよく調べもせずに軽率の言を発したるを後悔しおると言明しおれり、予

〈注・原田〉は小林の代人として今それを言いに来たのだ、実は堀も同道することとなりしもそれはおれが断った』と、依って内田は『君は仲人口をきくのではないだろうね』と、原田いわく、『予も紳士なり』と、依って内田は『しからばすべて水に流さん、すでに論じたる以上は一切そんなことを根に持たず釈然とする』と、原田いわく、『小林が失言を謝すいうようなことが世間に洩れては困るから一切外に洩らしてくれるな』と、予〈注・内田〉は承知せり。原田は『この事につき君が他の人を使って議会で質問等をなしてはいかん、そんなことはしてくれるな』と、予は『そんなことは考えもせぬが、言わるればなるほどそれも一つの手だなあ、しかしおれはそんなことはせぬ』と、原田『しからば小林、堀、加藤等と一杯飲むは如何』と、内田『今はいかん、小林にしてもきまりが悪かろう。もう少し時を経過して後、大角でも出て来たなら大角を主賓として招待してくれ』と言いて別れたり、右にて一切解決す、右ご報告に来る」と、十時辞去す。

五月二十一日

原田主人にて、午後六時より左の人々を山口に招待す、安保、岡田、谷口、近衛、内田、矢吹、小林、加藤、安藤、木戸、岡部、永野、寺島、堀、犬養、高橋。

午後九時散開。これにて内田、小林問題清算終わる。

〔昭和六年　三月事件〕

八月七日

正午原田と蜂龍にて午食す。原田いわく、「陸軍にも困る、宇垣は本年春議会中、森政友会幹事長に使いを送り、議会を紛擾せしむべく勧告せり、一方においては大行会大川周明をしてこれを動かし、もし議会騒擾せば、大行会は外部よりこれに応じ東京を騒擾せしめ、陸軍は戒厳令を敷き兵員を出動せしむるも手を束ねてこれを傍観すべき予定なりしも、政友会動かず、遂に実行に至らず止みたり」と。また「陸軍は満州問題につき硬論を唱え、青年将校を動かし大いに気勢を挙げんとしたるも、右を閑院宮殿下聞かれ、軍紀上不可なりと注意せられたる由、陸軍はみだりに硬派を中央に集め、政党否認の風潮を作らんとす、小磯・二宮一派種々画策し甚だ危険にして、公爵も大いに心配しおらる、この状況は、内大臣に木戸より、また閑院宮には近衛より知らせおき、場合によりては外部よりこれを打ち破らざるべからず」と。また「枢密院においては二上〈兵治・書記官長〉又薩派樺山英輔（ママ）等、山本伯を枢府に入れることを主張す、すなわち山本伯を議長とし遂に元老とし、また平沼を宮内大臣とし遂に内大臣たらしめんとするものなり」と。

予これに対し、「近時陸軍の人事配置はおもしろからざるも、外部より何事かなすは危険なり、陸軍のことは陸軍をしてなさしめざるべからず、すなわち南をしてこれをなさしむるようせざるべからず、また枢密院のことは、首相をして適当に持って行くようせざるべからず」と謂《い》いたり。午後三時別る。

八月十七日

午後七時、原田来訪、「今春陸軍の画策は分かりたり、金は徳川義親侯よりなり、すなわち大行会に迫られ十万円というも、実は五、六万ならんか出したりという、また陸軍より演習用爆弾を出し東京市中を練行するはずなりしという、ただし実行不可能となりたればば、大行会収まらず、遂に議会の門乗越しとなりたるなり」と。

また「陛下のお耳に入ること、閑院宮殿下に申し上げることは見合わせたり」と。

また先日平沼君、西園寺公を訪問し「近時陸軍は軍紀乱れ、今後青年将校は何をやるか分からず」と。公は「宇垣は大変よくやっていたではないか」と言われたるに、その後黙せりと。八時十五分辞し帰る。

八月二十二日

午前十時大臣室において海軍大臣・軍令部長と会合し、陸軍の態度につき談話を交換し、軍令部長は「金谷参謀総長に当たってみようか」と言いたるにより、予は「参謀総長と議論するは最後の最後なり。今はその時機にあらず」と言いたるに、軍令部長は「否、議論はせん、ただ腹を探るのみなり、金谷は存外正直に話すと思う」と。予は「様子を聞くはよし、議論は未だ時機に非ず、また総理は南陸相を完全に握らざるべからず、時局救済の途はその他になし」と。海相は「しかり、ただし予より陸軍大臣または総理に進言も変な気がするから、他人をして総理に進言する手段を取りたり」と。十時半辞去す。

九月十日

零時四十分桑名において原田と会食す。原田いわく、「陸軍軍紀問題につき、恐れ多くも陛下にもご心配せられおり、内大臣より西園寺公に、陸相に注意するよう伝言あり、また若槻首相よりも、自分より強く言えば南は辞職すると言い出す恐れあり、西公より強く注意を願うと伝言し、しこうして明日南陸相は西公と面会するはずなり、公に右伝言を申したるに、公はおれが言うてもどれだけききめがあるか、ただし軍紀に注意すべしくらいは言わねばなるまいと言われたる由、いかに思うや」と。予「最良は何とも言われざるにあり、しかれども方々より依頼ありたることとなれば、陸軍の軍紀は厳正ならざるべからず、その点充分ご注意を希望すくらいのところなりと思う」と言いたるに、「各方面にていろいろの希望もあれば、それらをすべて西公に申し上ぐることとすべし、西公の心中は岡田大将と同様ならんと思う」と。「海軍は陸軍に巻き込まるることなきや、西公心配しおらる、原田は右はご心配なしと申しおきたるが、この点いかん」と。予「その点はご心配無用なり」と申しおきたり。

原田いわく、「政友会の天下となりたるとき大蔵大臣、外務大臣が心配なり」と。予「大蔵大臣は池田成彬なら可なり」と。原田いわく、「この空気を作ること出来ずや」と。予「犬養氏に進言し、幸いに納められたる時は池田氏に勧告し、いよいよの時まで極秘となしおき、いよいよの時突差《（ママ）》に極むるにあり、また外務大臣は松平ならんか」と。原田いわく、「犬養さんは吉沢と考えおらるるならん」予「吉沢も悪からず」と。

原田いわく、「山本条太郎君大臣とならば、宮中方面甚だ困らん、むしろ山本君に大臣を断念せしめ、満鉄辺に収まらしむるようせざるべからず」と。予いわく、「大臣を断念せしむるは危険なり、むしろ宮中方面を軟らか〈く〉する方無事なるべし」と。三時半辞し帰る。

〔満州事変〕

九月十一日

午後二時四十五分、軍令部に部長を訪問し、「閣議決定せざるに、陸軍は勝手に軍事行動を起こす如きことなきよう注意せられたき」旨海軍大臣に伝言を依頼す。

九月二十三日

午後零時五十分原田来る。いわく、「満州問題につき心配したるも、遂に陸軍始めたり、陸相に対しては、総理より色をなしてしばしば陸軍より事を起こさざるよう語りたり、また陛下よりも特に陸海軍大臣を召され、両大臣に『特に軍紀を厳にし、また壮年士官の結束して事を起こすが如きことなきよう注意すべし』と上意あり、陸相はこれに対し『軍紀を厳にし、また士官の結束して事をなすが如きはこれをなさしめず』等あらかじめ用意せるが如き奉答をなせりと言う、また西園寺公に面会の時も、公よりも『軍紀を厳にし、外交は外務大臣に任せよ』に対し〈て〉も同様、兼ねて用意したる如く、『軍紀を厳にするはもちろん、外交についても陸軍はこれと反する如き行動はせず』と言いたる由、また総理より懇談の結果、陸軍の巨頭会議も大いに柔らぎその旨書面として、十九日建川を使いとしてこれを満州軍司令官に通せしめんとせるに、未だ軍司令官これを見ざる間に事を起こせるなり」と。

「内大臣は切に園公の在京を望むが如何」とのことゆえ、予は「西園寺公は東京に来られざる方可ならん」と。原田も合意し帰る。

十月二日

午後零時四十分、桑名において原田と昼食す。原田いわく、「陸軍には昭和二年頃より桜会と称する秘密結社あり、中佐以下にて組織し、加盟者は血判しその数相当あり、陸軍省、参謀本部の中少佐及び満州軍の中少佐参謀等にこの会員多く、会の主旨は政党否認及び富豪打倒、財産平分等にて、機を見て事を起こさんとす、しかして少将以上は相手にせず、またその威令も行われず、満州にて本庄軍司令官の如き、中少佐参謀遮りて他人に会せしめざる由なり、彼等は、今回の満州事変にて政府を引きずり得たるに気揚がり、『一度事を起こせば中央・地方相応ずる如く手配出来あり、今はただボタンを押すのみなり』と豪語したりと言う、白鳥〈敏夫〉情報部長は彼等のある者と会し、『富豪もまた国家の一要素なり、国家はこれを利用すべくこれを倒すは不可なり』と説いたる由、白鳥は彼等と親しければ、しばしば接触するよう申したり」と。また原田とも会合、意見を戦わしたしとのことなれば、「彼より希望すれば会合せんとす」と。また「場合によりては陸相に元老または陛下より注意あるも可ならんか」と。また「政党としてこれを押えしむる法なきか」と。予「その運動表面に顕わるるに至らざれば、政党をして押えしむる方法なし、また陛下及び元老よりの注意も時機にあらず、白鳥をして接触せしむるは可なり、君が会合することは、止むを得ざる時の外は不可なり、君は自由の立場におらざるべからず、彼等の内、真に熱烈なる者は数名に過ぎざるべく、これ等を要職より遠ざければ彼等の勢いを削ることを得べし、しこうして右は陸軍大臣、参謀総長等をしてなさしめざるべからず、しこうしてこれを尻押しして働かしむるは首相の働きにあり、他に途なし、この話にて思い当たるは、右桜組〈注・会〉の仲間は海軍にも数名あるらし、ただし海軍は心配なし、また帝大等にもあるにあらずやと思う、注意肝要なり」と申しおけり。

先般満州軍に事を起こさざるよう使いをやる時、小磯はこの使いは建川の外なしと陸相に進言し、建川出発せるが、奉天にて領事館よりの迎えの者駅にて、「君は建川君にあらずや」と言いたるに、「おれはそんな者でなし」とこそこそといずれにか行き姿を見せず、大和ホテルにて伍堂〈卓雄〉と遇い、もはや逃れられざるに至り、始めて建川として公然顕われたりと言う。また林奉天総領事は事件拡大を防止せんとして身辺危険に瀕したりと言う。

原田いわく、「挙国一致内閣は如何」予いわく、「機運未だ熟せず」と。陸軍にては松井は軟弱なりとて軍縮に建川を付けたるなりと言う。午後三時帰る。

十月六日

午後七時半、日日新聞記者田村来る。「陸軍にては中堅どころ相結束し、大臣参謀総長等は相手とせず、挙国一致内閣を作らんと希望あるようなり、陸軍は平沼さんを総理としたいのではないでしょうか」と。予は「どうかねえ」と言いたるに話を変え、原田より聞きたる如きことを婉曲に話し、十時帰る。

十月七日

十一時、財部、予、加藤、大臣官邸に集合、大臣帰来せざるにより小林次官より満州事変の報告を聞き、午食す。午後一時半大臣帰来、意見交換を行い、昨日田村の話を報告し、三時帰る。

十月十四日

午前十一時、伏見宮、東郷元帥、財部、予及び加藤、大臣官邸に集合。大臣より満州事変につき一通り報告あり。堀軍務局長より各地排日状況及び海軍の配備につき報告あり。及川一班長より小演習の報告あり。その後軍令部長より、参謀総長と本日十時より会見の要領を報告す。すなわち参謀本部より、「山海関方面の陸軍兵力は約百名なり、支那敗兵は錦州爆撃後この方面に退却し来る故、甚だ危険なり、海軍より軍艦派遣ありたき」旨請求ありたるにより、軍令部長より「海軍はその用意はなしおくべきも、軍艦を同方面に派遣するは、かえって日支両方面の衝突を早める恐れあり、また山海関方面は海浅く、かつ海軍沖に近寄れるのみなれば、その砲撃の効果疑わし、ただ政府の方針として、この方面に軍艦派遣しかるべしとのことなれば、何時にても派遣するも、政府の方針事件拡大防止にあれば、軍艦派遣はこの方針に反することになるを恐る」と、総長もこれを諒とせる由。なお「北平・天津等はいかにするや、山海関の少数の兵の如きはこれを天津に引き揚ぐるを佳とせずや」と言いたるに、総長は「引き揚げはせざる方針なり、この際、退却は支那をして付け上がらしむのみなれば害あり、止むを得ざれば全滅あるのみ、また天津よりは『この際突撃を試むるか、あるいは増兵を得て籠城するの二策あるのみ、如何』と申し来りたる故、増兵はなし難し、また我より事端を起こさざるよう注意したり」と言いたる由、これにて終わり、伏見宮、東郷元帥は帰らる。

午食後も時局につき意見を交換し、海軍は政府の方針に従い正道を行うべく申し合わせ、午後三時帰る。

十月十六日

住友別邸晩餐の席にて原田に会す。原田いわく、「内府の要請により、近日西園寺公上京のこととなるべし」と。予いわく、「今やすべて安定せんとしつつある際なれば、一先ず興津におられては如何」と。原田いわく、「上京されても単に天機奉伺のみとし、だれにも面会せず、四、五日中に興津に行かるるようにせん」と。予「だれにも面会せられざるも、東京におらるるが策動の種となれば、なるべく東京滞在は短きを可とす、東京におらるるを必要とする時機は他日にあり」と。
〔十月事件〕
十月十七日
午後二時、内田信也より電話にて「本日陸軍中堅どころ不穏の事を企てたること、警視庁の知るところとなり、三十余名捕えられたりという報告あり、例のクーデターにあらずや、その出所等分からずや」と、予「海軍の方には分からずと思うも、念のため問い合わすべし」と。小林秘書官に電話せるに何も知らず、ただし「大臣、総理より呼ばれたる由にて、少しく前自動車を送れり」と。依って内田には分からざる旨返電す。
午後四時内田より電話にて、「ただいま久冨来りて報告するところによれば、金谷参謀総長内奏せんとせるに内府に妨げられ、若槻首相の方先に拝謁奏上せるため、陸軍にて君側の奸内府を除かんとせる暗殺陰謀なるが如し、新聞記事差し止められたる由なり」と。
〈十月〉十九日
午前十時半、財部大将来訪、「予は来年四月は年齢満限となる、今国家財政難にて人員減少を余儀なくさる、この際退くべきか、ただし現に重大事件あり、いかにすべきや」と。「予もそれにつき考慮したるに大臣に任すを可とす」と言いたるに、同意せり。また「枢府顧問官は先に君を推薦したるも、右は取り消す、その理由は、その後予に右はやはり順序によること海軍のためによろしと言いたるものあり、至当と思う、ただし顧問官は斎藤子なるべし、予も将来は開拓学校及び技術研究方に尽力せんとす、ただし肩書も必要なり、また財政上にも困難の事情あれば貴族院議員となりたし、これなれば友人に運動の方法もあれども、大臣より推薦を必要とす、自分より言うも如何なれば、君賛成なれば大臣に話してくれ」と、予快諾す。重大事件につき聞きたるも、財部君は全く知らざるようなり、予の聞知せるところを話し、正午帰られたり。

〈十月〉二十日

午前十時半、航空本部長松山茂就任のため来訪、談、「霞ケ浦航空隊に注意すべし」とのことより重大事件に及びたるに、松山「そのことは次官より聴きました、話によれば陸軍の中佐、中に少数の大佐あり、主となりて夜間演習に事をかり皇居を囲み錦旗を擁して、政府大官の暗殺を計画したる事発覚し、その十一名は憲兵隊に検束せられたりとのことなり」と。午後四時、芝染太郎〈ジャパン・タイムズ〉君来る、「重大事件は極秘とせるも、内務省の手落ちにて外国記者の一名は米国に打電せり」と、また「関東軍にては板垣大佐主謀者なり」と語れり。

〈十月〉二十一日

午後六時より松平子爵邸晩餐会において、平泉〈澄〉博士より外遊談あり。その際高木陸郎君より「今回の重大事件の関係者は六十名にて、平泉君の歴史を中断せずして革命云々の件はすなわち今回の錦旗を擁して革命の事なり」と語れり。

〈十月〉二十四日

午後二時十五分、大臣官邸に出頭、谷口軍令部長在り、共に重大事件につき談話す。同三十分大臣帰来、小林次官と共に閣議の模様聴取、大臣いわく、「昨日の閣議においても南陸相は非常なる硬論を主張し、『この際節約の如きは問題でなし、公債を発行すべし』と、これについては井上蔵相よりそのしかるべからざる所以《ゆえん》を力説せる由、本日も陸相は、『国際連盟の如きは顧みるに足らず、満州の兵力は少しも撤退すべからず、各国を敵として戦うも辞すべからず』と盛んに硬論を主張し、首相その他よりそのしかるべからざるを説明するに、これには答えず、何とも致し難し」と。軍令部長及び予は「共になるべく早く撤兵するを要す、信を各国に失いて戦うも戦勝の望みはなし、また目下の財政にては戦争をなし難し、これがためには海相は首相に決意を促し、首相をして陸相に迫らしめ、事紛糾したる時両者の間を斡旋するも一方法なり」と。「要はなるべく早く撤兵するにあり」と。小林いわく、「伍堂の談に、満鉄より鉄道破壊の場所を調査せしめたる報告によれば、軌道の破片黄色となりおる、黄色薬二キロ余を使用して爆破したるものなりと書しありたるにより、黄色薬を消さしめたり」と。また「爆破の時間につき外国視察員より質問あり、『爆発の後汽車奉天に無事到着したるは如何』と、これにつき、『爆破したるも軌道は不思議にも汽車の通過するまでは離れざりしためなり』と説明せる」由。また重大事件なるものは、陸相閣議に報告せるところは、「部外に不穏の事を企てる団体あり、少数の陸軍将校、国を思う至情よりこれに巻き込まるる恐れあるにより、憲兵隊にて保護検束を加えたり、その数十一名なり」と。依って海軍大臣は、「しかる時は、部外に不穏の団体ありとすれば、内相はこれをいかに処置せられたるや」と、内相陸相共に言を左右にして明答を与えざりしと。その後憲兵隊司令官、海相に面会して、「陸軍に不穏の企てをなすものあり、検束せり、しこうして海軍にも多少関係者あるが如し」と。依って海相は「いずれ憲兵隊にては、事件の内容及び海軍の関係者の氏名等お分かりならん、充分説明せられたし」と言われたるに、司令官は「いずれよく考えまして」と言い、他を言わず、依って「お困りならばよく陸相と相談してなるべく早く真相の報告を得たし」と言いたるに、「よく考えまして」と言い退去せり。軍令部長には「海軍のもの十名程関係しあり」と言いたる由、また法務局長には十一名と言いたる由、十一名真ならんか。また憲兵大佐「司令官が来るはずなれども、命により私が来れり」とて、法務局長に、「陸軍にてはこの事件は未遂にして実害は何もなければ、なるべく事を小さく扱いたしと思う、海軍はいかに考えらるるや」と。法務局長は「右の如き問題は法務局長にては何とも申し上げ兼ね、右は大臣の決せらるるべき問題なれば、陸相と海相とにて決せらるるにより致し方なし」と答えおけりと。また小林〈省三郎、少将〉航空隊司令につき取り調べたるところによるも、佐世保より上京中の藤井（大村航空隊）、鈴木（佐世保）を取調べたるところによるも「君等は我れ等と事を共にせよ」と勧告せられたるも、「事件の真相は何なる」と反問せるに、

「それは言えぬ、ただついてこい」と言いたるにつき、「事件の何たるや明らかならざれば付いていけぬ」と答えたるのみなりとのことなり。法務局長意見としては、「血判連判状に名を連ねたるのみにて大なる関係ありとも見えず、陸軍は海軍をも抱き込まんとするなれば、海軍としてはこの際明瞭になしおく方、後の利益ならん」と言いおる由、連判状に名を列したるもの約百五十名ある由なり。

午後四時半、陸相来訪、別室にて海相に面会、「重大事件は、海軍の関係者についてはいかに取り扱うや、また処分する場合には、公表に先だち陸軍に協議せられたし」と。海相は「未だ憲兵隊司令官より事件真相の報告にも接せず、従って何も考えおらず、しかれども処分する場合にはもちろん、公表に先だって陸軍に協議すべし」と答えたる由なり。

谷口及び小林辞去し、海相と予とのみとなれり、従って十九日財部大将より依頼されたる話をなす。予いわく、「進退問題について大臣に任するを可とすれども、実は家計も意の如くならず、なお修業中の男児四名あり、多少の収入も必要なり、貴族院議員に推薦を頼む、大臣に依頼しくれとのことなりし」と言いたるに、大臣いわく、「実は財部君に面会せる際、開墾学校等の事業に従事せんとするも肩書も必要なれば、しかるべく依頼するとのことなり〈し〉により、あるいは貴族院議員にあらずやと考えたるも、右にて明瞭となり、また財部君は『岡田君を枢密顧問に推薦せることは取り消す』と言いたるにより、『今更取り消されても困る、実はその後谷口とも相談し、幣原君兼摂首相の時、岡田を第

一、財部を第二とし、海軍にてはこの順を願うもご都合にていずれを採られても差し支えなしと申し出しあり。しかして約一ヵ月前若槻君より政府としては岡田として申し込みありと言われたるにより、海軍としても異存なき旨申しおけり』と答えおきたり」とのことなり、予は更に「財部予備となる時は、予も同時に願いたし」と申しおけり。

十月二十五日

三越六階にて巳丑会〈明治22年海兵卒同期生会〉を催す。昼食後別室にて財部に「貴院議員の件大臣に依頼しおきたる」旨通じ、なお重大事件の状況につき話す。財部は「元帥会議しかるべし」と言い、「東郷大将に遇うから話しおく」とのことなりし故、「予等の知るところは責任者の報告にあらず、ただ世間の風評なれば、風評として軽く話さるるならば可ならん」と申しおけり。

〈十月〉二十六日

午後七時、日日記者池松文雄来る。いわく、「今回の事変は、参謀本部内支那及び露国に関係せる将校八名、第三連隊大佐一その他二にて、検束者は十一名なり、大いに優遇され、志士として温泉地に分宿せしめあり、もっとも憲兵は付けてあるとのことなり、また赤羽工兵隊の一部は、十七日出動準備なしありたりと、連判状連名者は二百名にて、若槻、幣原、井上を斃《たお》し、牧野内府に迫りて上奏せんとせるなりと、また一説には、牧野内大臣は金谷参謀総長の上奏を三回ほど阻止せり、依ってまずこれを斃さんとしたるなりとも言う、しかしてその検束せられたるは、部外のある団体より洩れたるなりと、その団体を利用せんとせしには非ざるや、社にては、時局問題につき海軍大官の意見を知らんとするなり、やはり撤兵を可とするや」と。予いわく、「時局問題につきては海軍は何も言いあたわず、この問題は非常に重大なり、意見もあれども、これを発表することは国家のため不利なり、今はただ国家に害を及ぼさざるようなすの外なし。予は時局問題は満州の問題を離れて、国家の重大問題となりたりと思う、国際連盟を脱退すと言うが如きは意味をなさず、要は正道を堂々と歩むにあり、国家の信用を失うが如き所業はもっての外なり、撤兵はなし得るところはなすを可とす、吉林《キツリン》の如きなお兵数を減ずるの方法はなきものにや、困ったものなり」と。八時半辞去す。

十月二十八日

午前九時、高橋邦夫来る、時局につき談話す。「重大事件の検束者釈放したる由、いずれも温泉地において酒を飲み、大いに優遇されたる由、また各新聞社には、金と威圧にて各社震え上がりおり、朝日の如きは読者三十万減じたりと言う、朝日少しく陸軍に都合悪しきことを書くや、在郷軍人に檄し不買せしめたりと、そのため朝日は三十万を称するも少なくも十万は減ずるならん」と。十時十五分帰る。

午後二時四十分、原田来る。「一昨日西園寺公興津に来る、昨日首相と会見し大いに首相を激励せる由なれども、首相には〈如〉何にしてこの難局を切り抜くるや策なきが如しと、あるいは一時政友会に渡すの止むを得ざるにあらずや、園公は、『余は憲政を擁護し死すも可なり』と言いおらるる」とのことなり。予も「止むを得ざるべし、挙国一致内閣佳《(ママ)》なるもその機熟せず、一時政友会をして当たらしむるより策なし」

　また「興津に侍従長より書面来る、なるべく早く天機奉伺せられたしとのことなり、園公は数日の御猶予を願われ、なお侍従長には、今出京するも時局を如何《いかん》ともするあたわず、また流言蜚語《ひご》を生ずる恐れあり、数日の猶予を許されたき旨伝言せよ」とのことなり。予は「陛下御西下以前に大御心を安んじ奉る必要あり、ご上京しかるべきも、在京はなるべく短きを可とす」と言いたり。原田同意す。また原田は、「陸軍の青年士官等は政党の腐敗を云々《うんぬん》し、その内には敬《(ママ)》聴すべきこと多し、故に、清浄の者のみを集め約五十人の代議士を得べし、これらにて新政党を作り次第に浄化に向かうこととする方法を研究しおるも、その中心となる者に困りおる、もし五十人集め得れば、近衛を説けば彼も多少気あればどうにかなると思うが、この法も研究中なり」と、三時半帰る。同時森山達枝来る。いわく、「重大事件につき徳富先生大いに心配し、『海軍もこれと合流することなきや、しかる時は国家の大事なり』と、大いに憂いおらる」とのことなれども、予は、「海軍は心配なし、今回の事につき、陸軍にては海軍の者も多少関係せる如く言いおるも、例のロンドン会議の時問題となりたる霞ケ浦の七、八人は、いわゆる大川一派と関係あるは事実なるも、重大事件には無関係なり、かつ海軍主脳部及び中堅どころは大丈夫なれば心配なし、また満州事件も数日の後には何とか落ち付くべく、心配無用なりと申しおかれたし」と言い、四時帰る。
大臣官邸大将会の後、大臣に財部の貴院議員のことにつき更に依頼せり。
十月二十九日
午後七時半、山梨中将来り、「藤井〈斎〉は志士気取りにておるも、三種症の病名を明記せる引入届出し平然たり、また荒木師団長の時熊本に赴き鈴木、藤井両人、荒木その他に会合せる」由。
十月三十日
軍令部長との約により、午前八時十分出、二十五分軍令部長室に入る。部長出勤しあり、部長いわく、「重大事件にて種々の情報ありたり」とて左の如く語れり。
陸軍の今度の重大事件につき、海軍の青年将校も二人上京せるものある由、ただし姓名は明らかならずと加藤大将より情報を得（加藤は荒木より聴きたるものならん）、その時軍令部長は「必ず藤井と鈴木ならん」と考え、人事局をして佐世保に上京の実否を確かめしめたるに、その返事に、「藤井は七日に上京し、また鈴木は郷里長野県に帰省し病気中」とのことなり。依って藤井を呼び出し法務局にて訊問せるに、午前中は口を緘して何も言わざりしも、午後に至り、局長は「法務局にはすべて明瞭に分かりおる」と言いたるに、「しからば」とて、「佐世保より上京、大川の家に宿泊せるに、大川は『今度陸軍と共に一大事を企つ、君等も充分に働くべし、ついては詳細のことは参謀本部橋本参謀（元兇？）に聞くべし』と。依って参謀本部に到り橋本に面会したる、橋本は若輩と見てか詳しきことは言わず、ただ『重大事件を企つるにつき一所《（ママ）》に働け』とのことなりしにより、『重大事件とはいかなることにして、自分の配置はいかなることか』と問いたるに、ただ『おれの後に従い来ればよし』と言いて他を言わず、依ってさような漠然たることにては従い難しとて帰りたり」と。また小林霞ケ浦航空隊司令はこの間の消息を知りおると言いたるにより（二十一日頃？）、法務局長は霞ケ浦に出張し、小林について取り調べたるに、小林司令いわく「先に藤井来り、右様の話をなしたるにより、司令は『貴様等そんな事に関係せず隊に帰り勉強せよ』とて帰したり、しかして右の話は隊の何人にまで話したかは不明なり」と。またその前大川周明、一名の同行者を伴い小林司令を訪問し、満州問題につき激烈なる言辞を弄し助力を求めたるにより、「満州のみにつき議論しても不可なり、米国というものを考えざるべからず。おれには別に考えあり」とて返したるに、数日後北一輝及び西田〈税〉、小林を訪問し、「陸軍と協同して近く重大事を企つ、助力を乞う」と。小林いわく、「おれは別に考えあり」とて返す。また土曜日（九日？）に家に帰らんとて停車場に至りたるに、橋本及び大尉参謀一名追いかけ来り、「今霞ケ浦航空隊に貴官を訪問したるも、停車場に向かわれたりのことにて追〈い〉来れり」と。共に同車、東京に向かいたるに、幸い汽車中に他に乗客なし、橋本いわく、「近く重大事を企つ、助力を乞う、また多数爆弾を送られたし（飛行機用爆弾？）」とのことなりしにより、「予には他に考えあり」と言いたりと。汽車中にて橋本は百三十名ほど連名の血判状を示したり、これは古きものか。その後霞ケ浦へ電報にて至急上京せられたき旨、大川より申し来る。幸い東京に用事もありたるにより上京せるに、上野駅に大川及び橋本待ちおり、直ちに共に築地の待合に至る。橋本いわく「近く陸兵四中隊にて事を起こし、宮城を守り、警視庁を破壊し、首相・外相・蔵相・内相を斃し、また内大臣を斃す（これは小林にあてられたる仕事なりとのこと）、これにつき助力せられたく、軍資金は約二十万円用意しあり、一万円くらいならば今直ちに君に渡すべし」と。小林は「予は他に考えあり」と称し、なお期日等分明とならば海軍大臣に申し、これを防ぐ手段を講ぜんと考えおりたりとのことなり。

その翌日人事局長も一応話を聞きおかんと電話せるに、「小林は報告のため飛行機にて横須賀に赴く、午後三時頃ならでは帰らず」とのことなりしにより取り止めたりと。また財部大将より聞くところによれば、財部大将、町田陸軍大将に遇いたるに町田いわく、「橋本外数名は金谷参謀〈総〉長に面会し、重大事の計画を告げ拳銃を金谷に擬してこれに同意を求む、金谷大いに驚き、『これは極めて重大なる事なれば、陸軍の伝統的慣例に従い三長官会議後ならでは返答し難し、今より直ちに三長官会議を開くにつき暫時待て』と、その場を切り抜け、陸軍大臣と相談し、憲兵をして検束せしめたり。また橋本は事の破るるを恐れ、二十日の予定を繰り上げ十七日夜間決行せんとしたるに、十七日検束せられたるなり。またこの計画には、地方部隊より同志を呼び寄せ二十日に集ることとなりおれり、ある地方の連隊長の如きはこの上京将校を激励し、かついわく、『貴様は直ちに二重橋前に到れば、その処には東郷元帥出ておられ指揮せらるるはずなればその差図を受けよ』と命じたりと言う」。なお町田いわく、「陸軍にては海軍にも関係あり、また谷口軍令部部長は強硬意見を有するにつき大いに困りおるようなりと言いたり」と。

依って谷口は財部大将に、「しからば大将は私に軟化せよと言わるるか」と。財部「否、予も断然たる処置を必要と考う、町田も同意見なり」と、谷口いわく「この如き情勢にて、また熊本は荒木師団長たりし処にして、藤井、鈴木もかつて熊本にて乱暴なる意見交換をなしたり」と、「いかなることあるや測り難し、依って行幸お取り止めを可なりと信じ大臣に、首相に進言すべく昨日申しおけり、君の意見如何《いかん》」と、予も「お取り止めしかるべしと考う」旨申したり。

十月三十一日

午前十時四十分、大角より小林の話を聞く。十九日法務局長横須賀に来り、「陸軍に一事件起こり、『海軍にも多少関係あり』と言いおるも、法務局にては『海軍には関係なし』と見おるからこの点はご安心あれ」と言うこととなりし由、その午後主なる所轄長・航空隊司令・学校長等を集めたる時、小林より始めて報告あり。ただし「橋本より、『多少軍用金もあれば、入用なれば一万円位は直ちに差し上げる』と言いたり」とは話したれど、待合に行きたることは言わず、小林は「始めより右の企ては実行せられずと見おり、またこの企てを破壊せんと考えおりたれば、時機及び方法等を明示せざる故、右明示の際に阻止し、上司にも報告せんと思いおりたり」とのことなり。

十一時半軍令部長室にて、財部大将より「大川は同郷安達内相にこの企てを密告したりとか、牧野内大臣に密告し、宮内省方面より騒ぎ出したりとか言うも、そうではなきようなり、〈被〉暗殺者は内大臣・首相・外相・蔵相・内相となりおりしも、大川は安達内務大臣はやっつけなくともよろし〈い〉ではないかと謂《いい》たるのみなる由、また町田の話に、陸軍の下の者は、『今度の事件をうやむやになすが如きことあらば我々は敢然とし立つ』と言いおり、また参謀総長に辞職を勧告する書面を差し出したる由なるも、その書面は中途に握られおるとのことなり」と。

午後四時会議終了後、大臣より「今回の大演習行幸お取り止めを願ってはどうか」と閣議とせずして閣僚懇談せるに陸相も同意なし、陸相より参謀総長に懇談したるに、参謀総長は「参謀本部よりはお取り止めを奏請せず、ただし御下問あれば自分の意見を申し上ぐべし」とのことにて、政府はいかんともするあたわず、当分このままとのことになりおる旨語られたり。

〔三月事件　宇垣の弁解〕

十一月十六日

午後六時半より桑名に赴く、原田・大角在り、原田いわく、「本年三月二十一日事件につき数日前宇垣大将を訪問し、『右事件につき分明ならざる点あるにつき、実は朝鮮に赴きお伺いせんと存じおりたるなり、右事件につき金を受け取りたりと言うものあり、また爆弾を受け取りたりと言う者あり、何事かありしは明白なり、しかして世間一部にてはその発頭人は宇垣大将なりと言うものあり、また宇垣大将は途中より逃げたりと言うものあり、また宇垣大将は止めさせた方なりと言うものあり、真相分明ならず、如何』と、宇垣大将は日記を繰り、『古いことで記憶も充分でないが、日記によると、小磯〈国昭〉がしきりに大川に会ってくれと言うにより、おれは六年ほど前大川に遇っておる、彼は大塩平八郎の如き人物なりと言う人あるも、そんな大した人間でない、遇う必要なしと断りたれども、なおしきりに言うにつき本年二月十一日官邸にて面会せるに、彼は政党の不可なるを述べ、政党否認の独裁政治の必要を説き』宇垣にその首班たるを奨めたるにつき、宇垣は『自分は現内閣の閣員なり、そんなことは出来ぬ』と言いたるに、『今議会の紛争に乗じて自分等は事を起こさんとす、陸軍は傍観して手出しをしてくれるな』と、宇垣は『そんなことは出来ぬ、もし良民を害し、また高貴の方に害を及ぼさんとするが如きことあらば、陸軍はこれを止めさせる手段を採らざるべからず』と、彼またいわく、『今あなたの如き声望ある人奮起せざれば、我が国の前途甚だ憂うべく、また大将の声望も減ずるに至らん』と、宇垣いわく、『予は何の声望もあるはずなし、ただ陸軍大臣たるが故に大臣としての声望にして、余自身には何ものもあるはずなし』と、単にそれだけのことなり、四、五日後小磯は大川に面会したる礼を言う、『大川は大変に喜んでおりました』と言いたり」と。

また今回の重大事件につきても宇垣は、南に「あんな手ぬるき処分にては不可なり、軍隊は上下に縦に連なりて紀律を保ち得、水平の横の連合をなさしむべか〈ら〉ず、と言いたる」由なり。

始め西園寺公は、行く処まで若槻に遣《や》らせてみる意見なりしも、この頃にては連立説に傾きおらるるという。原田は、「結果は同じくなるとも、政府と軍部と反対し歩みおるよりは同一に歩む方可なり」とし、西公に説きおる由なり。西公は「犬養を首班とする連立内閣可なるも、それは若槻自ら造らざるべからず、他より手の出しようなし」と。

若槻・安達は協議の上、十一月二日西公に「もはや策の施しようなし」と申し出、西公は「そんなことを言わずに遣れ」と言われたる由なり。

九時頃白鳥来る、白鳥は、「国際連盟の如き東洋特に我が国に何の利益なきものに加入しおらざるを可なりとす、ただし陸軍は北満に進出せざれば可なるも『チチハル』までは行くならん、行くも一段落後引き退きくれればやりようあり、しからざれば甚だ面倒なり、また宣統帝擁立は不可なり、天津の如き、よく領事に言いおき厳重に警察にて守護しおりたるも、陸軍はあんな騒動起こし奪い出して営口につれ行きたり、この擁立は止めさせざるべからず、また満州独立というも、そんなことは列国の同意を得られざれば、張作霖のなしたる程度のものにして、今少し日本に都合良きものとするより外なし、予はそのうち満州に出掛け陸軍青年参謀を説かんかと考えおる」と、予は賛成しおけり。

十一月十八日

午前十一時、内田信也来る。「先日政友会幹部会の時、一議員内田に向かい『海軍にこの頃何か変な事件があるということを聞いたが、君知らんか』と、内田『変な事件とは何か』一議員いわく、『シーメンス事件の小なるや如きものなりと聞く』と、時に久原幹事長傍らにあり、『ああそうか、内田君、僕のところに匿名にてこんな書類が来た（一昨日なり）、まだ誰にも見せてないのだが』と、書類を渡せり、一見するにAに関することなり、しかして中に本省内公室にて受授をなしたりと記しあり、公室とは世間一般の言葉にあらず、海軍特有の名称なり、すなわちこの書類は部内より出でたるなり、依って久原氏には『この事件は予なお取り調べ適当に処置すべし、予に渡しおかれたし』と言い受け取り、予これを保持す、この如きことにて問題になるは海軍の不為なれば、予握りおるべし」と。またいわく、「海軍政務次官たりし時、Aはしばしば旗亭に痛飲せり、しかして何時もKと行を共にせるが如し、その当時より、少しく度に過ぐ、間違いがなければ良きかと思いたり」と。

陸軍の重大事件について先日若槻首相を訪問したるに、首相いわく、「極めて重大事件なり、故に新聞記事を差し止め重大事件ということに止めたり、事は陸軍の内部のことに属し、軍紀と関係ある事件なるも、その内容の詳細は陸軍大臣より報告を受けおらず」と。また「この事件に関しては、議会において質問せざるを希望す」と。去って内務大臣を訪問せるに、重大なる事件というに一致す。陸軍大臣を訪問せるに、陸軍大臣は「この問題は重大なりとも謂えるが、また至って軽微の問題とも言える、青年将校が部外の某者と通謀し不穏のことを考えたれども、ただ考えただけにて実行に移りたるにあらず、当局にては、その過誤なからしむるよう一時部外者と隔離したれども、大いに悔誤《(ママ)》の実あれば近く処分せんとす」と。越えて十月三十一日陸相は内田等を呼び、「先日の件は各々《おのおの》謹慎を命じたり、行政処分はこれにとどまらず、追って転勤せしむるはず」と。

〈首相いわく〉「政局はこの如く不安のままにて進み難し、結局は連立内閣なるべし、犬養、連立反対と称しおれども、内閣を組織する場合には広く人材を採ると一条の逃げ路を開きおれり、ただし若槻辞職し、陛下に奏上し、その任に堪えず辞職するも、この重大事局には政党政派の別なく、国家に尽くさざるべからず、次の内閣は犬養に組閣を命ぜられたく、民政党はこの内閣を援助しますと申し上げざるべからず、右の如くして連立内閣を組織すれば政友会は収まる」と、予「それより外に方法なからん」と。正午辞去す。

十一月二十五日

午後三時より大臣官邸に軍事参議官会合あり、六時散開の時、大臣より予に一分ほど話ありとのことなりしも他の機会にせんとて別れたり。

十一月二十六日

新宿御苑にて立話にて、「財部大将は『なるべく年齢満期以前に退きたし』とのことなれば、一方の話（貴族院議員）纏まればこの十二月にそれを機として退かるるを佳と考えたれども、右は書類を出し、首相にも話したれども出来るとも出来ぬとも言わず、このままにて進まんか満限は近くなり、一方この十二月なれば、わずかなれども転職金出れども、年齢満限にては転職金は出し難し、いかにすべきや、予より財部大将の意を聞かれたし」とのことなり。

十一月二十七日

陛下海軍大学校卒業式に臨御の帰途、海軍省にお立寄り、御陪食を賜る、還御の後、加藤経理局長に本年整理者の賜金を糺《ただ》し、また大臣より財部大将の予備役編入の期につき、海軍の都合は何時にても差支えなき旨を確かめ、午後三時財部大将邸に到り大将と面会。

「予、昨日海軍大臣と新宿御苑にて立話せるに、大臣は『財部大将の貴族院議員は、書類を提出し若槻首相にもとくと事情を申し述べ了解を求めたるに、若槻首相はよく了解せるも、何分欠員は二名なるに候補者甚だ多く困却せりとのことにて諾否を明言せず、川崎書記官長を糺《ただ》したるに同様、困ったなあと言うのみ、このままにては何時になりたらば成否分明するや見込みつかず、大将の予備役編入十二月中なれば、整理者としてこの際七百円ほど余分のもの転職金を出し得れども、四月年齢満限となれば、年齢満限にてはこの余分の金は出し難し、また二月とか三月とかいうとあまりに年齢満限に近く整理者という名義を付するに難問題なり、貴君財部大将の意中を聞き呉れまじきや』と。予諾せるも、金額の点その他に多少の疑問ありたるにより、昨日加藤経理局長に糺したるに、『今回の各省の整理には八ヵ月分の転職賜金を出すこととなり、海軍の予備役編入者にもこれを適用せんとするも、整理者の金額は各省ほぼ割当あり、全部八ヵ月とするあたわず、さればとて、ある者に与え、ある者に与えずという訳にも行かず、結局有り金をすべてに分配することとなり甚だ少額となるなり。大将にて約七百円くらい、ただし陸軍省の如き、本年度にて全部を整理するは甚だ困難なれば、来年度にも一部は行いたしと主張しおれば、その辺いかになるや分からず』と、また海軍大臣より大将の予備役編入は海軍の都合にあらざる旨確かめたり。十二月中予備役を願わるれば約七百円ほど余分の賜金あれども、そのため人の口にかかるも遺憾なり、ただし貴族院議員の方を促進するため背水の陣という如き方法あればまた別なり」と〈告ぐ〉。

財部大将いわく、「予には背水の陣を張りてどうするという考えなし、また予は、海軍大臣の人事行政上に資するところあれば、何時にても予備役編入差支えなしと言いたるのみ、時局重大の際海軍の都合に依らずして現役を離るる法なし、賜金の如何《いかん》の如きは問題にあらず、年齢満限までご奉公なし得れば幸いなり」と。五時辞去す。

十一月二十八日

午前十時五十分、海軍省において大臣に面会、「財部大将は年齢満限までご奉公を望まるる」旨を報じ、「時局重大なり。若槻首相は一大決心を要する」旨進言せり。十一時軍令部において軍令部長に会い、右大体を報告し十一時二十五分辞去す。

昭和七年（一九三二年）

五月二十五日

午後零時三十分昼食事中、仲町斎藤子爵邸より電話あり、来邸を望まる。依って電話にて平出副官に自動車差廻しを依頼す。午後一時自動車来る。直ちに邸を出て一時十五分斎藤子邸、階下応接間に通さる、斎〈藤〉氏来り二階書斎において子爵に面会。子爵いわく、「昨日までは政友民政両党の了解を得るため費やされ、未だ軍部に手延ばすに至らざりしが、その方も目鼻つきたれば来てもらった訳だが、今度海軍大臣になってもらいたい、実は昨日大角に相談したるところ、大角も同意であった、時局重大の際ご苦労だが受けてもらいたい」

予「この重大時局に私のようなものでもお役に立つなら力の限り致しますが、一応元帥に相談の上ご返答いたします」

子「昨日東郷元帥にお逢いしたる節、海軍大臣の後任につき名ははっきり申し上げなかったが、元帥のご了解を得おいた、元帥もご同意である」
予「一応は私より直接ご相談申し上げたし」
子「返事は電話で知らしてくれ」
予「こちらも甚だご混雑のようなれば、甚だ失礼ながら返事は電話にて申し上げます」
子「そうして下さい」
予「何かご注文がありますか」
子「軍部の統制、経費の節約、満蒙のことは強く正当を主張する、依って南支那にはなお当分今ほどの軍艦は出してもらわねばならず、これらの軍事上の経費はもらわねばならず、私はこういう方に費《つか》うより準備に、すなわち新しき物に費う方がいいと思うが、そうもいかん、南支方面は現状で行かねばならず、ただしなるべく節約してくれ、また農村の疲弊は何とか手をつけねばならぬ」
予「軍部の統制は、海軍に関する限り極力やるつもりで、また出来ると思っておりますが、火元を消さざる限り再び飛び火の恐れがあります」
子「これからは私の話だが、先日加藤大将が電話で大変恐ろしい話をしたが、私はそれほどとは思わぬ、また山本大将が横須賀長官として大変強いことを言うとのことだが、不都合ではないか」
予「海軍の方は大したことはないと思います、ただ火元が外にあるから一度片付けても飛び火の恐れはあります、なお私の話ですが閣員はお定《き》まりになりましたか」
子「山本〈達雄〉が昨日は承諾したが、手続き上若槻と相談してということであったが未だに返事なく、また林には電報し、もう返電の来る時であるが未だ来らず、司法大臣は原に相談したけれども受けず、今小山に交渉中、また鳩山よりも返事なし、その他はどうにか纏《まと》まるつもりなり」
右にて辞去、海軍大臣官邸に赴き、午後二時東郷元帥のご都合を電話にて伺い、元帥邸に赴く。
予「ただいま斎藤子爵より来邸せよとのことなりし故赴きたるに、海軍大臣になれとのことでありましたから、一応元帥にご相談の上にてお答えするとて帰りましたが、いかがでしょう」
元「それはご苦労だがあなたがなるより外に仕方がない、さっき副官の話によれば、私もピストルでやるということを他人の名前にて差し出し、配達不能にて警察にて開きたる折、私の外に閑院宮殿下、荒木陸相をもやるということで、今日より警官が来ておる、そんな〈な〉ことを言うやつがやることはないが、困った世の中となった、海軍は厳格にこの如き事がないようしっかり遣《や》ってもらいたい」
予「厳重に取り締るようにいたします」
元「海軍は上下一致協力して遣らねばいかぬ」

予「重大な時局でありますから、大命が降下しましたならば何事もご指導をお願いします、元帥のお力をお借りしなければやって行けぬと思います、それでは承諾の旨返事をいたします」
元「大命が下りましたならば□《不明》それぞれご相談いたします」
予「物そうな世の中でありますからお気をおつけ下さい」
元「なあに」
　右にて辞去、海軍省に至り大臣にその旨話し、軍令部長室にて殿下に拝謁、
予「さきほど斎藤子爵より来邸を求められまいりましたるところ、海軍大臣になれとのことでありましたから、一応元帥に相談してから返事すると申して帰り、ただいま元帥邸に到りご相談いたしましたるところ、なれと言われますから承諾するつもりです、いかがでござりましょう」
殿「それはご苦労ながらあなたがなるより外仕方がない、どうぞもし大命降下したなら今回の不祥事に対し断然たる処置をしてもらいたい」
予「今回の不祥事に対しては断然たる処置をしたいと思います。海軍は出来ると思いますが、部外に火元があるので飛び火を恐れます」
　三時辞去、大臣室に至り大臣より電話にて斎藤子爵に電話口に出らるることを求め、子爵電話口に出られたるにつき予かわり、

予「斎藤子爵閣下ですか、元帥ともご相談しましたが、受けろとのことでありますからお受けいたします」
子「有難う」
右に〈て〉電話を断ち、四時邸に帰る。

軍縮問題〈覚書〉

主力艦、航空母艦は五・五・三の制限を受諾す。日本は進んで戦うことは不可なり、近海に引き寄せて戦う外なし、引き寄せるにも程度あり。ただし海軍にては攻勢防禦という言葉あり。日本本土に敵を近寄せては守ることは出来ぬ、すなわちその時の武器にて本土を砲爆撃の出来ざる距離において戦わざるべからず、これがためには十・十・七を必要とす。

ここに軍縮に対する三大原則生ず、すなわち、

(イ) 水上補助艦対米七割
(ロ) 大型巡洋艦対米七割
(ハ) 潜水艦自主的保有量七万八千屯

その当時は明瞭なりと考えたるも、今考えれば多少明瞭を欠く。ただし軍令部にて三大原則を強調したる故、国民は今回のロンドン会議にてもしこれを一歩なりとも譲れば国防危うしと考うるに至れり。

「ロンドン」会議の時の帝国全〈権〉は、東京よりは首席若槻、海軍財部にて、一九二九年十一月三十日東京を出発し米国経由「ロンドン」に向かい「ロンドン」にて英国大使松

平及び「ベルギー」大使永井松三を全権に加う。補佐は安保、川崎法制局長官、山川、樺山愛輔、財部の随員左近司なり。

本会議は一九三〇年一月二十一日「ロンドン」「ウェストミンスター」において英国皇帝陛下親臨の下に開会せられ、「マクドナルド」首相議長として軍備制限の精神を強調して会議の好果を望み、各代表また同様の陳述をなし、同日の会議を了《おわ》れり。

二十三日第二回の総会を開き、議事進行の方法を定めるのみにて何事もなく散開せり。三十日の第三回総会も空しく過ぐ、依って米代表は二月五日その腹案を示し、日英両国相次いでこれに対する回答を提示し、二月十三日に至り仏代表は厖大なる要求を提示し、伊もまた十九日に至り独自の声明書を発す。

ここにおいて従来専門委員間の制限方式問題は実質上の交渉に転向し、会議の重点は日本の比率と仏国の所有量との二点となる。この時仏国に政変あり、仏国全権の帰国により会議は約一週間休会す。

二月二十六日の首席全権の会議において、日英米の海洋組と、英仏伊の欧州組との二つに分かれ交渉を進むることとす。

ただし二月十一日頃より日米間に公式非公式の自由討議行われたるも、何等進捗せず。

三月十二日以後は三国首席全権のみの討議となり、松平・リード案を基礎として一試案を得、日本全権は本国に請訓することとなれり。

これより先、予は「ロンドン」条約の見透しをつけおりたるも、国内問題としては政治問題とからみ相当困難なるべきを思い、予は軍事参議官なれども、海軍に関する重大問題にして、予は海軍の長老なれば表面に出で活動せざるべからざるを思い、国の長老の意見を聞く必要ありと思い、

一九三〇年一月二十八日、牧野内大臣をその官邸に訪問し、軍縮に対する意見交換を行う。内大臣も「日本の為に会議の決裂は困る」と、予と同意見なり。

二十九日、静岡県興津に西園寺公を訪問す、公も同意見なり。

三月十五日、平塚に療養中なりしが、海軍次官より至急帰来せられたき電報来り、十六日午前帰来す。全権より請訓来りし故なり。その請訓を見るに、受諾し得られざる如きものにあらず、しかれども時の外務大臣は軟弱外交の評ある幣原君なり。全権はいずれも英米派と称せられたる若槻、財部、松平、永井なり。また三大原則をあまりに強調したるため、国民は元より海軍において、一歩にてもこれを譲れば国防危うしと考うるに至り、これを納得せしむるには相当に骨が折れたが、ただ海軍国防計画者なる軍令部のみは非常に強硬なり。

五月十九日、財部全権東京に帰着す。

六月十日、加藤軍令部長〈は〉軍事参議〈官〉、谷口大将軍令部長となる。谷口大将制限受諾派なり。同日末次、山梨待命となり、軍令部次長には永野修身中将任命せらる。す

なわち海軍首脳部陣容整い海軍〈部〉内は平穏となる。

枢密院に反対ありたるも、海軍内平穏となりたるため如何《いかん》ともするあたわず、御批准あらせらる。

	日	米	比 日/米(%)
大型巡	一〇八、四〇〇	一八〇、〇〇〇	六〇・二
軽巡	一〇〇、四五〇	一四三、五〇〇	七〇
駆	一〇五、五〇〇	一五〇、〇〇〇	七〇・三
潜	五二、七〇〇	五二、七〇〇	一〇〇
計	三六七、〇五〇	五二六、二〇〇	六九・七五

	日	米	英
八吋砲巡	一〇八、四〇〇 (右同)	一八〇、〇〇〇 (一三〇、〇〇〇)	一四六、八〇〇 (右同)
軽巡	一〇〇、四五〇 (九八、四一五)	一四三、五〇〇 (七〇、五〇〇)	一九二、二〇〇 (三一七、一一一)
駆	一〇五、五〇〇 (一三三、四九五)	一五〇、〇〇〇 (二九〇、三〇四)	一五〇、〇〇〇 (一八四、三七一)
潜	五二、七〇〇 (七七、八四二)	五二、七〇〇 (八二、五八二)	五二、七〇〇 (六〇、二八四)

日米妥協案　昭和５年３月13日米国提案
（備考）米国は８インチ１万トン大巡を1933-35年に１年１隻ずつ建造の権利を有す

一九三四年、山本〈五十六〉全権ロンドンに至り、予備交渉にて松平と共に Upper Limit にて揉《も》む。会議何等纏まらずして終わり、永野と交代。

一九三五年、永野全権の際は、感情のもつれあり、東京にてこれを知りたる時はもはや如何ともすべきようなし、遂に決裂す。ただし満期の期限来りおりたれば、遠からず問題を起こさんと考えおりたるも、二・二六事件にて万事ご破算となる。満期は十一年十二月末なり。

「ロンドン軍縮問題日記」解説
――ロンドン海軍条約と統帥権問題を中心にして

池田　清

この日記は、海軍大将岡田啓介が残した唯一の手記である。現物は普通の大学ノートに鉛筆で縦書き、全文一三六ページ、茶色の表紙には、「極東裁判ニ重要役割ヲ為ス、昭和二十年四月一四日戦災ニ不思議ニ戒名控帳ヲ入レ置ク袋ノ中ニ在リタリ奇ト云フベシ、昭和二十一年岡田啓介記」とペン字で記入されている。

手記は昭和五年（一九三〇年）一月二十八日に始まり、昭和七年（一九三二年）五月二十五日に終わっているが、後で書き入れた当時の追記（鉛筆書き）や、極東軍事裁判に備えての覚書（ペン字）なども散見される。岡田大将の遺族からこの資料の提供を受けた防衛庁戦史室の編纂官角田求士氏は、この資料の意義と価値とについて次のように評価している。当時軍事参議官であった岡田大将が、「統帥権問題が起こってから、日記からその関係事項を自ら抜粋したものと認む。……当時の海軍部内、政府内の動きを知る貴重な資料である。又岡田啓介大将の唯一の手記として貴重なものである」。なおこの手記のうち、ロンドン海軍条約の締結に関係する昭和六年五月二十一日までの部分八八ページは、角田順監修、小林龍夫・島田俊彦解説によって、『現代史資料7　満洲事変』（みすず書房、昭和三十九年）の中に収録されている。『現代史資料7』では割愛された昭和六年八月七日以降の部分にも、三月事件・十月事件・満州事変などに関して、当時の政界上層の情勢や人間の動きを脈動的に伝えている。それゆえに、敗戦直後にいちはやく『岡田啓介回顧録』（昭和二十五年）を出版した毎日新聞社が、今回〝昭和史シリーズ〟の一環として、この岡田日記の全文を公刊することは、昭和前期の政治史解明に、貴重な資料を提供するものといえよう。

さて岡田日記の中心は、昭和五年三月十五日の全権請訓電の到着から同年七月二十三日の軍事参議院奉答文可決にいたる部分にある。そして、この間に引き起こされた統帥権干犯うんぬんの紛議が、明治建軍以来の統制ある日本海軍を、条約派と艦隊派へと分裂させ、そして昭和動乱の発火点になった次第は、よく知られているところである。そこで本稿においては、ロンドン軍縮条約の締結をめぐる岡田大将の活動に焦点をしぼり、日記だけでは不明の点について多少他の資料で補いつつ、解説することにしたい。なおロンドン軍縮条約の締結当時の情勢を伝える根本資料のうち活字化されたものとしては、次のものがある。堀悌吉編「ロンドン会議請訓より回訓までの期間身辺雑録」、堀悌吉・古賀峯一・藤田利三郎作製「枢密院関係質問応答資料」、堀悌吉述「倫敦海軍条約締結経緯」(以上みすず書房『現代史資料7』収録)、堀悌吉作成「昭和五年四月一日回訓ニ関スル経緯」、軍令部作製「回訓発令前後ノ記事等」、堀悌吉述「ロンドン会議ト統帥権問題」(以上朝日新聞社編『太平洋戦争への道』、別巻、資料編に収録)、原田熊雄『西園寺公と政局』第一、第二巻、加藤寛一編「昭和四年五年倫敦海軍条約秘録(故海軍大将加藤寛治遺稿)」、軍令部作成(極秘)「倫敦会議交渉経過概要並米国提案の内容検討」、軍令部作成(極秘)「口述覚書」(以上『大阪市大法学雑誌』第十五巻第四号に収録)、みすず書房編『宇垣一成日記』第一巻。

岡田啓介は、明治十八年十二月一日海軍兵学校に入校し、同二十二年四月二十日卒業(第15期生・八十名)した。財部彪、竹下勇次郎(のち勇)、広瀬武夫、小栗孝三郎らと同期である。なおロンドン条約をめぐる紛争になんらかの形で関係した海軍軍人の海兵卒業年次を示せば、次の通りである。斎藤実(6期)、鈴木貫太郎・小笠原長生(14期)、山路一善(17期)、安保清種・加藤寛治(18期)、谷口尚真(19期)、大角岑生・山本英輔(24期)、山梨勝之進(25期)、小林躋造(26期)、末次信正(27期)、左近司政三(28期)、藤田尚徳（29期）、堀悌吉（32期）、古賀峯一（34期）。なお東郷平八郎は海軍兵学校の出身者ではなく、イギリス留学後の明治十一年任海軍中尉、伏見宮博恭王は明治二十二年一月海兵本科に入校したが、ドイツ留学のため退校し、明治二十七年四月任少尉となっている。

岡田啓介は明治二十三年海軍少尉に任ぜられ、その後、第一艦隊兼連合艦隊司令長官、横鎮〔横浜海軍鎮守府司令長官／編集部註〕長官を勤めた後、昭和二年四月、田中義一政友会内閣の海軍大臣に就任し、海軍軍政の直接責任者となった。

昭和四年七月浜口雄幸を首班とする民政党内閣が成立し、海軍大臣は岡田から財部彪へと交替し、岡田は海相辞任と同時に軍事参議官に補された。したがってロンドン海軍軍縮会議当時の岡田は、直接責任ある地位にはいなかったが、先任の現役海軍大将として、長老の地位にある内大臣、元老の意見に即応しながら、軍縮会議妥結のために奔走し、強硬派だった伏見宮、東郷元帥、加藤寛治軍令部長との折衝に当たった。そして大局的見地に立って条約の調印へと事態を運び、条約をめぐる紛糾をよく収拾したのである。彼が後年、斎藤実内閣の後を受けて組閣の大命を拝したのは、この時の彼の政治的識見と手腕とが元老西園寺公に認められたからである。

昭和五年のロンドン軍縮会議は、日本海軍史上しばしば、「悲劇のロンドン会議」と呼ばれる。このロンドン条約で締結された、補助艦に関する日・英・米間の軍縮条約は、日本の政治に波乱を巻き起こし、ひいては軍部独裁への道を開く端緒になった。その理由を理解するためには、一九二二（大正十一）年のワシントン会議以来、日本海軍の内部にくすぶり続けていた「六割の憤懣《ふんまん》」について多少の説明を加えなければならない。

一九二二年のワシントン会議から一九三六年末にいたる十五年は、世上しばしば「海軍休暇期《ネイヴァル・ホリディ》」と呼ばれている。だが、国際平和を推進するための軍縮であったこの主力艦の建艦制限は、結果的にみれば各国の軍備を精鋭化し、とくに日米両海軍間の敵対意識を激化させるにいたった。これは歴史の皮肉であろうか。ところで、ワシントン会議で取り決められた主力艦についての、米・英・日それぞれ五・五・三の比率は、第一次世界大戦後の米・英・日間の国際政治における力関係をある程度象徴するものであった。その限りにおいて、西太平洋における日本海軍の海上権掌握が、国際的に認められたことを物語っている。

ワシントン軍縮条約に対する日本海軍の不満のうち最大のものは、対米英七割を主張したにもかかわらず、六割を押しつけられたとする憤懣であった。ワシントン会議に海軍側首席随員として出席した加藤寛治中将は、対米英七割貫徹の強硬論で全権加藤友三郎大将を困惑させ、ついには憤激のあまり「加藤寛治自決ス」のうわさまで日本に伝わったほどである。彼は、「現有勢力で各国の軍備を律することは、一見公平のようにみえるが、実は一時の状況を基礎にして、対等なるべき各国の主権に半永久的に差別を付する」ものと反対した。たしかに、ワシントン海軍条約の骨子となったヒューズ案は、国家安全主義の主張は会議を議論倒れに導くとして、全然これを問題とせず、会議開催時における各国現有兵力を標準にし、その場かぎりで軍備停止を約定するものであった。加藤中将はこの「現有勢力を基準にした軍備制限の方式」の裏には、米英の覇権確立という野望が隠されており、「すべて不合理なもので、軍備制限の精神に合致しない。故にたとえ成立しても、到底永続の見込みなく、したがって世界の平和に貢献しえない」(『加藤寛治大将伝』)と批判し、六割は、米英による劣勢比率の押しつけであると憤激したのである。そして、加藤中将に代表されるこの「六割の憤懣」は、ワシントン会議直後から海軍内部にくすぶり続け、軍縮の世論の中で肩をすぼめていた海軍将校たちの未来への漠然とした不安感と相まって、伝統的な「統制ある海軍」の、統制をみだす不安定要素となっていったのである。

ワシントン会議の後、日本海軍は主力艦の六割を補充するため、ワシントン条約の盲点をついて、補助艦の建造に積極的に乗り出した。もちろんこの補助艦の建造熱は、日本海軍だけの傾向ではなかった。ワシントン条約は、補助艦については、各艦の最大限を排水量一万トンと備砲八インチとに規定しただけで、各国間の比率協定が成立せず、結局総トン数の制限をみなかった。そこで、制限された主力艦の不足を補う海上基幹兵力として、各国競って補助艦の建造に乗り出した。この傾向は、とくに大型巡洋艦(一万トン、八インチ砲)と潜水艦とに著しく、軍事費の削減及び軍備のもたらす脅威感の減殺というワシントン軍縮会議の意義は、年を追うて失われつつあった。ちなみに、ワシントン条約締結当時の補助艦勢力及びその後五ヵ年間の補助艦建造の状況を、日・英・米三国について検討すれば次表のとおりである。

		日	英	米
会議当時の勢力	巡洋艦	17	50	28
	駆逐艦	74	204	302
	潜水艦	42	63	108
会議後五ヵ年間の勢力拡張 (イ)建造したもの	巡洋艦	6	9	10
	駆逐艦	21	10	0
	潜水艦	14	8	40
(ロ)建造中または未起工	巡洋艦	6	14	8
	駆逐艦	10	0	12
	潜水艦	17	9	8

海軍有終会編『海軍及海事要覧』昭和2年

こうした補助艦建造競争の激化は、ワシントン条約機規制された主力艦に関する均衡に少なからぬ影響を与えただけではなく、軍事費節減の主旨も自然に意味を失い、各国民は再び建艦費の重圧に悩まされることになった。そこで、昭和二年（一九二七年）六月、米国の提議によって、日・英・米の三ヵ国の代表はジュネーブにおいて第二次海軍軍縮会議を開催した。しかしこの会議においては、補助艦の保有量について日米が対立し、また巡洋艦に関して英米が激しく対立したために、同年八月失敗のうちに終わったのである。ジュネーブ会議後、英米関係は一時的に悪化した。しかし昭和四年（一九二九年）三月、共和党のフーバーが米国大統領に就任し、また英国でも軍縮を公約するマクドナルド労働党内閣が成立して、軍縮への気運がとみに高まった。この年の六月以降予備交渉を続けていた英米両国は、同年十月仮協定、いわゆるラピダン協定に到達した。そこで英国政府は同年十月七日、日・米・仏・伊の四ヵ国に対し、一九三〇年一月ロンドンに海軍軍縮会議を開催する旨、招聘状を送ったのである。

当時日本においては、昭和四年七月二日、田中義一政友会内閣は張作霖爆殺事件の責任を負って総辞職し、同日浜口雄幸を首班とする民政党内閣が成立した。浜口内閣の政策は、外相幣原喜重郎、蔵相井上準之助の就任が象徴しているように、対外的には英米諸国との協調主義、対内的には緊縮財政にあった。当時は一九二七年の金融恐慌を経て、非常な国庫窮乏の状態にあった。浜口内閣としては、昭和五年度予算の編成に当たって極力緊縮の方針をとらざるを得なかったのである。そして、財政を健全化し、金解禁を断行するためには、軍縮の実現は不可欠の前提になっていた。そこで浜口内閣は、ロンドン軍縮会議への出席を要請する英国政府の招聘を喜んで受諾し、全権委員に元首相・若槻礼次郎、海相・財部彪、駐英大使・松平恒雄、駐ベルギー大使・永井松三を任命した。

ロンドン会議における日本の原則的要求いわゆる三大原則は、昭和四年十一月二十五日の閣議で正式に決定された。それは、㈠補助艦の総括保有量対米七割の維持、㈡大型巡洋艦（八インチ砲搭載）の保有量対米七割の確保、㈢潜水艦の現有勢力（七万八千五百トン）の維持であった。しかしこの三大原則は並列的なものではなかった。全権への訓令は、

「此等ノ要求（大巡ト潜水艦）ヲ補助艦対米総括七割ノ主張ト両立セシメムガ為ニハ、帝国海軍軍備ノ要旨ニ悖《モト》ラザル限リ軽巡洋艦、駆逐艦ニ於テ多少ノ犠牲ヲ忍ブハ已ムヲ得ザルコトニ属ス」として、大巡と潜水艦とにおける主張の貫徹を条件としての、補助艦の総括保有量対米七割の要求であった。

この三大原則は、加藤寛治軍令部長の時代（昭和四年一月二十二日就任）に作成されたものであった。加藤の前任者鈴木貫太郎大将（当時侍従長）は、三大原則が決定された後、海軍次官山梨勝之進中将に、「おれが軍令部長から現職に変わったのは去年一月二十九日だったが、そんなものはなかった。この案に反対はしないが、これでなければ日本がつぶれるとは絶対に思わない……」（『山梨大将講話集』）と語っている。また加藤軍令部長も昭和四年七月、岡田大将に代わって海相に就任した財部彪大将に、軍縮について軍令部側の希望事項を伝えた時には、「帝国が補助艦に於て総括的七割比率を主張するは永年の歴史を有し之が実現は国防上極めて緊要事項につき……」（「倫敦海軍条約締結経緯」）とだけあり、大巡と潜水艦については全く触れられていない。それ故に三大原則は、その後ロンドン会議の開催が近づき、これへの対策研究会を重ねるうちに、軍令部を中心にして作成されたものと見るべきであろう。

さてロンドン会議は、日・英・米・仏・伊の五ヵ国の間で、昭和五年（一九三〇年）一月二十一日から開催された。しかし会議は、日米の比率とフランスの保有量とをめぐって各国の主張が対立し、いっこうに進まなかった。この停滞を打開するために、議長であるイギリス全権マクドナルドの提議により、五国会議を欧州組（英・仏・伊）と海洋組（日・英・米）とに分けて、それぞれ非公式会談の形で交渉を進めることになった。日米の折衝は、主に松平・リード両全権間の自由会談によって進められ、これと並行して、若槻・スチムソン両首席全権の間でも精力的に折衝が続けられた。会談はなお難航し、会議の前途について幾度か悲観的なニュースが伝えられたが、三月十二日の若槻・スチムソン会談で、日本側は「日米間ニハ差当リ之以上日本ヲ有利ニスル見込立タス」ということが分かり、日本全権団は松平・リード間にでき上がった妥協案をもって、日本政府に請訓することになったのである。この日米妥協案の内容は、右表のとおりであった。

四全権連名による請訓電が外務省に到着したのは、三月十五日午前であった。ロンドン会議をめぐる紛糾は、この請訓電の到着をもって始まる。四全権は、「本委員等ノ見ル所ニ依レバ新ナル事態ノ発生セザル限リ彼（米）ヲシテ之以上ノ譲歩ヲ為サシムルコトハ難キモノト認ム。……日本ノ態度ニ依リテ今回会議ノ破綻ヲ見ルガ如キ場合ニ立到ラバ、諸般ノ関係上我方ニ重大ナル影響ヲ及ボスコトトナルベキニ付深キ考察ヲナサザルベカラズ」（全権より外相宛第二〇八電）と回訓を仰いだのである。この請訓案に対する検討は、まず外務・海軍両省においてそれぞれの立場から開始された。外務省の態度は、日米妥協案をそのまま承認する方を得策とするものであった。というのは、この妥協案では、㈠補助艦保有量の総括で、六割九分七厘とほとんど日本の主張が通った。㈡大型巡洋艦は六割二分だが、アメリカは建艦計画を加減して、一九三五年までは七割の比率に変更を来たさないことを約束した。㈢潜水艦については、現有勢力保持の主張から約二万六千トン減になったが、日米均等が認められた。以上の理由から外務省は、日米妥協案は三大原則をほぼ貫徹したものと評価したのである。それ故にワシントン会議以来、国際協調主義を外交の基本理念としてきた幣原外相が、国際政局の安定を望む立場から、日米妥協案をそのまま承認する方を得策と考えたのは当然であったといえよう。また浜口首相としても、緊縮財政と協調外交とを公約しており、大局的見地に立って条約の締結を強く決意して

	米国	日本	比率
大型巡洋艦	一八〇、〇〇〇トン	一〇八、四〇〇トン	六割二厘強
軽巡洋艦	一四三、五〇〇トン	一〇〇、四五〇トン	七割
駆逐艦	一五〇、〇〇〇トン	一〇五、五〇〇トン	七割三厘強
潜水艦	五二、七〇〇トン	五二、七〇〇トン	十割
補助艦総括	五二六、二〇〇トン	三六七、〇五〇トン	六割九分七厘強
〔備考〕アメリカは大型巡洋艦については、一九三三年、三四年、三五年度において、八インチ一万トン巡洋艦をそれぞれ一隻ずつ起工する権利を有す			

昭和５年３月17日、大阪朝日新聞夕刊

いた。そして、ロンドン会議を決裂させてはならないという雰囲気は、元老西園寺公望をはじめ内大臣・牧野伸顕、侍従長・鈴木貫太郎などにも強く、浜口首相の決意は、これら重臣層によっても支持されていたのである。

しかし、日米妥協案に対して柔軟性と大局的識見とを示したこれらの重臣層・政府首脳部や外務省側に対し、海軍側、ことに軍令部系の反論は極めて激しいものであった。当時軍令部は、部長・加藤寛治大将、次長・末次信正中将、第一（作戦）班長・加藤隆義少将のトリオであったが、末次次長は三月十七日独断で激烈な声明文を起草し、これは同日の夕刊各紙に「海軍当局の声明」として掲載され、物議を醸したのである。彼によれば、日米妥協案は単に数字的譲歩であり、「あくまで日本を六割で縛ってしまうというにほかならない」と批判している。また加藤部長も同日ロンドンの財部全権宛に打電し、アメリカが日本に対して総括的七割を認めようとするのは、大巡と潜水艦についての日本側の原則的要求を否定しようとする老獪な策略であり、「内容ハ依然トシテ彼（米）ノ主張ヲ押付ケントスルモノニシテ、到底考慮ノ余地ナキモノト認メラル」と、その憤懣を訴えている。ついで東郷元帥との会見（三月十六日）の顚末に触れ、同元帥も外務省側の譲歩的態度に不満を示しておられ、「万一我主張貫徹セズ会議決裂ニ終ルコトアルモ曲ナリニ取纏メ日本ニ不為ノ条約ヲ結ブヨリモ国家ノ為ニハ幸ナルベシ」の意見であったと伝えている。そして加藤部長は三月十九日、浜口首相を訪問し、「米国提案ニ依ル兵力量ヲ検討スルニ……国防用兵作戦計画ノ責任者トシテ之ヲ受諾スルコトハ不可能ニシテ他ニ何等カ確固タル安全保障条件ニテモ無キ限リ我主張ヲ譲ルコトヲ得サルベキ」旨の意見を述べたのである。

それでは、日米妥協案の兵力量に対して軍令部側が強い不満を抱いた、作戦用兵上の根拠は何であったか。日露戦争以後における日本海軍の伝統的対米作戦計画は、いわゆる漸減作戦であった。すなわち想定敵国アメリカの大艦隊が遠くハワイを発し日本近海に侵攻してくる場合、途中で迎撃しつつその実勢力を七割までに漸減しながら七対七の同勢力に持ち込み、日本近海のホーム・グラウンドで一挙に決戦をいどむというのがこの作戦の骨子であった。ここでは、かつて日本海海戦で、一万数千浬《カイリ》をヨーロッパから回航して疲労しきったバルチック艦隊を、東郷大将の連合艦隊が潰滅させた輝かしい戦訓が重視されていた。ワシントン会議後の大正十二年（一九二三年）に「帝国国防方針」及び「用兵綱領」が全面的に改訂された時にも、この伝統的作戦計画の基本線は変わらなかった。ただ、開戦劈頭のフィリピン攻略にグアム占領が加えられ、アメリカ渡洋艦隊迎撃の決戦海面は南西諸島から小笠原列島近海に前進させられた。この修正は、ワシントン体制下における日本の国防的立地条件の変化や、軍艦の航続力、兵装の強化、航空機・潜水艦の発達を考慮しつつ手直しされたものである。大規模な輪形陣で渡洋進攻してくるであろう米国艦隊をその中途で漸減するためには、潜水艦の絶対量を確保しなければならなかった。当時海軍部内で潜水艦作戦の権威として知られた末次次長はかねてから、「日米決戦の勝敗は、かかって、この漸減作戦の成否にあり」と主張し、徹底的な輪形陣突破の猛訓練を潜水艦部隊に要求していた。そして日本海軍の潜水艦部隊が飛躍的に発展して、水上艦隊とともに作戦行動に従事できるようになったのは、昭和五年五月であったのである。一方航空機の発達により、将来戦においては大巡と空母から成る機動部隊による奇襲が心配された。これに対抗するためにも、さらに決戦海面で主力艦の劣勢比率六割をカバーするためにも、大巡保有を確保しなければならなかった。加藤部長は、日米妥協案を受諾する場合に起こる用兵作戦上の最大の具体的欠陥として、こう述べている。「第一ニハ、大型巡洋艦二隻ノ削減デアリマシテ、コレ無キ場合ハ国防上重大ナル欠陥ト為ルノデ御座イマス」（『加藤寛治遺稿』）。こうして、「補助艦総括七割、大巡の対米比率七割、潜水艦七万八千トン」の三大原則は、純軍事的観点から見る限り、ワシントン会議以後における日本海軍の強い願望となっていたのである。

一方財部大将が全権として不在中の海軍省首脳陣は、浜口海相事務管理の下に、次官・山梨勝之進中将、軍務局長・堀悌吉少将、海軍省副官・古賀峯一大佐で構成されていた。海軍省では、山梨次官・堀軍務局長が中心になって、軍令部側の強硬な意見に配慮しつつ、海軍側回訓案文を作成し、外務省に送付した。この海軍省回訓案文は、日米妥協案によって「我ガ三大主張ノ一ハ略《ホ》ボ完全ニ容認」されたと一応は評価した。しかし、大巡七割、潜水艦七万八千トンについては、「遺憾乍ラ我ガ所望ノ域ヲ距ルコト遠ク従ツテ今次協定ガ殆ンド永久ニ我国ヲ束縛スルノ虞《オソ》レアルモノナルコトニ想到スルトキ……容易ニ同意ヲ与フルコト能ハズ」として、譲歩すべき最終限度を提示し、全権各位がなお一押しも二押しもして、日本の主張を貫徹するよう強く要望するものであった。ついでこの回訓案文は、三月二十四日の非公式軍事参議官会議で了承され、さらに翌々二十六日の省・部最高幹部会議においては、五項目の「海軍今後の方針」が決定されたのである。

軍令部側だけでなく海軍省側としても日米妥協案には不満足であった。山梨次官は二十五日に「海軍トシテハ今次ノ米提案ヲ其儘受諾スルコトハ不可能」なる旨を、浜口首相に進言している。これに対し浜口首相は、「政府トシテハ会議ノ成功ヲ望ムコト切ナルモノアリ会議ノ決裂ヲ賭スル如キコトハ至難」として、海軍側の再考をうながした。一方海軍側回訓案を受け取った外務省は、直ちにその検討を始めたが、すでに日米妥協案受諾の腹を決めていた外務省にとって海軍側回訓案は、「箸にも棒にもかからぬ代物」として一蹴した。そして条約に対する主務大臣としての立場から、幣原外相自ら筆を執って別の回訓案の起草に着手したのである。しかもこの外務省の回訓案は、外相の命令で海軍省へは送付されなかった。なお幣原外相は、のちに、「米英を相手に会議がほとんど行き詰まったが、どうしようかという最後の請訓が来た。これは思い切って纏めるより仕方がない。海軍の連中から説明なんか聞いていたら、とても纏まりゃせん」（幣原喜重郎『外交五十年』）

と述べている。こうした幣原外相の政治感覚の欠如が、海軍側の疑惑と不満を高め、彼らをしていよいよ硬化させたのは事実である。ともあれ、こうして首相・外相対海軍の対立は、一段と明確になったのである。

調停者としての岡田大将の識見と手腕が発揮されたのは、政府対海軍の正面衝突という、まさにこの危機的状況の中においてであった。岡田大将はすでに三月十七日、請訓電の内容や軍令部の強硬論を伝えた山梨次官との会談で、「止むを得ざる場合最後には此儘《このまま》を丸呑にするより致方なし、保有量この程度ならば国防はやり様あり、決裂せしむべからず」と語っている。そして、山梨次官・堀軍務局長など海軍首脳部もまた、日米妥協案を不満としながらも、大局的見地から受諾やむなしに傾いていったのであった。岡田大将が何よりも恐れたのは、ロンドン会議決裂の場合に生ずる「政府対海軍の戦闘」であった。ここに彼の精力的な調停工作が始まる。

岡田大将の「保有量この程度ならばやり様もあり、決裂せしむべからず」という見解の背後には、あくまでも三大原則の貫徹を強要する軍令部側と対照的に、極めて柔軟な国防観がうかがわれよう。およそ一国の軍事政策は、他に、その国の経済的発展のための政策や、国家の道徳・思想的な志向などとともに、平時における外交政策を形成する要素となる。いわゆる、軍部に対するシビリアン・コントロールとは、要するに外交を含む政治方針に対する軍事の従属を意味する。かつてワシントン会議の直後、全権加藤友三郎大将は、

「国防は軍人の専有物にあらず。戦争もまた軍人のみにてなし得べきものに非ず。……真に国力を充実するにあらずんば、いかに軍備の充実あるも活用するあたわず。金がなければ戦争はできぬということなり」と述べたが、これは軍政関係についての、最も良識的な国防観を打ち出したものといえよう。岡田大将の国防観もまた、この海軍良識派の系譜に連なるものであった。

岡田大将、山梨次官、堀軍務局長らの奔走によって、政府対海軍の衝突は三月三十日にいたってようやく避けられる見通しがついた。すなわち海軍側は三月三十日、請訓案を承認する代わりに、これによって生じる兵力量不足に対し政府に何らかの形で補充策を講じさせるという方向で、加藤部長はじめ軍令部側及び首相・外相・蔵相の了承を得ることができたからである。つまり、この補充策を講じた覚書は、海軍が政府回訓を全面的に承認することを前提にして、作成されたものであった。ここに請訓案を骨子とした政府回訓案が作成され、四月一日の閣議にかけられることになった。しかし浜口首相は、閣議決定に先だち、岡田大将・加藤部長・山梨次官の来訪を求めて海軍側の了承を得ておこうとした。この席で岡田大将は、大局的見地から回訓案の閣議提出を了承した。加藤部長は「用兵作戦上カラハ米国案デハ困リマス……用兵作戦ノ上カラハ……」と答えている。加藤部長のこの会合における発言が、日米妥協案の兵力量に不服であったことは申すまでもない。しかし彼が、回訓案そのものに反対であったとは解釈し難い。なぜならばこの段階における彼は、兵力量の決定権は政府にあることを暗黙のうちに認めていたからである。すなわち、三月二十六日に省・部最高幹部会が開かれて、海軍今後の方針が決定された時、その第五項として、「海軍ノ方針（厳格ニ云ヘバ各種ノ議ニ列シタル諸官ノ意見）ガ政府ノ容ルル所トナラザル場合ト雖モ海軍諸機関ガ政務及ビ軍務ノ外ニ出《い》ズルノ義ニ非ザルハ勿論官制ノ定ムル所ニ従ヒ、政府方針ノ範囲内ニ於テ最善ヲ尽ス可キハ当然ナリ」の一項が申し合わされ、この点は加藤部長も末次次長とともに了承し、他の四項目とともに山梨次官を通じて浜口首相に伝達されていたからである。それ故に浜口首相は、軍令部側も回訓案に同意したものと了承して、これを閣議に提出した。そして回訓案は全閣僚一致で原案通り可決され、四月一日午後五時、ロンドンの全権宛に打電されたのである。

　四月二日、政府回訓を得た若槻全権は、英米の代表と覚書を交換し、日英米三国間の補助艦協定は成立した。ついで四月二十二日午前十時半からセント・ジェームズ宮殿で調印式が行われた。

　こうして結ばれたロンドン条約の案文は、五章二十六ヵ条から成る詳細なものであったが、その主要条項は次のとおりである。

一　各締約国は一九三六年にいたるまでの五ヵ年間、いっさいの主力艦建造を中止する。

二　補助艦は次のごとく制限する（四〇四ページの表）。

三　主力艦は、英国は五隻（ベンボウ、マールボロー、アイアン・デューク、エンペラー・オブ・インディア、タイガー）、米国は三隻（ユタ、フロリダ、ワイオミングまたはアーカンソー）、日本は一隻（比叡）を、条約効力発生後十八ヵ月以内に廃棄し、十五隻、九隻の原則を確保する。

四　駆逐艦の最大排水量を一千八百五十トンとし、備砲の口径は最大五・一インチとする。

五　潜水艦の最大排水量を二千トンとし、備砲の最大口径は五・一インチとする。

六　巡洋艦は八インチ砲の有無をもって大型と小型とに区別する。

七　艦齢は二種に分かち、巡洋艦は一九二〇年一月一日以前に起工したものは十六年、その後に起工したものは二十年、駆逐艦は一九二一年一月一日以前のものは十二年、その後に起工のものは十六年、潜水艦は一律に十三年とする。

八　仏伊両国は補助艦協定に加わらない。故にこの二国が自由に大量を建艦する場合には、英国はいきおい増艦を余儀なくされる。四囲の状況変化によって一国が増艦する場合には、協定国は比例的に増艦することができる（エスカレーター条項）。

九　航空母艦は一万トン以下のものも制限量内に入る。

十　条約の有効期間は一九三六年（昭和十一年）十二月三十一日までとし、一九三五年（昭和十年）にあらたに会議を開催する。

国名	艦種	協定保有量（現有量）（トン）	兵力増減（トン）	1936年末に着手し得る代艦量（トン）	1936年末までに完成しうる建造量（トン）	1936年末までにおこなうべき廃棄量（トン）
日本	8インチ砲巡洋艦	108,400 (108,400)	0	0	0	0
	軽巡洋艦	100,450 (98,415)	2,035	50,955	35,655	33,620
	駆逐艦	105,500 (132,495)	△26,610	36,530	26,130	52,740
	潜水艦	52,700 (77,842)	△25,142	19,200	12,000	37,000
	合計	367,050 (417,152)	△49,717	106,685	73,785	123,360
アメリカ	8インチ砲巡洋艦	180,000 (130,000)	50,000	50,000	30,000	0
	軽巡洋艦	143,500 (70,500)	73,000	73,000	73,000	0
	駆逐艦	150,000 (290,304)	△140,304	150,000	150,000	290,364
	潜水艦	52,700 (82,582)	△29,882	29,470	29,470	59,352
	合計	526,200 (573,386)	△47,186	302,470	282,470	349,656
イギリス	8インチ砲巡洋艦	146,800 (146,800)	0	0	0	0
	軽巡洋艦	192,200 (217,111)	△24,911	153,220	91,000	178,131
	駆逐艦	150,000 (184,371)	△34,371	120,254	120,254	154,625
	潜水艦	52,700 (60,284)	△7,584	18,691	18,691	26,275
	合計	541,700 (608,566)	△66,866	292,165	229,945	359,031

（注）△印は減少。池田清『日本の海軍』下巻

ロンドン条約は調印されたが、これを批准して発効させるために、浜口内閣は次の三つの手続を踏まねばならなかった。その第一は、第五十八特別議会に条約締結の次第を報告して議会の了承を得ること、第二は兵力量について軍事参議官会議に諮問すること、第三は条約の批准に必要な枢密院の審査を経ることである。そして統帥権問題がにわかにクローズアップされたのは、四月二十三日から開会されたこの第五十八特別議会の前後からであった。渦中の一人山梨次官は、あとで当時を回顧してこの問題の本質を次のように言い切っている。

「統帥権問題に対する海軍の全般的な態度は、もともと、憲法解釈は枢密院の権限であるのにもかんがみ、われわれが憲法論などをいって見たところで世間の物笑いになるだけであり、アメリカの態度、予算の問題などで頭が一杯で、海軍省及び軍令部において考えたことも、いったこともなく、興味もなければ研究したこともなかった。誰よりも利口な手合がこの問題を倒閣のためのジャンピング・ボールドとにらんだ。政友会には、このような事にかけては海千山千の名人がそろっていたので、いつの間にか憲法第十一条と第十二条とを焦点とした議論がもち上った」（『山梨大将講話集』）

そもそも統帥権の法理的な根拠は、明治十八年に太政官制が廃止され、内閣職権が制定されたとき、参謀本部長の帷幄上奏権が認められ、これが明治二十年の内閣官制を経て明治憲法に引き継がれたところにある。明治憲法第十一条においては、「天皇ハ陸海軍ヲ統帥ス」と規定されていた。これが統帥大権と呼ばれるもので、用兵作戦上の軍隊の指揮統率を意味し、国務大臣の輔弼《ほひつ》範囲外にあるものと一般的に解釈されてきたのである。一方明治憲法は第十二条において、「天皇ハ陸海軍ノ編制及常備兵額ヲ定ム」として、天皇の編成大権を別に規定したが、この場合には軍部大臣の輔弼があると解釈されてきた。しかし天皇に属するこの両大権は相互に関連するもので、どこに明確な境界線を引くかは極めて難しく、しばしば軍政・軍令両機関の係争点となりながらも、政治上の配慮からそのまま放置されてきたのである。

ところで、統帥権問題について、浜口内閣に理論的根拠を提供したのは、東大教授・美濃部達吉の憲法学説であった。彼は四月二十一日の『帝大新聞』紙で、「海軍条約成立と帷幄上奏、軍部の越権行為を難ず」と題して、次のような学説を明快に展開した。すなわち、軍統帥権は軍の活動を指揮統率する権であり、軍編成権は軍を施設する権であり、両大権は区別せねばならぬ。「陸海軍の編成を定むること、ことにそのだいたいの勢力をいかなる程度に定むべきかは、国の外交および財政に密接の関係を有する事項であって、それはもとより国の政務に属し、内閣のみがその輔弼の任に当るべきであり、帷幄の大権によって決せらるべき事柄ではない」。一方軍令部側はこの美濃部学説を真向から否定して、政府が軍令部長の同意を得ずして回訓を決定したのは、統帥権の干犯であると主張した。統帥権問題が起こってから後の七月十六日、軍令部側は、「軍令部長」の職印を捺した「回訓発令前後ノ記事等」（海令機密一二六号、六月四日付加藤軍令部長ヨリ財部海軍大臣宛）を海軍省に送付している。これによれば軍令部側は、兵力量の決定は政府と統帥部との協同輔翼事項であって、政府が軍令部長の意見に反して回訓を決定したのは、明白に統帥権干犯であると主張している。いわく、「……軍令部長ハ『国防用兵計画ノ責任者トシテ米国案ヲ骨子トスル兵力量ニハ職責上同意スルヲ得ズ』ト確言セリ首相兼海軍大臣事務管理ハ是等ノ言明ニ拘《カカワ》ラズ同案ヲ海軍次官ニ交付シ……軍令部長ノ同意セザル回訓案ヲ閣議ニ諮《ハカ》リテ決定シ上奏ノ上直ニ之ヲ発電セリ……以上ヲ要約スルニ回訓ノ策定並発布際ニシ海軍大臣事務管理及政府ノ執リタル処置ハ㈠海軍大臣事務管理トシテハ海軍大臣ト軍令部長間ニ於ケル執務上ノ慣習ニ違反シ実質上軍令部長ノ職責ヲ無視シ協同輔翼ノ常道ニ戻レルノミナラズ㈡政府トシテハ帷幄機関ノ職責ヲ無視シ穏当慎重ナル手段ヲ尽スコトナク擅断上奏ヲ敢テセルモノニシテ不当越権ノ行為タルコト明白ナリ」。

しかし前述したように、加藤部長、末次次長ともに、四月一日の回訓案決定の前後には、兵力量の決定権が政府側にあることを暗黙のうちに了承していたはずである。イギリス海軍に学んだ日本海軍では明治建軍以来、兵力量の決定権も、軍令部の人事権も海軍大臣にあると一般的に認められてきた。加藤部長は四月二日上奏しているが、その内容も、「協定ノ成立ハ大正十二年御裁定アラセラレタル国防方針ニ基ク作戦計画ニ重大ナル変更ヲ来スヲ以テ慎重審議ヲ要スルモノト信ジマス」とされているだけであり、統帥権うんぬんをにおわす内容は見当たらない。また条約反対派の海軍の長老東郷元帥も、四月一日委細説明のために訪問した山梨次官に対し、「一旦決定セラレタル以上ハソレデヤラザルベカラズ、今更彼是申ス筋合ニ非ズ……」と語っており、伏見宮も、四月三日沢本頼雄軍務局一課長に、「既ニ一旦閣議決定セル以上ハ海軍ガ運動ガマシキコトヲナスハ却《カエッ》テ海軍ニモ不利トナルベキヲ以テ内容充実ニ向テ計画実施ヲ進メ其ノ欠ヲ補フコトニ努力スルヲ望ム」と言明している。

以上、加藤部長、東郷元帥、伏見宮など条約反対派の間には、政府回訓の決定直後において、兵力量の不足に対する憤懣が強かったとはいえ、統帥権干犯論はまだ表れてはいなかったのである。ところが四月二十三日に第五十八特別議会が開催される前後から、にわかに統帥権干犯論が台頭し、加藤部長以下の軍令部側の態度が一変し硬化していった。その最大の理由は、政友会がこの問題を倒閣の手段に利用しようとして議会で政府を追及し、条約反対派の不満に火をつけたからである。そしてこの火は、深刻な経済不況や既成政党の腐敗また満蒙問題の行き詰まりなどの世相を背景にして現状打破勢力の間に燃え広がり、あたかも統帥権干犯の事実があったかのようなムードが作られたのである。条約反対派の不満を一挙に爆発させたのが四月二十五日の幣原演説であった。合理主義者の幣原外相は、政府がロンドン条約を締結した次第を、日本の外交的・財政的観点から極めて明快に説明した。彼は、列国との協調、財政緊縮のためにロンドン会議を流産させてはならなかった次第を説明した後、「今回のロンドン条約の規定中には、我々が交渉の決裂を賭しても争わなければならぬ程のものが無いのでありまして、……世間では我国が他国の圧迫によって協定を強いられたものであるというが如き、全く事実の真相に無理解なる臆説もあるように伝えられております。私はここに之に対して弁駁を加うる程の価値を認めませぬ」(『幣原喜重郎』)と演説を結んでいる。しかし政治的感覚に欠けた彼の演説には、複雑微妙な海軍部内に対する配慮が欠けていた。ワシントン会議以来、「押しつけられた六割」という比率ノイローゼにとらわれていた海軍部内、とくに軍令部側は、この演説によって一段と硬化したのである。加藤部長は、「四月二十五日幣原外相、外交演説ニ暴論ヲハキ、朝野ノ物議騒然タリ」と書き残している。また伏見宮も五月三日、岡田大将の来訪を求めて、「幣原ノ議会ニオケル演説ハ以テノホカナリ。マタ兵力量ハ政府ガ定メルナドノ如キ言語道断ナリ」と、従来の態度を一変した。そして前言をひるがえして条約の破棄を主張するようになったのである。

こうした条約反対派の背後にあって彼らを操り、彼らの憤懣をあおり立てたのが、倒閣をねらう犬養総裁以下の政友会幹部であった。とくに山本悌二郎、久原房之助、鈴木喜三郎などは五、六月にかけて盛んに岡田邸に出入りし、何とかして国防不安を岡田の口から言わせようと策動している。一方議会では、総裁犬養、鳩山一郎が登壇して、政府が軍令部長の同意を得ずして回訓を決定したのは統帥権の干犯であると追及した。鳩山は、「国防計画を立てるということは、軍令部長または参謀総長という直接の輔弼の機関があるのである。その統帥権の作用について直接の機関がここにあるにかかわらず、その意見を蹂躙して、輔弼の責任のない、輔弼の機関でもないものが飛び出してきて、これを変更したということは、まったく乱暴であるといわなくてはならぬ。私はこれをこの頃においてのまったく一大政治的冒険であると考えておるのである」(『日本の海軍』下巻)と非難した。

犬養・鳩山に続いて、貴族院でも五月七日政友会系の池田長康男爵らによって、政府の統帥権干犯を弾劾する声が強くなった。政友会が統帥権干犯問題を取り上げた裏には軍令部との暗黙の了解があり、この作戦を立てたのは末次次長と政友会幹事長の森恪であったといわれている。しかし都下の諸新聞はいっせいに、政友会のこうした策動を非難した。たとえば四月二十六日の東京朝日新聞の社説は、「鳩山君が、政府が軍令部長の意見に反して国防計画を決定したことについての政治上の責任を問うているのは、政党政治家として立憲政治の意味を解していないもの」と論じ、また五月一日には、「犬養総裁が従来の主張を裏切り、将来政局に立った時に見えすいた障害を高くすることは、あまりに目先の見えぬ愚挙」と批判している。

しかし一方では、議会での統帥権干犯論争に呼応するかのように、条約反対派や右翼団体の中にくすぶっていた不満が一時に爆発した。火をつけたのは、軍令部参謀草刈英治少佐の憤死事件であった。すなわち、全権財部海相の一行が帰京して、東京駅頭で市民の熱狂的な歓迎を受けた同じ五月二十二日、彼はロンドン条約による国防の危機を憂えて、東海道線の寝台車の中で自決したのである。大きく新聞紙面を飾ったこの事件は、「ロンドン条約に対する死の抗議」として、血気盛んな一部の青年将校や右翼の壮士たちの心情をかきたてたのであった。

こうした中で、海軍部内の条約不満派、とくに軍令部側の態度は急速に硬化した。加藤部長は五月七日、「統帥大権ノ問題ハ重大事ナリ、元帥・軍事参議官会議ヲ開キ、政府ノ誤リヲ正サザルベカラズ。……今ノ内閣ハ左傾ナリ、海軍部内ニ於テモコノ問題ハハッキリセザレバ重大事オコルベシ」と、岡田大将に警告している。また、財部海相の責任を問い、その辞職を促す声も各所に起こった。東郷元帥以下の予後備海軍将官たちが抱いたこうした反財部感情の裏には、加藤部長、末次次長や、東郷元帥の側近小笠原長生海軍中将の働きかけがあり、更にその背後には、政友会の策士や国本社系の枢密院副議長・平沼騏一郎が控えていた。帰京後の財部海相は、元老西園寺公望の側近原田熊雄に「東郷元帥と伏見宮殿下がなかなか強いことをいっておられるが、これは加藤軍令部長が毎日のように出かけていっては、この方々を説いて持論を根強く植え付けてしまったので、どうも困っている」と語り、また西園寺公も、「海軍大将とか海軍中将とか、世間では相当な人と思われている連中が、自分もわからないくせに、統帥権干犯だのロンドン条約は国家に不利であるというようなことをいうのは、無智な青年を少なからず激昂させる」（『西園寺公と政局』第一巻）と慨嘆している。伏見宮や東郷元帥の態度一変とその強硬論が、事態をいっそう紛糾させたのは事実である。

もともと加藤部長は直情径行の人物で、ワシントン会議に首席随員として出席したとき、対米七割の自説を強硬に主張し、徳川家達全権と激突して一喝、また加藤友三郎全権にもたてついて、その自決説まで日本に伝わったほどである。その彼が、海軍内外の強硬論や策士たちからの働きかけによってしだいに硬化していくさまを、『加藤寛治遺稿』はよく伝えている。

裏づける直接の資料には乏しいが、直情径行の加藤部長は、「機略に通じた策謀家」と岡田大将に評された末次次長に操られていたように思われる。『西園寺公と政局』はこの辺の消息を次のように伝えている。

「結局加藤軍令部長も末次次長の休んでいる間は大変おとなしいが、末次が出て来るとまた喧しくなって来る。結局末次が加藤を操っているので、末次を操るものはやはり枢密院の平沼あたりのようだ」（第一巻）

六月十日、ついに加藤部長は上奏し直接天皇に辞表を提出した。上奏文の趣旨は、政府今回の回訓決定は統帥部の同意を得ずして独断的に上奏したもので、天皇の統帥大権を犯すものであると、政府を弾劾するものであった。

たしかに加藤部長は、政府回訓に積極的に賛成してはいなかった。しかし前述したように彼は、三月二十六日の「海軍今後の方針」中の第五項を了承していた。また三月三十日の補充覚書を承認した事実、三月三十一日岡田大将との問答、また四月一日の浜口首相に対する返答から考えて、回訓決定に彼が積極的に反対の意志を表明したとは解釈されない。

六月十一日、加藤に代わって条約賛成派の谷口尚真大将が軍令部長となり、加藤大将は軍事参議官に補された。その前日末次軍令部次長、山梨海軍次官が更迭され、永野修身中将、小林躋造中将が新次長、新次官に起用された。そして七月二十一日の非公式軍事参議官会議を経て同二十三日に、軍事参議官会議が開かれた。出席者は東郷元帥、伏見宮、谷口軍令部長及び岡田・加藤の両大将であった。この会議でも、東郷元帥、伏見宮はなお強硬論を主張したが、結局ロンドン条約の結果生じた兵力の欠陥に対しては、政府が財政その他の事情を考慮して補充対策に努力することを約束することで、ロンドン条約を承認する奉答文が作成された。それは、財部、岡田、谷口の苦心の作であった。政府が約束した補充対策は次の三点であった。

一　協定保有量の十分な活用、現存艦船の兵力の向上及び維持、制限外艦船の充実。
二　作戦計画の維持遂行に必要な航空兵力の整備充実。
三　防備施設の改善、各種演習の励行、その他人員器材、水陸設備、出師準備の充実改善。

以上の政策を昭和十一年度末までに講ずるという政府の約束は、政府予算における海軍の立場を、後に著しく強めたのである。

ロンドン条約を成立させるために浜口内閣が通過せねばならなかった第三の、そして最後の関門が枢密院における条約審査であった。当時枢密院では、議長の倉富勇三郎はロボットにすぎず、その実権は副議長の平沼騏一郎、顧問官伊東巳代治、書記官長二上兵治らが握っていた。これらの実力者たちは幣原協調外交に対する不満から、反民政党的色彩が強かった。そこで彼らは枢密院の条約審査権をてこにして、幣原協調外交に圧力をかけようとしたのである。八月十一日伊東巳代治を委員長とする審査委員会が成立したが、その他の委員は金子堅太郎、久保田譲、山川健次郎、黒田長成、田《でん》健次郎、荒井操、水町袈裟六で、外交界の長老石井菊次郎など条約賛成の顧問官は排除されていた。こうした委員会のロンドン条約に対する態度は最初からきびしく、統帥権、国防欠陥、加藤軍令部長の出席要求、補充計画、奉答文提示要求などをめぐって紛糾した。そして新聞は政府と枢密院との正面衝突を予想し、政変説を伝えたほどである。しかし浜口内閣の枢密院に対する態度は極めて強気で、枢密院の策動を封ずることができた。その背後には、世論と元老西園寺以下重臣層の強力な支持があったからである。その間にも、海軍部内の不満派や政友会の工作は続けられた。とくに政友会は政変説を確信して、九月十六日に臨時党大会を開いたほどである。しかし、八月十八日から九月二十六日まで会議を重ねること十三回に及んだ審査委員会も、九月十七日の第十二回委員会で無条件可決の線に沿うて審査報告を作成した。審査委員会がこのように一夜にして軟化したのは、結局彼らの横車が、「枢密院内の二、三の策士の策動」にすぎず、浜口内閣の高姿勢と世論の圧力の前に、「もし本会議で委員会の決議を否決されれば、われわれは辞さなければならない」(『西園寺公と政局』第一巻)状況に追い込まれたからである。そして政友会の浜口内閣打倒運動も、この「枢密院一夜の軟化」で消え去った。翌九月十八日の東京朝日は、「枢密院の横車に急いでとびのって、憲政のレールをはずれて一緒に転落したのであるから、笑止というも愚かなり」と政友会の態度を論評している。

ロンドン条約に対する審査報告は十月一日の枢密院本会議で、満場一致によって可決され、波乱に満ちたその批准は終わった。翌々三日、財部海相は辞任し、後任に安保清種大将が親任された。批准書がイギリス外務省に送られ、ロンドン海軍軍縮条約が正式に効力を発生したのは、昭和五年十二月三十一日であった。

このようにして五ヵ月にわたり難航の末批准されたロンドン条約を、世論はどのように受け止めたのであろうか。「外に協調、内に緊縮」を政策に掲げて昭和四年七月成立した浜口民政党内閣が迎えたものは、まさに「経済国難の時代」であった。すでに昭和三年六月の満州某重大事件、いわゆる張作霖爆殺事件以来、日本の大陸政策は一段と強力に進められるようになったが、これに対抗して中国側の抗日排日運動の波も高まり、日本の対中国貿易は深刻な打撃を受けていた。一方国内においても、金融動乱・農村不況・疑獄汚職事件の続発などで社会的不安が増大していた。そこに、昭和四年十一月二十四日ニューヨークのウォール街で株価の大暴落が起こった。その意味を十分に読み取れなかった浜口内閣は、かねての主張どおり翌五年一月十一日、禁止前の平価のまま金輸出解禁を断行した。金輸出解禁のねらいは、これによって輸出を振興し、不況を打開することにあった。しかし世界的な経済パニックが進行する中で、しかも割高な旧平価による解禁であったために、金解禁の結果は裏目に出たのである。すなわち為替相場は急騰して輸出は激減し、これにつれて物価・株価は暴落した。とくに中小企業の受けた打撃は大きく、またアメリカ市場に依存していた生糸相場の暴落、豊作見越しによる米価の大暴落と続き、不況はいよいよ深まっていったのである。

こうした状況の下で、有力新聞の論調は大体においてロンドン条約の締結に賛成であった。ロンドン軍縮会議の決裂に伴う建艦競争に、日本の財政状態は堪え得なかったからである。政府が回訓を決定した直後の大阪朝日は、「今回英米にあたえたわが回答の主旨は、国民の真の意見を代表せる真実の言なり。日本が妥協案を受諾せるは、決して卑屈の譲歩にあらず。しかも英米両国民にあたえた好印象は、この譲歩を償いてあまりあり。いわんや国民負担軽減の功大なるを思わば、わが方今回の措置はすこぶる賢明なり」と論じた。また九月十七日の東京日日新聞は、統帥権問題で条約批准の阻止を策する枢密院や政友会を批判して、「国民は断然ロンドン条約を支持している。枢府はあえて国民と世論を敵として非違を貫こうとするか。政府はあくまで所信に向って邁進し最後まで枢府と戦え。政友会の態度は了解に苦しむ」と、浜口内閣を支持した。

しかし、このように好意的な新聞論調の一方では、米英に「押しつけられたロンドン条約」に反対し、あくまでも三大原則貫徹を主張しようとする動きも、回訓決定の直後から激化していった。この強硬論は、有終会（予後備海軍士官の団体、理事長有馬良橘大将）、洋々会（栃内曽次郎大将）、軍縮国民同志会（代表頭山満）、黒龍会、興国義会などの右翼諸団体によってリードされ、政友会の倒閣運動に利用されたのである。彼らは、ロンドン条約による兵力量の不足を誇張し、また統帥権干犯のムードを高めることによって、「国防の危機」感を意識的に醸成していった。そしてこの「国防の危機」感は、折からの経済不況や政党政治の腐敗、また幣原外交下の満蒙問題の行き詰まりの中で、軍部や民間の急進派にいよいよ緊迫感を抱かせることになった。陸軍省・参謀本部の急進的将校によって、政党政治を否定し、クーデターによる国家改造をめざす「桜会」が結成されたのは、こうした状況下においてである。同会の設立趣意書は、「今やこの頽廃し竭《つく》せる政党者流の毒刃が軍部に指向せられつつあるは、之を『ロンドン』条約問題に就て観るも明かなる事実なり。……故に吾人軍部の中堅をなす者は充分なる結束を固め……進んでは強硬なる愛国の熱情を以て腐敗し竭せる為政者の腸を洗うの慨あらざるべからず」（『現代史資料⑷』）と、国家改造の必要性を呼びかけている。その後続発した未遂・既遂のテロ事件やクーデター、すなわち、浜口首相の狙撃（昭和五年十一月十四日）、三月事件（昭和六年三月）、十月事件（昭和六年十月）、血盟団事件（昭和七年二・三月）、五・一五事件（昭和七年五月）はいずれも、こうしたロンドン条約に由来する危機意識にとらえられた青年将校や民間「志士」によって引き起こされたもので、その斬奸の目標にされた人々も、統帥権干犯の元兇と目された人々であった。五・一五事件の公判に際して、首謀者の一人元海軍中尉古賀清は、ロンドン条約で劣勢比率を押しつけられたことや政党財閥の腐敗が事件の遠因であったと陳述している。統帥権干犯問題を利用して倒閣を策した政友会の総裁犬養毅が、古賀ら急進派によって射殺され、同時に政党政治に終止符が打たれたのは歴史の皮肉であろうか。

最後に、ロンドン条約をめぐる紛争は、その後の日本海軍にいかなる影響を与えたのであろうか。まず第一に、明治建軍以来の海軍の伝統的結束が破れて、部内にいわゆる艦隊派と条約派との反目が生じたことである。日本海軍史上、「悲劇のロンドン会議」と呼ばれるゆえんである。ロンドン条約の締結に全力を傾けた海軍次官山梨勝之進は、けんか両成敗の形で軍令部次長末次信正とともに更迭された。財部海相は条約批准の翌十月三日に辞職した。その後昭和八年、海相に就任した大角岑生大将のもとで行われたいわゆる大角人事によって、条約派と目される人材はすべて海軍部内から一掃された。すなわち、山梨勝之進大将（昭和八年三月）、谷口尚真大将（同八年九月）、左近司政三中将（同九年三月）、寺島健中将（同九年三月）、堀悌吉中将（同九年十二月）らの待命や予備役編入がこれである。後に連合艦隊司令長官となる山本五十六少将は、同期生で無二の親友であった堀中将の予備役編入をロンドンで聞き、「かくのごとき人事がおこなわるる今日の海軍に対し、これが救済のために努力するも到底難しと思わる。やはり山梨さんがいわるるごとく、海軍自体の慢心に斃るるの悲境に一旦陥りたる後、立直すのほかなきにあらざるやを思わしむ」と、堀に手紙を送っている。また山本は伊藤正徳に語って、「堀を失ったのと、大巡の一割とどちらかナ。とにかくあれは海軍の大馬鹿人事だ」（伊藤正徳『大海軍を想う』）と条約派を一掃した大角人事を酷評している。

第二は従来の伝統を破って、軍政に対する軍令の優位が確立されたことである。海軍は昭和七年二月、ロンドン条約反対派であった伏見宮を軍令部長に迎え、この皇族部長の権威を背景にして海軍省に圧力を加え、昭和八年九月海軍軍令部条令を改正させた。この改正によって、参謀本部にならって軍令部長は軍令部総長と改称されたが、これまで平時における兵力の指揮について、海軍大臣に認められていた指揮権が削られ、もっぱら軍令部総長の権限下に置かれた。同時に艦隊令等も改正されて、艦隊や鎮守府長官、さらに要港部司令官らも作戦計画に関して軍令部総長の指示を受けることになり、海軍大臣の統制力はいよいよ縮小されることになったのである。

第三は、「押しつけられたロンドン条約」のイメージや「劣勢比率」のノイローゼは、本来合理主義をモットーにして来た日本海軍の内部、とくに軍令部系や艦隊勤務の青年将校の間に強烈な反米感情を鬱積させ、また一種の精神主義を浸透させていった。そしてこの傾向は満州事変以降に国家主義意識が高揚する中で、合理性を忘れた艦隊の猛訓練となり、またこれは海軍の大部分の悲願であったが、主として軍令部側の、軍艦に対する造船学の常識を超えた過重武装の要求となって現れる。

昭和九年三月の水雷艇「友鶴」の顚覆事件や、駆逐艦「夕霧」及び「初雪」が演習中暴風雨にあって船体が切断されるという翌十年九月の第四艦隊事件などは、合理性を無視したこの精神主義の一つの現れであろう。高木惣吉氏が批判しているように、これらの事件は、「海軍の伝統的な兵術思想——攻撃兵器と高速力至上主義——にもとづく造艦政策の欠陥をはしなくも暴露した」(『自伝的日本海軍始末記』)のである。昭和八年十一月、統帥権干犯論の中心人物と目された末次信正中将が連合艦隊司令長官に補された時、青年将校たちは歓呼して彼を迎えたという。一方、ロンドン条約の締結に奔走した斎藤実、岡田啓介、鈴木貫太郎は、昭和十一年の二・二六事件で襲撃される。まさに時代の推移を反映しているといえよう。

省みて、ロンドン条約を紛糾させた大巡二隻と潜水艦二万六千トンの不足、条約反対派がこれほど固執した日本海軍の大巡と潜水艦は、太平洋戦争においてアメリカ海軍のそれに比べて期待されたほど活躍することもなく潰滅した。太平洋戦争の主役が航空機にとって代わったこと、また日米両国の国力の格差といえばそれまでであるが、筆者は大巡と潜水艦に乗ってこの戦争を戦った。私的な感慨ながら、ここにも一つの歴史の皮肉と空しさを感じさせられる。

岡田啓介年譜

明治元（一八六八）年

一月二十一日、福井藩士岡田喜藤太・同波留の長男として出生。

明治七（一八七四）年／六歳

この春、桜の馬場内の藩校にて習字を修む。五月、旭小学校成り同校に転ず。

明治十二（一八七九）年／十一歳

このころ英語・数学補習のため日置塾に入る。

明治十三（一八八〇）年／十二歳

五月、明新中学校に入る。

明治十五（一八八二）年／十四歳

一月十六日、明新中学校は県立福井中学校となる。

明治十七（一八八四）年／十六歳

九月、福井中学校卒業。

明治十八（一八八五）年／十七歳

一月、上京、神田の共立学校に入る。本郷の有斐学校にドイツ語を学ぶ。小川町の私塾に転じ英語を学ぶ。十月、海軍兵学校受験。十一月二十一日、兵学校生徒申付られ、十二月一日、兵学校入校。
明治二十一（一八八八）年／二十歳
八月一日、海軍兵学校、江田島に移転。八月、休暇帰省の途次富士登山を行う。
明治二十二（一八八九）年／二十一歳
四月二十日、海軍兵学校卒業。海軍少尉候補生を命ぜられる。八月「金剛」に乗組みハワイ方面に遠洋航海。
明治二十三（一八九〇）年／二十二歳
三月十四日「浪速」乗組みを命ぜられる。七月九日、海軍少尉に任ぜられる。
明治二十五（一八九二）年／二十四歳
十二月二十一日、海軍大学校丙号学生。
明治二十六（一八九三）年／二十五歳
十二月十九日、海軍大学校丙号学生課程卒業、学術優等につき双眼鏡一個下賜され、「厳島」乗組みに補せられる。
明治二十七（一八九四）年／二十六歳
三月一日、横須賀鎮守府海兵団分隊長心得、六月六日「浪速」分隊長心得。八月一日、清国に宣戦布告。十月五日「高千穂」分隊長心得。十二月九日、海軍大尉に任ぜられる（当時中尉の官制なし）。
明治二十八（一八九五）年／二十七歳
二月二十日、対馬水雷敷設部分隊長に補せられる。四月十七日、日清講和条約成る。

明治二十九（一八九六）年／二十八歳
四月一日、佐世保水雷団長崎水雷敷設部分隊長。十二月二十六日「比叡」分隊長に補せられる。
明治三十（一八九七）年／二十九歳
四月十三日、米国、ハワイ等へ航海。十月二十六日「比叡」航海長に兼補される。十一月五日「富士」分隊長に補せられる。
明治三十一（一八九八）年／三十歳
四月二十九日、海軍大学校将校科乙種学生。十二月十九日、海軍大学校水雷術専科教程修業、学術優等につき銀側時計一個下賜され、海軍水雷術練習所教官に補せられる。
明治三十二（一八九九）年／三十一歳
三月二十二日、海軍大学校将校科甲種学生。九月二十九日、海軍少佐に任ぜられる。
明治三十三（一九〇〇）年／三十二歳
六月二十日、北清事変のため海軍大学校将校科甲種学生を免ぜられ「富士」分隊長に補せられる。九月一日「敷島」水雷長兼分隊長に補せられる。十二月六日、海軍大学校将校科甲種学生。
明治三十四（一九〇一）年／三十三歳
五月二十四日、海軍大学校将校科甲種学生教程卒業。五月二十五日、川住ふさと結婚。六月七日、海軍軍令部第三局局員兼海軍大学校教官に補せられる。
明治三十六（一九〇三）年／三十五歳
七月七日「千歳」副長心得。十月五日「千歳」副長心得を免ぜられ、右胸膜炎にて引入、療養。
明治三十七（一九〇四）年／三十六歳

二月六日、日露国交断絶、日露開戦。二月八日、長女田鶴出生。三月七日、佐世保鎮守府付。三月八日、佐世保捕獲審検所評定官に補せられる。四月二十一日「八重山」副長に補せられる。七月十三日、海軍中佐に任ぜられる。

明治三十八（一九〇五）年／三十七歳

一月十二日「千歳」副長、四月五日「春日」副長に補せられる。九月五日、日露講和条約成る。十二月二十日「朝日」副長に補せられる。

明治三十九（一九〇六）年／三十八歳

五月十日、海軍水雷術練習所教官兼海軍大学校教官に補せられる。

明治四十一（一九〇八）年／四十歳

三月四日、長男貞外茂出生。九月二十五日、海軍大佐に任ぜられ、海軍水雷学校長に補せられる。

明治四十三（一九一〇）年／四十二歳

二月二十四日、次女万亀出生。七月二十五日「春日」艦長に補せられる。十二月二十日、妻ふさ死去。

明治四十四（一九一一）年／四十三歳

一月四日、横須賀鎮守府付。一月十六日、海軍省人事局局員に補せられる。二月一日、父喜藤太死去。

明治四十五・大正元（一九一二）年／四十四歳

五月、迫水郁と結婚。十二月一日「鹿島」艦長に補せられる。

大正二（一九一三）年／四十五歳

十二月一日、海軍少将に任ぜられ、佐世保海軍工廠造兵部長に補せられる。
大正三（一九一四）年／四十六歳
八月十八日、第二戦隊司令官に補せられる。八月二十三日、対独宣戦布告。八月三十日、三女貴美子出生。十二月一日、第一水雷戦隊司令官に補せられる。
大正四（一九一五）年／四十七歳
四月一日、第三水雷戦隊司令官に補せられる。十月一日、海軍技術本部第二部長兼第三部長に補せられる。十二月十三日、海軍省人事局長に補せられる。
大正六（一九一七）年／四十九歳
一月十五日、次男貞寛出生。十二月一日、海軍中将に任ぜられ、佐世保海軍工廠長に補せられる。
大正七（一九一八）年／五十歳
九月十日、長女田鶴死去。十月十八日、海軍艦政局長に補せられる。十一月十一日、連合国、独と休戦条約調印。
大正九（一九二〇）年／五十二歳
十月一日、海軍艦政本部長兼海軍将官会議議員に補せられる。
大正十一（一九二二）年／五十四歳
一月十六日、四女不二子出生。一月二十五日、海軍次官井出謙治病気引入中、海軍次官代理を命ぜられる（高橋是清内閣）。
大正十二（一九二三）年／五十五歳
五月二十五日、海軍次官に任ぜられる（加藤友三郎内閣）。九月一日、関東大震災。十二月三日、四女不二子死去。十二月二十三日、中国およびシベリアへ出張。

大正十三（一九二四）年／五十六歳

六月十一日、海軍大将に任ぜられ、軍事参議官に補せられる。十二月一日、第一艦隊司令長官兼連合艦隊司令長官に補せられる。

大正十五・昭和元（一九二六）年／五十八歳

十二月十日、横須賀鎮守府司令長官兼海軍将官会議議員に補せられる。

昭和二（一九二七）年／五十九歳

四月二十日、海軍大臣に任ぜられる（田中義一内閣）。

昭和三（一九二八）年／六十歳

五月二十九日、ポーランド政府よりシュヴァリエー・ヴィルッチミリタリ勲章を贈られる。十月三日、妻郁死去。

昭和四（一九二九）年／六十一歳

七月二日、軍事参議官に補せられる。十二月一日、議定官に兼補される。

昭和五（一九三〇）年／六十二歳

一月二十八日、英国皇帝からナイト・グランド・クロッス・ヴィクトリア勲章を、三月四日、スペイン国皇帝から海軍有功白色第四級勲章を贈られる。四月二十二日、ロンドン軍縮条約成立。六月二十日、特命検閲使を仰せ付けられる。

昭和六（一九三一）年／六十三歳

一月十二日、母波留死去。九月十八日、柳条湖事件（満州事変）起こる。

昭和七（一九三二）年／六十四歳

五月十五日、五・一五事件起こる。五月二十六日、海軍大臣に任ぜられる（斎藤実内閣）。六月一日、従二位に叙せられる。

昭和八（一九三三）年／六十五歳

一月九日、願いに依り本官を免ぜられ、待命仰せ付けられる。一月二十一日、旭日桐花大綬章を授けられ、後備役仰せ付けられる。五月三十日、仏国政府よりグランオフィシエー・ド・ロンドル・ナショナル・レジヨン・ドノール勲章を贈られる。

昭和九（一九三四）年／六十六歳

五月九日、満洲国皇帝より勲一位竜光大綬章を贈られる。七月八日、内閣総理大臣兼拓務大臣に任ぜられる。十月二十五日、兼官を免ぜられる。

昭和十（一九三五）年／六十七歳

九月九日、逓信大臣を兼任、九月十二日、兼官を免ぜられる。

昭和十一（一九三六）年／六十八歳

二月二十六日、二・二六事件起こる。三月九日、願いに依り本官を免ぜられる。

昭和十二（一九三七）年／六十九歳

四月二十九日、特に前官の礼遇を賜わる。七月七日、盧溝橋事件起こり、日中戦争始まる。

昭和十三（一九三八）年／七十歳

一月二十一日退役。

昭和十六（一九四一）年／七十三歳

十二月八日、対米英宣戦布告、太平洋戦争始まる。

昭和十九（一九四四）年／七十六歳

七月十八日、東条内閣総辞職。十二月二十六日、長男貞外茂（大本営海軍参謀・海軍中佐）フィリピンで戦死。

昭和二十（一九四五）年／七十七歳

四月七日、鈴木貫太郎内閣成立。八月十五日、太平洋戦争終わる。

昭和二十二（一九四七）年／七十九歳

一月十五日、八十歳の高齢につき特に宮中杖を差許される。

昭和二十七（一九五二）年／八十四歳

十月十七日、逝去。特旨をもって正二位に叙せられる。

解説

戸高一成

昭和という時代は、日本の歴史の中にあって前後に例を見ないほどの動乱の時代であったと言える。その中にあって、岡田啓介の八十四年の生涯は、際立ってドラマチックであると言えよう。しかし、海軍大臣、総理大臣を経験し、二・二六事件、終戦工作などで、日本の歴史に大きな影響を与えたはずの岡田啓介には、意外にも伝記が少なく、多くの場合、昭和期の総理時代を中心としていて、その一生を通観するには十分とは言えない。そのような中で、いうまでもなく、最も重要な文献が、本書「岡田啓介回顧録」である。

本書の成り立ちについては「まえがき」に詳しいが、今となっては、良くぞここまで聞き取ってくれたと思うばかりである。しかも担当として文を纏《まと》めたのが古波蔵保好《こばくらやすよし》で、新《しん》名丈夫《みょうたけお》が補佐していた。いずれも有能な海軍記者であり、まさに適役であった。特に新名は、戦時中昭和十九年二月の『毎日新聞』に「竹槍では間に合はぬ　飛行機だ、海洋航空機だ」との記事を書き、暗に東条批判とも取れる内容から、竹槍事件として問題を起こし、東条から懲罰的な召集を受けた。海軍は、即座に抗議をして、一旦召集解除になったところを海軍が従軍記者として召集して保護したという人物だった。

無論岡田はこれらの経緯を知っていたので、旧知の気安さを感じて取材を受けたのであろう。この岡田と記者の関係が、長期にわたる聞き取りを可能にし、また機微な記憶をよみがえらせたのだと思う。このような談話聞き書きにあっては、聞き役は、談話者よりもさらに周辺の事情を知っていなければ、十分な聞き取りは出来ないものなのだ。古波蔵は、海軍に関する知識は、新名ともども、人並み以上のものをもっていたことは確かといえる。

岡田自身は、記憶力の良いことでは、若い頃から有名であり、岡田の発言は、細かな部分にいたるまで、かなりの信憑性を持っている。特に数字に関しては特殊な能力があり、七十歳を過ぎても一度見た数字は決して忘れなかったといわれている。中には、日露戦争中、ロシアの機雷で沈んだ戦艦を「初瀬」「富士」（実際は「初瀬」「八島」）とするなどの思い違いもあるが、これは別に調べれば分る程度のことであり、本書の本質的な価値を損ねるものではない。

『岡田啓介回顧録』は、最初昭和二十五年に『毎日新聞』で「岡田啓介秘話」として連載された後、同年に同じく毎日新聞社より『岡田啓介回顧録』と改題の上発行されたものである。昭和五十二年に「ロンドン軍縮問題日記」を加え、かつロンドン軍縮問題に関して、池田清氏の解説を付して再刊された。その後昭和六十二年に中公文庫として発行されたが、この時は池田清氏の解説は省かれていた。今回の発行に当たっては、池田清氏の解説を改めて加えることになった。従って、今回の版をもって、決定版として良いと思われる。

今回の刊行に当たり、さらに解説を加えることは屋上屋を重ねるようではあるが、岡田の回顧にもれた話題と、周辺の事情を若干加えることにした。読者の参考となれば幸いである。

岡田は、明治、大正、昭和の三代にわたり、その主な経歴から広く軍政畑の政治的な人物と思われているが、現実の岡田は、兵学校生徒時代、学校の外で咥《くわ》えタバコで歩いているところを、一期先輩の広瀬《ひろせ》順《じゅん》太郎《たろう》に見咎められて殴られたり、外出で酒を飲んで帰り、暴れて懲罰を申し渡された事があるくらいのバンカラだった。

もっとも、明治二十年代初め頃までの兵学校生徒には、こういった例は少なくない。当時の兵学校は、今の東京築地魚市場の周辺であり、敷地内で狐狩りをしたというくらいの場所ではあるが、銀座も近く、生徒は遊ぶほうにも盛んだった。さらに、明治二十三年に予定されていた、国会開設を控えて、東京は自由民権運動が盛んになり、海軍は、若い兵学校生徒に政治的な興味を抱くのを危惧していたとも言われている。こういった面からも、兵学校の移転が計画されて、明治十九年に、海軍兵学校は広島県の江田島《えだじま》に移転することになった。

　岡田は、明治二十二年に海軍兵学校を第十五期生として卒業。結局東京築地の海軍兵学校に入り、江田島で卒業したということになる。同期には財部《たからべ》彪《たけし》、竹下勇《たけしたいさむ》、などがいた。その後、水雷を専攻し、日清戦争では「高千穂」の分隊士を勤め、日露戦争では「春日」の副長として、日本海海戦を戦っている。この時の「春日」艦長は加藤定吉《かとうさだきち》、更に少尉候補生として、後に海軍大臣を務める吉田善吾《よしだぜんご》が乗り組んでいる。

　以後水雷専門家として艦隊経験を積むことになる。水雷畑の人間は、小型の水雷艇や駆逐艦で、艦長も水兵も区別なくずぶ濡れになって敵艦に向かって突撃することを身上とするような生活から、上下隔《へだ》てのない、ザックバランな性格の人物が多かった。また、当人もそのような生き方を良しとしていた。戦艦などの大型艦は、大きな波も強引に押し分けて進む事が出来るが、駆逐艦などの小型艦は、目の前の波に合わせて操縦しなければならない。相手を見ながらの現実的な対応が求められるのだ。これが、岡田の生涯を通じて滲み出る性格を形作っていた。

　岡田は、大正時代の初め頃までは、配置の多くは艦隊で水雷学校校長や、水雷戦隊の司令官などを務めていたが、大正四年に人事局長になってから、軍政面の配置が多くなり、大正十三年、連合艦隊司令長官を最後に海上勤務から去ることとなった。この連合艦隊司令長官時代の逸話として、年度訓練で、一度も事故を起こさなかったと言われている。

当時、ワシントン海軍軍縮条約によって、主力艦の保有量を、対英米六割と言う制限を受けていた海軍は、この劣勢を訓練で補おうと、激しい訓練を行い、事故は少なくなく、艦隊でも事故はある程度止むを得ないものと考えられていたが、岡田は、大演習などでは、演習の最終段階では、適当な時期を見て演習部隊である青軍《あおぐん》、赤軍《あかぐん》（青＝日本軍、赤＝敵軍）両軍の優劣を見極めて、サッと「演習中止」を命じたという。岡田は、水雷屋らしい積極性を持っていたが、同時に極めて現実的で無駄なことを嫌ってもいたのであろう。岡田自身も、連合艦隊司令長官時代については、「どうという思い出もない。思い出の無いのが、たいへんいいことで、日本も平和だったよ」と回想している。含蓄のある言葉である。

昭和二年に、岡田は海軍大臣となった。ここでも岡田の現実的な姿勢が現れている。昭和初期の不況の中で、大手の川崎造船所が経営不振で破綻の危機に瀕していたとき、岡田は、川崎造船所の破綻によって軍艦建造の計画に齟齬《そご》が出ると、国防上の問題であるとして対策を取ったのだが、これが極めて岡田らしい。川崎造船所をあっさりと海軍直営としたのである。工員は、海軍の臨時工として採用し、通常の作業を継続させたのである。

当時、これには随分と反対意見もあった。第一に川崎造船所や、同じように海軍の艦艇建造を行っていた三菱造船も、大正十年のワシントン海軍軍縮条約までは、八八艦隊計画によって、莫大な艦艇建造計画に従って施設の拡充や工員の増員などをしていたために、突然の軍縮で、大幅な契約打ち切りなどの損害を受けて、かなり苦しい状態に陥った過去があった。このために、造船所側としては、その後も海軍に対してはさほど協力的とは言えない時代が続いていたのである。このために、海軍に協力的でもない造船所を、全面的に救済することには、海軍内部に反論があった。しかし、岡田は持ち前の現実論で川崎造船所を救済したのである。

もしも、ここで岡田が、この判断をしなければ、海軍にとっては重要な戦艦ばかりでなく、潜水艦を建造できる数少ない施設を失ったかもしれないのだ。当時日本で戦艦を建造できる造船施設は、横須賀海軍工廠《こうしょう》、呉《くれ》海軍工廠の二つの海軍工廠の他に、三菱長崎造船所と、神戸川崎造船所の四施設があるだけであり、ここで川崎造船所を失うことになれば、戦艦建造能力の二五パーセントを失うことになるのである。海軍としては、いかにしても戦艦を建造できる能力を持った造船所を確保する必要があった。無論ワシントン海軍軍縮条約下であるから、実際の戦艦建造はしないのだが、いざと言う時に、建造できる能力を重視したのである。建造するか、しないかの選択は、建造する能力があって初めて言えることであり、建造能力が無くなれば、もはや建造するという選択は出来ないのである。

うか。

岡田の判断が、明治以来培《つちか》ってきた造船能力の断絶を救ったとも言えるのではないだろうか。

政界での岡田の交渉術は一種独特なもので、先の船乗り的な特色を持っていた。昭和三年、張作霖《ちょうさくりん》を征圧するために、陸軍が国際条約で兵力の投入を禁じていた山海関に一個師団を差し向けようとしたとき、岡田は断固阻止を決意するが、決して直接的な反対論は述べない。岡田は、直接的な反対の様子など微塵《みじん》も見せずに、「列国との間に決めた約束を、たいした理由もなく無視して顧みないというならば、英米との戦争も一応覚悟しておかなければならぬ。そういうことになると、この際延び延びになっている海軍の弾丸、火薬、水雷などの補充を至急実現しておかねばならぬから、その経費五千万円を支出してほしい」(五三ページ)と言うのだ。無論岡田には、そんな予算が無いことはわかっている。田中義一《たなかぎいち》首相も、この話は無かったことにし、陸軍も引き下がらざるを得ないことになる。こんな岡田のやり方が、時として老獪《ろうかい》とも取られ、いつしか岡田には狸《たぬき》のあだ名がつくようになったのであろう。

岡田は、昭和四年七月に軍事参議官となったが、昭和七年、再び海軍大臣を務めることになる。この時期、岡田はロンドン条約批准後の海軍部内の混乱と直面していた。このあたりの事情については、池田清氏の解説を参照願いたい。

昭和八年一月、岡田は大将の停年を待って海軍大臣を辞任、後備役となった。岡田はこれを機に隠居するかに見えたが、実際は遠からずに総理の大命降下を予想していた節もある。海軍兵学校六期の斉藤実《さいとうまこと》総理が、「岡田は閣僚の中で唯一気を許して話せる味方」（「政界夜話」城南隠士）としていたこともあり、次の総理を岡田に、と思っていたことは、内々伝えられていたと思われる。

昭和九年七月四日、宮中で、斉藤実総理、西園寺公望《さいおんじきんもち》、清浦奎吾《きようらけいご》、一木喜徳郎《いちききとくろう》、高橋是《たかはしこれ》清《きよ》、若槻礼次郎《わかつきれいじろう》が集まり、侍従長を通じて、天皇からの後継内閣についての御下問に対して、牧野伸顕《まきののぶあき》を加えて会議を行ったが、ここで斉藤が、後継首班に岡田を推している。既に岡田推挙で下話が出来ていたようで、誰からも反論は無く、他の名前は挙がらなかった。若槻が岡田支持を明確にしたところで、西園寺が、全員一致で岡田を推すことを決定して会議を終えている（「昭和天皇実録」昭和九年）。ただちに侍従長から岡田にお召しの電話をかけ、同日参内し、組閣を命じられたのである。

しかし、この岡田内閣についての世評は、特に芳《かんば》しいといえるものではなかった。当時の岡田については、「つまり彼（岡田）は、民衆の輿望《よぼう》を負うて起ったものではなかった。元老西園寺の、お眼鏡に叶《かな》っただけで、民衆の上に、天降って来た代物に過ぎないのだ。民衆は岡田に一票を投じた覚えは無い」（「新人物論」阿部真之助）とははなはだ厳しい。

しかし、一方岡田には期待も大きかった。それは、陸軍大臣林銑十郎《はやしせんじゅうろう》、海軍大臣大角《おおすみ》岑生《みねお》の軍部を押えるための総理との期待であった。特に昭和八年十月に改正された軍令部条例によって、軍令部は、軍令事項に関しては、部分的に海軍大臣を上回る権限を持つにいたり、海軍は双頭の組織となっていた。しかも軍令部総長は伏見宮《ふしみのみや》（博恭王《ひろやすおう》）であり、周辺では、並みの総理では、とても軍部を抑えきれないとの思いがあったことも事実である。また当時の最重要問題の一つが、海軍軍縮条約の継続（予備交渉）問題であったことも、岡田を必要とした原因でもあった。現に岡田を推した斉藤実は、「岡田くんはあまり無理をする人ではないし、軍縮の問題なども、よく考えてやってゆく人だから、この難局に当たって、十分よくやって行くだろうと私は信じている」と新聞記者に話している。

ところが、岡田には美濃部達吉《みのべたつきち》博士の天皇機関説問題や、昭和十年、相沢三郎《あいざわさぶろう》中佐による永田鉄山《ながたてつざん》陸軍軍務局長斬殺事件など、頭の痛い事が多かったが、昭和十一年二月二十六日、ついに二・二六事件を迎えることになる。岡田にとって生死の瀬戸際に立たされたこの事件の顚末についてては、本文に詳しいが、事実上この二・二六事件で、岡田の表面上の政治生命は失われたと言ってよい。

昭和十一年三月九日、広田弘毅《ひろたこうき》内閣の成立と同時に辞任した岡田は、以後社会の表面に出ることなく、ひっそりと暮らしていたが、昭和十六年に入り、日米の関係が緊迫すると、重臣会議などで、かなりはっきりと開戦否定の意見を述べている。十一月二十九日の重臣会議などは、岡田らの開戦回避の意見が過半であったにもかかわらず開戦が決意されてしまう。

開戦後の岡田は、長男の岡田貞外茂《さだとも》海軍中佐から、戦況の実態について多くの情報を得ていた。岡田中佐は、軍令部一部一課で作戦主任。二・二六事件で、岡田の身代わりとなって死んだ義弟、松尾伝蔵《まつおでんぞう》の女婿である瀬島龍三《せじまりゅうぞう》陸軍中佐は、参謀本部の作戦課勤務と言うことで、陸海軍の戦況は、文字通りの事実を伝えてくれる。

また、岡田の女婿、迫水久常《さこみずひさつね》は企画院の一部一課長で、政府の内情を知悉《ちしつ》している。岡田は、これらの情報から、早期終戦を考えるにいたっていた。終戦に向かうために、最も障害となるのが、東条首相である、このあたりのいきさつも、本書に詳しいので省くが、ここでも岡田の老獪な手際が見られる。岡田は、直接東条に退陣を迫っても無理であることは承知しているので、戦局打開のために、東条には参謀総長になって、戦争指導に全力を傾注してもらいたい。ついては総理を退陣してもらいたい。というシナリオを書く。いかにも岡田らしいが、これは東条が一枚上手で、では、と参謀総長を兼務し、一層の独裁体制になってしまった。これにはさすがの岡田も手の打ちようがなかった。

しかし、昭和二十年に入り、二月二十三日の参内で、四十分にわたり天皇に戦況判断の奏上を行ったが、このとき、ついに、はなはだ厳しい戦況を述べた後、「(前略) 又一面には、我に有利なる時機を捉へて戦争を止めることも考ふべきことなり。只之《ただこれ》は容易に口外すべからざることにして、これに因《よ》りて思想の分裂混乱を来たすの虞《おそ》れあり。政治の局に当たるもの、よろしく腹の中にて考《かんがえ》を定め置くべきなり。前陣残存国力の結集は困難なることなれど、これは何としても為《な》さざるべからず。（中略）然《しか》しどうあっても、これ丈は出来る出来ぬは別としてやらなければならぬことなり（後略）」（「昭和天皇実録」昭和二十年、原文は漢字とカタカナ）と、はっきりと終戦の避けられない状態を説明している。岡田にとっては、直訴に近い気持ちであったのではないか。

間もなく、日本は敗戦を受け入れ、大日本帝国は消滅した。終戦を迎えた岡田が、どのような感慨を持ったか、「座敷に家族一同を集め畳に両手をついて玉音の放送を聞き、また落涙した」とのみ、語っている。

岡田啓介は、あるいは一介の海軍士官として、また船乗りとしての一生を望んでいたのかもしれない。しかし、岡田の、現実的で、老練な船乗りの能力は、荒波に翻弄された昭和の日本を、転覆から救うために生かされたのである。

吉田茂は、「岡田大将は、狸である。狸も狸、大狸だ。しかし、あの狸は、わたしたち以上、国を思う狸である」と言ったといわれている。

（呉市海事歴史科学館館長）

この文庫は、一九五〇年に毎日新聞社から刊行された『岡田啓介回顧録』に、ロンドン軍縮会議に関わる岡田の日記を付して七七年に同社から再刊された『岡田啓介回顧録　付　ロンドン軍縮問題日記』を底本としました。

本書には、今日の意識から見て不適切と思われる表現が使用されていますが、刊行当時の時代背景および著者が故人であることを考慮し、原則として発表当時のままとしました。

中公文庫

岡《おか》田《だ》啓《けい》介《すけ》回《かい》顧《こ》録《ろく》

1987年4月10日　初版発行
2015年2月25日　改版発行

著　者　岡《おか》田《だ》 啓《けい》 介《すけ》
編　者　岡《おか》田《だ》 貞《さだ》 寛《ひろ》
発行者　大橋 善光
発行所　中央公論新社
〒104-8320　東京都中央区京橋2-8-7
電話　販売 03-3563-1431　編集 03-3563-2039
URL http://www.chuko.co.jp/

DTP　ハンズ・ミケ
印　刷　三晃印刷
製　本　小泉製本

Published by CHUOKORON-SHINSHA, INC.
Printed in Japan　ISBN978-4-12-206074-6 C1131

各書目の下段の数字はISBNコードです。978－4－12が省略してあります。

中公文庫既刊より

ケ-5-1
ケネディ演説集
高村暢児 編
上院議員時代と大統領就任から暗殺直前まで、冷戦下にあって平和のための戦略の必要性を訴えた最重要演説18編を網羅。『ケネディ登場』を改題。
205940-5

ケ-6-1
13日間 キューバ危機回顧録
ロバート・ケネディ
毎日新聞社外信部 訳
互いに膨大な核兵器を抱えた米ソが対立する冷戦の時代。勃発した第三次大戦の危機を食い止めた両国首脳ケネディとフルシチョフの理性と英知の物語。
205942-9

ロ-6-2
砂漠の反乱
T・E・ロレンス
小林 元 訳
第一次世界大戦の最中、ドイツと同盟するトルコ帝国を揺さぶるべく、アラビアの地に送り込まれた青年ロレンスが自らの戦いを詳細に記した回想録。
205953-5

い-40-10
城の中
入江相政
すぐれた随筆家としても知られる著者が、侍従生活二十幾年の感慨を、皇居内の四季の折節に寄せて、巧まぬユーモアで綴る珠玉随筆集。〈解説〉小田部雄次
205951-1

や-20-2
蒐集物語
柳 宗悦
民芸運動を創始し、「日本民藝館」を創立した著者が、蒐集に対する心構えとその要諦を、豊富なエピソードとともに解き明かす名エッセイ。〈解説〉柳 宗理
205952-8

う-3-16
私の文学的回想記
宇野千代
波乱の人生を送った宇野千代。ときに穏やかな友情を結び、またあるときは激しい情念を燃やした文壇人との交流のあり方が生き生きと綴られた一冊。〈解説〉斎藤美奈子
205972-6

こ-21-7
馬込文学地図
近藤富枝
ダンス、麻雀、断髪に離婚旋風。宇野千代・尾崎士郎をはじめ数多くの作家・芸術家たちの奔放な交流――馬込にくりひろげられた文士たちの青春。〈解説〉梯久美子
205971-9

マ-13-1
マッカーサー大戦回顧録
マッカーサー
津島一夫 訳

日米開戦、屈辱的なフィリピン撤退、反攻、そして日本占領へ。「青い目の将軍」として君臨した一軍人が回想する「日本」と戦った十年間。〈解説〉増田　弘

205977-1

は-54-3
戦　線
林　芙美子

内閣情報部ペン部隊の記者として従軍した林が最前線の日々を書き記す、『北岸部隊』に先駆けて発表されたルポ。「凍える大地」を併録。〈解説〉佐藤卓己

206001-2

し-31-5
海軍随筆
獅子　文六

海軍兵学校や予科練などを訪れ、生徒や士官の人柄に触れ、共感をこめて歴史を繙く「海軍」秘話の数々。小説『海軍』につづく渾身の随筆集。〈解説〉川村　湊

206000-5

さ-4-2
回顧七十年
斎藤　隆夫

陸軍を中心とする革新派が台頭する昭和十年代、「粛軍演説」等で「現状維持」を訴え、除名されても信念を曲げなかった議会政治家の自伝。〈解説〉伊藤　隆

206013-5

か-83-1
新幹線開発物語
角本《かくもと》　良平

高度成長を象徴する国家事業、東海道新幹線建設はどのように進められたのか。技術革新、安全思想から土地買収まで、「夢の超特急」誕生のすべて。〈解説〉老川慶喜

206014-2

タ-5-3
吉田茂とその時代（上）
ジョン・ダワー
大窪愿二 訳

戦後日本の政治・経済・外交すべての基本路線を確立した吉田茂――その生涯に亘る思想と政治活動を日米関係研究に専念する著者が国際的な視野で分析する。

206021-0

タ-5-4
吉田茂とその時代（下）
ジョン・ダワー
大窪愿二 訳

長期政権の過程を解明。諸改革に見る帝国日本と新生日本の連続性、講和・再軍備を巡る日米の攻防、内部抗争で政権から追われるまで。〈解説〉袖井林二郎

206022-7

モ-10-1
抗日遊撃戦争論
毛　沢東
小野信爾／藤田敬一
吉田富夫 訳

中国共産党を勝利へと導いた「言葉の力」とは？　毛沢東が民衆暴動、抗日戦争、そしてプロレタリア文学について語った論文三編を収録。〈解説〉吉田富夫

206032-6

書籍コード	書名	副題	著者/訳者	内容紹介	ISBN下5桁
サ-8-1	人民の戦争・人民の軍隊	ヴェトナム人民軍の戦略・戦術	グエン・ザップ 眞保潤一郎訳 三宅蕗子訳	対仏インドシナ戦争勝利を決定づけたディエン・ビエン・フーの戦い。なぜベトナム人民軍は勝利できたのか。名指揮官が回顧する。〈解説〉古田元夫	206026-5
き-42-1	日本改造法案大綱		北 一輝	軍部のクーデター、そして戒厳令下での国家改造シナリオを提示し、二・二六事件を起こした青年将校たちの理論的支柱となった危険な書。〈解説〉嘉戸一将	206044-9
ハ-16-1	ハル回顧録		コーデル・ハル 宮地健次郎訳	日米に対米開戦を決意させたハル・ノートで知られ「国際連合の父」としてノーベル平和賞を受賞した外交官が綴る国際政治の舞台裏。〈解説〉須藤眞志	206046-3
よ-24-8	回想十年（上）		吉田 茂	政界を引退してまもなく池田勇人や佐藤栄作らを相手に語った回想。戦後政治の内幕を述べつつ日本が進むべき「保守本流」を訴える。〈解説〉井上寿一	206045-6
よ-24-9	回想十年（中）		吉田 茂	吉田茂が語った「戦後日本の形成」。中巻では、自衛隊創立、農地改革、食糧事情そしてサンフランシスコ講和条約締結の顛末等を振り返る。〈解説〉井上寿一	206057-9
よ-24-10	回想十年（下）		吉田 茂	戦後日本はどのように復興していったのか。下巻では、ドッジライン、朝鮮戦争特需、三度の行政整理など、主に内政面から振り返る。〈解説〉井上寿一	206070-8
ま-37-2	安政の大獄	井伊直弼と長野主膳	松岡英夫	吉田松陰、橋本左内ら、英才俊傑を葬り去った安政の大獄。その主導者である井伊大老と側近の長野主膳、同い年二人を軸に、大獄への過程を描く。〈解説〉家近良樹	206058-6
こ-4-5	食味往来	食べものの道	河野友美	食べものには各々明確な一つの道がある。コンブの道、黒潮の道など食物伝播のルートを調査取材し、日本食文化の伝承に光をあてる。〈解説〉小泉武夫	206071-5

各書目の下段の数字はISBNコードです。978－4－12が省略してあります。

あ-13-3
高松宮と海軍
阿川弘之
「高松宮日記」の発見から刊行までの劇的な経過を明かし、第一級資料のみが持つ迫力を伝える。時代と背景を解説する「海軍を語る」を併録。
203391-7

S-24-1
日本の近代1
開国・維新 1853～1871
松本健一
太平の眠りから目覚めさせられた日本は否応なしに開国、そして近代国家への道を踏み出していく。黒船来航に始まる十五年の動乱、勇気と英知の物語。
205661-9

S-24-2
日本の近代2
明治国家の建設 1871～1890
坂本多加雄
近代化に踏み出した明治政府を待ち受けていたのは、一揆、士族反乱、そして自由民権運動といった試練であった。廃藩置県から憲法制定までを描く。
205702-9

S-24-3
日本の近代3
明治国家の完成 1890～1905
御厨貴
明治憲法制定・帝国議会開設と近代国家へのスタートを切った日本は、内に議会と藩閥の抗争、外には日清・日露の両戦争と、多くの試練にさらされる。
205740-1

S-24-4
日本の近代4
「国際化」の中の帝国日本 1905～1924
有馬学
「日露戦後」の時代。偉大な明治が去り、関東大震災がおき、帝国日本は模索しながらどこへむかおうとしたのか。大正デモクラシーの出発点をさぐる。
205776-0

S-24-5
日本の近代5
政党から軍部へ 1924～1941
北岡伸一
政治の腐敗、軍部の擡頭。時代は非常時から戦時へと移っていく。しかし、社会が育んだ自由な精神文化は戦後復興の礎となった。昭和戦前史の決定版。
205807-1

S-24-6
日本の近代6
戦争・占領・講和 1941～1955
五百旗頭真
日本はなぜ対米戦争に踏み切り、敗戦をどう受け入れたのか。国内政治の弱さを内包したまま戦後再生し、冷戦下で経済大国となった日本の政治の有様は。
205844-6

S-24-7
日本の近代7
経済成長の果実 1955～1972
猪木武徳
一九五五年、日本は「経済大国」への軌道を走り出す。日本人は何を得、何を失ったのか。高度経済成長期を現在の視点から遠近感をつけて立体的に再構成する。
205886-6

各書目の下段の数字はＩＳＢＮコードです。978－4－12が省略してあります。

S-24-8
日本の近代8
大国日本の揺らぎ
1972～
渡邉昭夫
沖縄の本土復帰で「戦後」を終わらせた日本だが、石油危機、狂乱物価、日米貿易摩擦など、内外の試練をうけ続ける。経済大国の地位を築いた日本の行方。
205915-3

S-25-1
シリーズ日本の近代
逆説の軍隊
戸部良一
近代国家においてもっとも合理的・機能的な組織であるはずの軍隊が、日本ではなぜ〈反近代の権化〉となったのか。その変容過程を解明する。
205672-5

S-25-2
シリーズ日本の近代
都市へ
鈴木博之
西欧文明との出会いは、日本の佇まいに何をもたらしたか。文明開化、大震災、戦災、高度経済成長――変容する都市の風貌から、日本人のアイデンティティの軌跡を検証する。
205715-9

S-25-3
シリーズ日本の近代
企業家たちの挑戦
宮本又郎
三井、三菱など財閥から松下幸之助や本田宗一郎ら消費者本位の実業家まで、資本主義社会の光と影を担った彼らの手腕と発想はどのように培われたのか。
205753-1

S-25-4
シリーズ日本の近代
官僚の風貌
水谷三公
この国を動かしてきた顔の見えない人々――政党勃興、戦時体制、敗戦など社会情勢の変動が、行政機構に与えた影響を探る、ユニークな日本官僚史。
205786-9

S-25-5
シリーズ日本の近代
メディアと権力
佐々木隆
「社会の木鐸」「不偏不党」「公正中立」その実態は？知られざる新聞の歴史を豊富な史料で描き、現在のメディアが抱える問題点を根源に遡って検証。
205824-8

S-25-6
シリーズ日本の近代
新技術の社会誌
鈴木淳
洋式小銃の導入は兵制を変え軍隊の近代化を急がせた。洗濯機の登場は主婦に家事以外の時間を与えた。新技術の導入は日本社会の何を変えたのだろうか。
205858-3

S-25-7
シリーズ日本の近代
日本の内と外
伊藤隆
開国した日本が、日清・日露の戦を勝ち抜いて迎えた二十世紀。世界は、社会主義によって大きく揺すぶられる。二部構成で描く近代日本の歩み。
205899-6